KB109377

DOING
GOOD
BETTER

# 냉정한 이타주의자

세상을 바꾸는 건 열정이 아닌 냉정이다

윌리엄 맥어스킬 지음 | 전미영 옮김

부키

지은이 윌리엄 맥어스킬William MacAskill은 옥스퍼드대학교 철학과 부교수이자 비영리 단체 '기빙왓위캔Giving What We Can', '8만시간80,000 Hours'의 공동 설립자다. 1987년생 젊은 철학자인 맥어스킬은 기부문화에 신선한 바람을 불러일으킨 효율적 이타주의effective altruism 운동을 이끄는 핵심 인물이다. 그가 몸담고 있는 단체는 종신기부 서약 등을 통해 5억 달러(약 5900억 원) 이상을 모금하는 성과를 거뒀으며 그 활약상이 『뉴욕타임스』, 『월스트리트저널』, BBC 등 각종 언론에 여러 차례 소개된 바 있다. 온라인 경제 매체 '쿼츠Quartz'와 『뉴요커』, 『가디언』, 『인디펜던트』, 『타임』, 『워싱턴포스트』 등 유수 매체에 글을 연재·기고하고 있다. 현재 영국 옥스퍼드에 거주하고 있다.

옮긴이 전미영은 서울대 정치학과와 같은 학교 대학원을 졸업했다. 언론사와 NGO에서 근무한 뒤 현재 전문 번역가로 활동 중이다. 바버라 에런라이크의 『긍정의 배신』, 『희망의 배신』, 『오! 당신들의 나라』, 『신을 찾아서』, 『나는 왜 똑같은 생각만 할까』를 비롯해 다수의 책을 번역했다.

냉정한 이타주의자

2017년 2월 28일 초판  1쇄 발행
2024년 4월  5일 초판 24쇄 발행

지은이 윌리엄 맥어스킬
옮긴이 전미영
펴낸곳 부키(주)
펴낸이 박윤우
등록일 2012년 9월 27일
등록번호 제312-2012-000045호
주소 서울시 마포구 양화로 125 경남관광빌딩 7층
전화 02) 325-0846
팩스 02) 325-0841
홈페이지 www.bookie.co.kr
이메일 webmaster@bookie.co.kr
제작대행 올인피앤비 bobys1@nate.com
ISBN  978-89-6051-583-3  03100

책값은 뒤표지에 있습니다.
잘못된 책은 구입하신 서점에서 바꿔 드립니다.

토비 오드, 피터 싱어, 스타니슬라프 페트로프*에게 이 책을 바칩니다.
당신들이 없었다면 이 책은 세상에 나오지 못했을 것입니다.

● 스타니슬라프 페트로프 Stanislav Petrov (1939년~ ) 구소련 공군 장교. 미소 냉전이 정점으로 치
달던 1983년, 소련이 인공위성 결함으로 햇빛을 미국에서 발사한 핵탄도미사일 ICBM 로 오인
해 반격에 나서려던 사태를 막은 인물. 그의 영웅적 선택으로 인류는 핵전쟁을 피할 수 있었다.

# 추천사

맥어스킬 특유의 철학과 기초 경제학 개념들이 적절히 배합된 책.

◆ 수 데스몬드-헬만Sue Desmond-Hellmann, 빌앤멜린다게이츠재단Bill & Melinda Gates Foundation
최고경영자

훌륭하다. 우리의 직관을 배반하는 통찰력으로 가득하며 막힘 없이 술술 읽
힌다. 맥어스킬의 조언 덕에 기부하던 단체 두 곳을 바꿨다. 이 책을 읽고 나
면 당신도 다르지 않을 것이다.

◆ 『가디언The Guardian』

옳은 일을 하기란 어려운 법이다. 옳은 일을 손쉽게 실천하고 싶은 이들을
위한 탁월한 입문서.

◆ 복스닷컴Vox.com

유려한 필치와 명민한 솜씨로 풀어낸 책. 더 나은 세상을 만들고 싶은 사람
이라면 반드시 읽어야 한다.

◆ 스티븐 레빗Steven Levitt, 『괴짜경제학Freakomics』 『세상물정의 경제학When to Rob a Bank』 저자

'최대다수의 행복을 위해 세상을 변화시키려면 어떻게 해야 할까?' 이 불멸의
화두를 파고드는 책이다. 윤리적 소비와 직업 활동, 기부와 자원봉사에 특별
한 가치를 더해 줄 원대한 비전을 제시하는 책.

◆ 애덤 그랜트Adam Grant, 『기브앤테이크Give and Take』 『오리지널스Originals』 저자

자기만족이나 생색내기가 목적이 아닌, 타인의 삶을 실제로 변화시키는 선행을 위한 완벽한 지침서.

◆ 스티븐 핑커Steven Pinker, 하버드대학교 심리학과 교수,『우리 본성의 선한 천사The Better Angels of our Nature』저자


냉철하면서도 흡입력 있게 베풂의 정신을 설파한다.

◆ 레이드 호프만Reid Hoffman, 링크드인LinkedIn의 공동 창립자·회장


더 나은 진로, 보다 나은 삶, 더 살기 좋은 세계를 꿈꾸는 사람들의 길잡이가 될 필독서.

◆ 피터 싱어Peter Singer, 프린스턴대학교 생명윤리학과 교수,『동물 해방Animal Liberation』『효율적 이타주의The Most Good You Can Do』저자


인류의 생존보다 담배 광고에 더 많은 돈을 쓰는 시대. 이 잘못된 우선순위를 바로잡으려면 효율적 이타주의가 필요하다. 우리 시대가 직면한 문제를 진정으로 바로잡고 싶다면 이 책을 읽으라.

◆ 잔 탈린Jaan Tallinn, 스카이프Skype, 카자Kazaa, 메타메드MetaMed 공동 창립자


지금껏 기부에 관해 나온 책 중 가장 귀중한 조언이 담긴 책.

◆ 폴 브레스트Paul Brest, 스탠퍼드 자선·시민사회센터Stanford Center for Philanthropy and Civil Society 공동이사


효율적으로 선행을 베풀고 싶은가? 이 책이 그 방법을 알려줄 것이다.

◆ 타일러 카우언Tyler Cowen, 조지메이슨대학교 경제학과 교수,『중간은 없다Average is Over』저자

이 책을 읽지 않고 '착한 일'을 하려다간 자칫 당신 자신과 남들에게 해를 끼칠 수 있다!

◆ 찰리 브레슬러Charlie Bresler, 멘스웨어하우스Men's Wearhouse 부사장, '당신이 구할 수 있는 생명Life You Can Save' 상임이사

독창적인 사유, 명쾌한 설득력, 뛰어난 실용성이라는 삼박자를 두루 갖춘 책. 독자들에게 분연히 일어나 세상을 마주보라고 촉구한다. 이 책은 사회 변혁을 요구하는 선언문이며 맥어스킬은 이러한 변화를 주도할 이상적인 인물이다.

◆ 에릭 드렉슬러Eric Drexler, 나노공학자, 『창조의 엔진Engines of Creation』 저자

이 책을 읽고 나면 시력교정 수술을 받은 것처럼 세상을 보는 눈이 완전히 달라질 것이다.

◆ 우리 브램Uri Bram, 『통계로 생각하기Thinking Statistically』 저자

읽는 내내 책을 내려놓을 수 없었다. 이 책이 당신의 인생을 바꿀 것이다.

◆ 닉 쿠니Nick Cooney, 『효과적인 선행How to Be Great at Doing Good』 저자

이타적 충동을 지혜롭게 조율해야 더 나은 세상을 만들 수 있다. 이 책이 그 소임을 다한다면 이루 말할 수 없을 정도로 큰 선을 행하는 셈이다.

◆ 마틴 리스Lord Martin Rees, 전 영국학술원장

철학자는 관념에만 사로잡힌 채 행동에 나서지 않는, 범접 불가한 메마른 사람이라고 생각하는가? 그렇다면 틀렸다. 맥어스킬은 이성과 감성을 결합시

켜야 더 살기 좋은 세상을 만들 수 있다고 주장하는 데 그치지 않고 그 방법을 직접 보여 주고 실천하는 철학자다.

◆ 딘 칼런Dean Karlan, 예일대학교 교수, 『빈곤의 덫 걷어차기More Than Good Intentions』 저자

'혼자 힘으로는 아무것도 이룰 수 없다'는 나태한 신화를 깨뜨리는 동시에 올바른 질문을 던지는 게 얼마나 중요한지를 보여 준다. 뜨거운 가슴과 차가운 머리를 가진 사람이라면 꼭 읽어야 할 책이다.

◆ 조슈아 그린Joshua Green, 하버드 도덕인지연구소 소장, 『도덕적 공동체Moral Tribes』 저자

거대한 바람을 불러일으킬 새로운 자선운동의 중심에 이 책이 자리할 것이다.

◆ 오브리 드 그레이Aubrey de Grey, SENS연구재단 수석과학담당관

선의의 독지가들과 사회복지 프로그램이 돈과 자원을 헛되이 낭비하는 경우를 숱하게 봐 온 터다. 감정에 치우쳐 무분별하게 자선사업을 펼칠 게 아니라 실증 자료와 명석한 판단을 동원해 최대한의 선을 베풀어야 한다. 이 책은 이를 위한 유쾌한 실천 지침이다.

◆ 짐 그린바움Jim Greenbaum, 그린바움재단 창립자

# 차례

# 식수 공급과 해충구제
## 빈곤층의 삶을 개선시키는 선행은 무엇일까?

남아프리카인 트레버 필드Trevor Field는 갓 구운 스테이크와 차가운 맥주를 좋아하고 친구들과 낚시를 즐기는 지극히 평범한 중년 남자였다. 『톱카TopCar』, 『펜트하우스Penthouse』와 같은 대중잡지에 광고를 싣는 광고기획자였지만 남을 돕는 데 자신의 직업적 재능을 써야겠다고 생각해 본 적은 한 번도 없었다. 그러다 1989년, 플레이펌프PlayPump를 만난 뒤 그의 인생은 백팔십도 바뀌었다.

그해 필드는 장인과 함께 남아프리카 행정수도 프리토리아에서 열린 농업박람회에 갔다가 특이한 급수펌프를 발견했다. 로니 스투이버Ronnie Stuiver라는 엔지니어가 출품한 신형 급수펌프를 보자 필드는 수년 전 낚시여행에서 마주친 풍경이 문득 떠올랐다. 풍력발전 급수펌프 옆에서 몇 시간씩 기다리던 시골 아낙들. 물을 길으러 수 킬로미터를 힘겹게 걸어왔지만 그날따라 바람 한 점 불지 않아 아낙들은 펌프 주변에 주저앉아 하염없이 기다릴 수밖에 없었다. 그 모습을 안쓰럽게 바라보며 필드는 생각했다. '분명히 더 좋은 방법이 있을 텐데.' 그러던 차에 뜻밖에도 농업박람회장에서 해결의 실마리를 찾은 것이다.

번뜩이는 아이디어였다. 스투이버가 개발한 펌프는 가난한 나라에서 흔히 볼 수 있는 수동펌프나 풍력펌프와는 달랐다. 놀이터에서 아이들이 빙글빙글 돌리면서 노는 회전 놀이기구인 일명 '뺑뺑이'와 펌프 기능을 결합시켜 아이들이 기구를 돌릴 때 발생하는 회전력으로 지하수를 물탱크까지 끌어 올리는 원리였다. 이제 시골 아낙들이 수 킬로미터를 걸어와 힘들게 펌프질을 하거나 바람이 불 때까지 마냥 기다리며 풍력펌프 앞에서 줄을 설 필요가 없었다. 플레이펌프는 이름 그대로 아이들이 놀 때 발생하는 힘을 이용해 마을에 안정적으로 물을 공급하는 장치였다. 필드는 당시를 회상하며 "아프리카 아이들은 할 일이 거의 없어요. 놀이터에 이렇다 할 놀이기구도 없고 책도 부족한 형편이죠. 그런데 물을 긷는 건 어느 집에서나 큰 문제거든요. 플레이펌프를 보는 순간 이만한 아이디어가 없다는 생각이 들었습니다"라고 말했다.[1]

필드는 스투이버의 특허를 사들여 5년 동안 틈틈이 설계를 개량했다. 광고기획자로 일한 경험을 살려 물탱크 좌우에 옥외 광고판을 달아 펌프 유지보수 자금을 충당한다는 사업계획도 세웠다. 1995년에는 콜게이트 파몰리브Colgate Palmolive를 첫 광고주로 확보해 플레이펌프 1호를 설치했고, 직장을 그만둔 뒤에는 플레이펌프스인터내셔널PlayPumps International의 전신이 된 자선단체를 설립해 본격적으로 펌프 보급에 나섰다. 초기 반응은 시원찮았지만 필드는 뜻을 꺾지 않았다. 사비를 들여 펌프 몇 대를 더 설치하는 한편, 사업비를 조달하기 위해 남아프리카 전역을 돌며 기업 및 지방자치단체와 교섭을 이어 나갔다. 그 덕에 2000년대로 접어들 무렵엔 50대의 플레이펌프가 전국에 설치됐다.

그러던 중 3000명의 지원자를 제치고 '세계은행 시장개척상'의 수상자로 뽑히는 쾌거를 거뒀다. '효과 측정 및 복제가 가능하며 개발 효과의 잠재력도 풍부한, 초기 단계의 혁신적인 개발 프로젝트'[2]에 수여되는 상이었다. 이를 계기로 첫 번째 돌파구가 열렸다. 수상 이후 지원금이 몰려들었고 플레이펌프에 관심이 집중됐다. 당시 미 인터넷 기업 AOL America Online의 최고경영자CEO였던 스티브 케이스Steve Case도 아내 진Jean을 동반하고 현장을 찾았다. "케이스 부부는 플레이펌프를 경탄할 만한 아이디어라고 평가했습니다. 펌프가 작동하는 걸 보자마자 마음을 빼앗겼죠."[3] 2005년 케이스 부부는 프로젝트에 자금을 대고 필드와 협력해 플레이펌프스인터내셔널의 미국 지부를 설립하기로 했다. 아프리카 전역에 플레이펌프 수천 대를 설치하겠다는 게 이들의 공동 목표였다.

플레이펌프는 대규모 마케팅 캠페인의 중심에 있었다. 케이스는 AOL 경영 경험을 살려 새로운 형태의 온라인 모금 활동을 벌였고, 영국의 모금단체인 원재단One Foundation은 '원 워터One Water'라는 생수 브랜드를 출시해 판매 수익을 플레이펌프스인터내셔널에 기부했다.[4] 생수 사업은 큰 성공을 거뒀고, 원 워터는 2005년 G8 정상회담에 앞서 열린 자선콘서트 '라이브 8Live 8'와 '가난을 역사 속으로Make Poverty History' 캠페인의 공식 생수로 채택되었다.[5] 전 세계의 언론도 재치 있는 말장난을 발휘할 기회를 놓칠세라 '놀면서 물 긷기Pumping Water is Child's Play'[6], '마법의 뺑뺑이The Magic Roundabout'[7]와 같은 표제의 기사를 쏟아냈다. 『타임Time』은 빌 클린턴Bill Clinton 전 대통령이 플

레이펌프를 '뛰어난 혁신'으로 평가했다는 기사를 싣기도 했다.[8]

유명인들도 잇따라 플레이펌프 캠페인에 뛰어들었다. 미국의 유명 래퍼이자 사업가인 제이지Jay-Z는 '제이지의 일기: 생명의 물The Diary of Jay-Z: Water for Life' 순회공연을 통해 수만 달러를 모금했다.[9] 곧이어 플레이펌프스인터내셔널은 최대 규모의 지원금을 따냈다. 2010년까지 아프리카 전역에 플레이펌프 4000대를 설치하는 비용인 6000만 달러를 모금하는 캠페인에 당시 영부인이었던 로라 부시Laura Bush가 1640만 달러를 지원한 것이다.[10] 플레이펌프는 국제개발 분야에서 가장 뜨거운 이슈로 부상했고 그 중심에 트레버 필드가 있었다. 그는 가히 자선사업계의 록 스타라 할 만했다.

2008년 필드는 여러 인터뷰를 통해 플레이펌프의 놀라운 성공을 다음과 같이 회상했다. "열광의 도가니가 따로 없었죠! 이 급수 펌프를 처음 봤을 때만 해도 이걸로 세상을 바꿀 수 있으리라곤 상상도 못했는데 말이에요."[11] "저나 제 가족이 누리는 안락한 환경을 경험하지 못한 사람들을 위한 변화를 일으키고 있다니, 기분이 정말 짜릿했죠."[12] 플레이펌프스인터내셔널은 2009년까지 남아프리카, 모잠비크, 스와질란드, 잠비아 곳곳에 플레이펌프 1800대를 설치했다.

하지만 월드비전World Vision과 유니세프UNICEF,[13] 스위스개발자문지원센터Swiss Resource Centre and Consultancies for Development, SKAT에서[14] 비판적인 보고서를 연이어 내놓자 상황이 달라졌다. 대대적인 광고와 각종 수상 실적, 수백만 달러의 자금 지원에도 불구하고 여태 그 누구도 플레이펌프의 실질적인 효과를 진지하게 검토해 보지 않았다는 사실이 드러났다.

뺑뺑이는 가속도만 붙으면 저절로 돌아가는 놀이기구다. 아이들이 신나게 타는 것도 그래서다. 그런데 물을 끌어 올리는 동력을 공급하려고 쉴 새 없이 힘을 가해 돌리다 보면 아이들은 금세 지치고 만다. 유니세프 보고서에 따르면 플레이펌프를 타다가 기구에서 떨어져 팔다리가 부러지거나 빙글빙글 돌리다 구토 증세를 보인 아이들도 있었다. 아이들이 펌프를 타고 '놀도록' 돈을 준 마을도 있었다. 결국 뺑뺑이를 돌리는 건 여자들의 몫이 되었다.[15] 하지만 성인 여성들에게는 전혀 즐겁지 않을뿐더러 품위 없고 모욕적인 '일거리'일 따름이었다.

플레이펌프가 필요한지 사전에 수요를 파악하지 않은 건 더 큰 문제였다. SKAT 조사단이 플레이펌프가 설치된 여러 마을을 방문해 펌프 사용 소감을 묻자 대대수가 수동펌프가 더 좋다고 답한 것이다. 플레이펌프와 실린더 크기가 같은 기존의 평범한 수동펌프로는 1시간에 1300리터의 물을 길을 수 있다. 플레이펌프로 얻는 물은 그 5분의 1에도 미치지 못한다. 한 모잠비크 여성은 "새벽 5시에 들에 나가 6시간 동안 일을 해요. 그런 뒤에 여기로 와서 이 펌프를 돌려야 하고요. 돌리다 보면 팔이 빠질 것 같아요. 옛날 수동펌프가 훨씬 편했어요"라고 말하기도 했다.[16] 한 마을에 필요한 물을 끌어 올리려면 뺑뺑이가 하루 27시간 돌아가야 한다는 기사도 나왔다.[17]

플레이펌프를 열렬히 환영했던 마을도 금세 실망하는 기색이었다. 몇 달 안 가 펌프가 고장 나는 일이 잦았는데, 일반 수동펌프와 달리 플레이펌프는 부품이 금속으로 둘러싸여 있어 주민들 손으로 직접 고쳐 쓸 수 없다는 게 문제였다.[18] 마을에 사후관리용 연락처를 함께 배포하는 것으로 알려졌으나 실제로는 대다수 마을이 번호를 받지 못했고, 받았다 해도 막상 전화를 걸면 아무도 받지 않았다. 한편 물탱크 옆 옥외 광고판들은 텅텅 비어 있었다. 시골 마을의 낮은 구매력 탓에 기업에서 굳이 광고를 내걸 필요가 없었던 것이다. 겉보기에 매력은 떨어져도 기능은 더 뛰어난 기존 수동펌프에 비해 플레이펌프는 어느 모로 봐도 열등했다. 그런데도 대당 가격은 1만4000달러로 4배나 비쌌다.[19]

그러자 언론이 등을 돌렸다. PBS Public Broadcasting Service (미국공영방송)는 플레이펌프의 갖가지 단점을 폭로하는 다큐멘터리를 방영했다.[20] 비판을 수용한 듯 플레이펌프 미국 지부는 폐업했고 후원자였던 케이스 재단도 사업 실패를 공식적으로 시인했다.

위신은 실추됐지만 플레이펌프 사업은 지금도 이어지고 있다. 필드가 이끄는 플레이펌프스인터내셔널은 포드자동차, 콜게이트 파몰리브 등의 후원을 받아 '라운드어바웃 워터 솔루션Roundabout Water Solutions'이라는 이름으로 재탄생해 동일한 플레이펌프 모델을 남아프리카 곳곳에 설치하고 있다.


많은 사람들이 세상을 더 나은 곳으로 만들고 싶어 한다. 이 책을 읽는 당신도 마찬가지일 것이다. 하지만 트레버 필드의 사례가 보여주듯 좋은 의도가 나쁜 결과를 낳는 일이 종종 벌어지기도 한다. 다른 사람을 최대한 효율적으로 돕는 확실한 방법은 무엇인지, 선의善意가 오히려 해악을 끼치는 부작용 없이 최대한의 긍정적인 효과를 거두려면 어떻게 해야 하는지 제대로 알지 못한 탓이다.

이 책은 이 질문에 대한 답을 찾는다. 따뜻한 가슴에 차가운 머리를 결합시켜야, 다시 말해 이타적 행위에 데이터와 이성을 적용할 때라야 비로소 선한 의도가 좋은 결과를 낳을 수 있다. 이제 필드의 사례와는 결말이 전혀 다른 다음 사례를 읽어 보자.

플레이펌프의 인기가 절정에 달했던 2007년 무렵, 마이클 크레머Michael Kremer와 레이철 글레너스터Rachel Glennerster는 한 단체를 설립했다. 전 세계 극빈층의 삶을 개선시킬 해법은 없을지 수십 년간 고민한 끝에 내놓은 결과였다.

빈곤퇴치에 관심을 두고 있던 글레너스터는 1988년 옥스퍼드대 경제학과를 졸업한 뒤 개발도상국에서 살겠다는 결심을 굳히고 케냐로 떠났다. 그런데 현지 국제개발 분야에서 일하는 사람들과 직접 이야기를 나눠 보니 개발사업에 환멸을 느끼는 이들이 적지 않았다. 이유를 물었더니 개발 프로젝트가 역작용을 일으킨 현장에 가 보라는 답이 돌아왔다.

"그래서 실패한 대형 사업들을 살펴보러 갔습니다. 먼저 케냐 북부에 있는 투르카나 호수로 가 봤어요. 유목 생활을 하는 투르카나족을 호숫가에 정착시켜 삶의 질을 높이겠다는 명분으로 다양한 개발 프로젝트가 논의되던 차였죠. 대형 생선가공 공장이 들어선 것도 그 때문이고요. 그럭저럭 투르카나족을 정착시켜 호수에서 물고기를 잡을 수 있게 했더니 남획 탓에 물고기 씨가 말라 버린 거예요. 실망이 컸죠."[21] 국제개발에 대한 환상이 무참히 깨지자 그녀는 국내 정책으로 방향을 놀려 영국 재무부에 취직했다.

크레머도 대학 졸업 후 1년간 케냐에서 지냈다. 그도 글레너스터와 마찬가지로 절대빈곤 문제에 관심을 두고 있던 터라 빈곤층의 생활을 살펴볼 요량으로 중학교에서 영어를 가르치며 마을에서 하숙을 했다. 크레머 역시 케냐인들의 생활 개선을 목적으로 한 다양한 사업들이 생각지도 않게 실패하는 것을 여러 번 목격했다. 그는 효과적인 개선 방향은 없을지 더 궁리해 보기 위해 대학원 진학으로 선회했다.

크레머와 글레너스터는 1990년 하버드대학에서 만났다. 크레머는 박사과정을 밟는 중이었고 글레너스터는 객원 연구원으로 안식년을 보내고 있었다. 1993년 크레머가 MIT 교수로 임용된 후 두 사람은 결혼했고 휴가 차 수년 전 크레머가 하숙했던 케냐 가정을 함께 방문했다.

그들은 그곳에서 '국제기독교지원International Christian Support'이라는 네덜란드 단체(현재는 '아이들과 마을에 투자하자Investing in Children and Their Societies, ICS'로 명칭이 바뀌었다)에서 활동하는 친구 폴 리페야Paul Lipeyah를 만났다. ICS의 주요 활동은 어린이 한 명 또는 작은 마을을 정기 후원자와 연결해 주는 결연사업이었다. ICS는 아이들의 학교 출석률과 성적 향상에 목적을 두고 교재·교사·교복 등을 후원하는 사업도 병행했다. 당시 리페야는 새로 조성된 기금으로 7개 학교에서 출석률 높이기 프로그램을 진행하려던 참이었다.

크레머는 리페야에게 무작위 대조시험randomized controlled trial으로 사업효과를 측정해 보자고 했다. 프로그램을 시행할 학교 7곳과 그렇지 않은 학교 7곳으로 나눠 총 14개 학교의 데이터를 수집하고 비교해 프로그램이 얼마나 실효성이 있는지 알아보려는 생각이었다.

사실 그다지 특별할 게 없는 아이디어다. 무작위 대조시험은 여타 과학 분야 실험에서 널리 사용되고 있고 제약회사에서도 지난 수십 년간 신약 테스트에 사용해 온 방법이다. 효과가 없거나 유해한 약 판매를 차단하려는 목적으로, 광범위한 무작위 대조시험을 거치지 않은 약을 시중에서 판매하는 행위는 불법으로 규정하고 있을 정도다.[22] 하지만 무작위 대조시험을 개발 프로젝트에 적용한 건 크레머가 최초였다.

크레머는 공동연구자들과 ICS 프로그램을 하나씩 검토했다.[23] 우선 학교에 교과서를 지급하는 사업의 효과를 살폈다.[24] 학생 30명이 교과서 1권을 함께 보며 수업하는 경우가 많아 교과서를 지원하면 분명 도움이 될 터였다. 그런데 교과서를 지원받은 학교와 그렇지 않은 학교의 시험 성적을 비교한 결과 웬일인지 최상위권 학생들을 제외하고는 효과가 없는 것으로 나타났다(크레머는 교과서가 영어로 돼 있어 주로 스와힐리어와 부족어를 쓰는 아이들이 이해하기는 어려웠기 때문이라고 분석했다).

이어서 크레머는 플립차트flip chart를 제공하는 사업을 조사했다.[25] 교과서를 이해하지 못하더라도 플립차트가 있으면 학생 눈높이에 맞춘 수업이 이뤄질 것으로 기대했지만 역시 효과가 없었다.

크레머는 단념하지 않고 다른 접근법을 취했다. 물질적인 지원이 효과가 없다면 교사 수를 늘려 보면 어떨까? 대다수 학교에서 교사 1명이 대규모 학급을 담당하는 실정인 만큼 학급당 학생 수를 줄여 보기로 했다. 이번에도 효과는 나타나지 않았다.[26]

교육 개선에 분명 도움이 될 것 같은 사업인데도 실제로는 아무 효과가 없다는 결과만 속출했다. 그래도 그는 케냐의 학교교육을 개선시킬 방법이 분명 있을 거란 믿음을 잃지 않았다. 그러던 중 때마침 세계은행에서 근무하던 한 친구가 기생충 구제시험을 권했다.

선진국에 사는 사람들은 체내 기생충에 대해 잘 모르지만 전 세계적으로 10억 명 이상이 기생충에 감염된 것으로 알려져 있다.[27] 에이즈, 암, 말라리아처럼 수많은 인명을 앗아 가는 건 아니어도 기생충 감염으로 병드는 아이들이 적지 않다. 하지만 푼돈으로 치료가 가능한 질병이다. 1950년대에 개발된 구충제는 특허가 만료돼 값이 싸기 때문에 일선 학교에 배포해 교사의 지도하에 복용시키면 기생충 감염을 막을 수 있다.

기생충 감염 치료가 학습에 미치는 영향을 조사해 봤더니 놀라운 결과가 나타났다. 크레머는 "기생충 구제가 그렇게나 효과가 있을 줄은 몰랐습니다. 학교 출석률을 높이는 데 비용 대비 효과가 가장 뛰어난 방법이었어요"라고 말했다.[28]

케냐 학교에서는 잦은 결석이 해묵은 골칫거리였다. 그런데 기생충 구제로 결석률이 25퍼센트나 줄어든 것이다.[29] 완치된 아이들의 출석 일수가 2주 늘어났고 전 학생의 추가 출석일이 기생충 구제에 투입된 지원금 100달러당 총 10년 늘어났다. 학생 1명을 하루 더 출석시키는 비용으로 계산하면 단 5센트인 셈이다.[30] 기생충 치료로 출석률이 '그만저만' 오른 게 아니라 '엄청나게' 오른 것이다.

게다가 기생충 구제로 보건, 경제 등 교육 외적인 부분에서도 효과가 나타났다. 장내 기생충은 빈혈, 장폐색증 등 다양한 병을 일으키고 면역력을 떨어트려 말라리아 등 여타 질병의 위험을 높인다. 기생충 구제는 이들 질병의 위험도 줄여 준다.[31] 무엇보다 눈에 띄는 것은 크레머의 동료 연구진들이 10년 뒤 이 아이들을 추적 조사한 결과 기생충 감염 치료를 받지 않았던 아이들에 비해 주당 3.4시간 더 일했고 소득도 20퍼센트 높았다는 점이다.[32] 구충제 복용이 세수 확대로 이어져 실행 비용을 자체 충당할 정도였으니 실로 효과적인 사업이었다.[33]

크레머의 기생충 구제 연구가 발표될 즈음엔 개발 사업에 대한 그의 혁신적인 접근법에 자극받은 유망한 차세대 경제학자 수십 명이 수백 건의 개발 사업 연구에 박차를 가하고 있었다. 한편 글레너스터는 재무부를 나와 MIT에 새로 설립된 빈곤퇴치연구소Poverty Action Lab의 상임이사를 맡았다. 그녀는 정책개발 분야에서 쌓은 전문지식을 활용해 크레머와 그 동료들의 연구활동이 실생활에 도움이 될 수 있도록 힘을 보탰다.

2007년 크레머와 글레너스터는 이 연구를 발판 삼아 개발도상국 정부가 기생충 구제 프로그램을 자체 실행하도록 지원하는 비영리 단체인 '세계기생충구제지원Deworm the World Initiative, DtWI'을 설립했다. DtWI는 지금까지 4000만 건 이상의 기생충 감염을 치료했으며[34] 자선단체 평가기관인 기브웰GiveWell도 이 단체를 비용 대비 사업 효과가 가장 뛰어난 곳으로 꼽았다.

무분별한 선행은 오히려 무익할 때가 많다. 플레이펌프가 대표적인 예다. 트레버 필드와 그의 지원자들은 사실관계를 따져 보지 않고 감정에 치우쳤다. 아이들이 행복한 얼굴로 즐겁게 놀고 있을 뿐인데도 마을에는 깨끗한 물이 공급된다는 발상에만 도취된 것이다. 케이스 재단도, 로라 부시도, 빌 클린턴도 플레이펌프가 실생활에 유용하다고 납득할 만한 분명한 증거가 있어서라기보다 혁신적인 기술에 매료돼 지원한 거였다. 플레이펌프 캠페인의 비판자들이 필드와 그 지원군에게 악의가 있었다고 비난한 건 아니었다. 그들이 아프리카 시골 주민들을 진심으로 돕고 싶었다는 데는 의심의 여지가 없다. 문제는 선의에만 의존하면 오히려 해악을 끼칠 수도 있다는 점이다.

플레이펌프가 경솔한 이타주의의 유일한 사례라면 좋겠지만, 실상은 훨씬 더 만연한 흐름 속에서 부각된 한 가지 사례에 불과하다.[35] 우리는 남을 도우려 할 때 신중하게 생각하지 않고 무턱대고 행동으로 옮기곤 한다. 숫자와 이성을 들이대면 선행의 본질이 흐려진다고 생각하기 때문이다. 그 탓에 세상에 큰 변화를 일으킬 수 있는 기회도 놓치고 만다.

가령 당신이 번화가를 걷고 있다고 치자. 매력적인 젊은 여성이 부담스러울 만큼 열성적인 태도로 길을 막아서며 대뜸 말을 건다. 태블릿을 든 그녀는 '눈부신 화장품'이라는 문구가 새겨진 티셔츠를 입고 있다. 당신이 걸음을 멈추자 그녀는 '눈부신 화장품'에서 투자자를 찾고 있다고 말하며 화장품 시장 규모가 얼마나 거대한지, 자사 제품이 얼마나 뛰어난지 줄줄 늘어놓는다. 게다가 '눈부신 화장품'은 자금의 90퍼센트를 제품생산에 투입하고 임금, 유통, 마케팅에는 10퍼센트도 쓰지 않는데도 매우 효율적으로 운영되고 있으므로 높은 투자수익을 기대할 수 있다고 말한다. 당신이라면 이 화장품 회사에 투자하겠는가?

물론 그럴 일은 없을 것이다. 혹시라도 구미가 당긴다면 전문가와 상담을 하거나 동종업체를 조사해 '눈부신 화장품'의 실적을 따져 볼 것이다. 투자한 돈으로 최고의 이익을 거둘 수 있다는 확실한 증거도 없이 길거리에서 우연히 마주친 남의 말만 믿고 선뜻 돈을 내는 멍청한 짓을 하진 않을 거라는 말이다. 화장품 회사가 길거리에서 투자자를 모집하는 일이 실제로는 일어나지 않는 이유도 이 때문이다. 그런데 해마다 수십만 명이 잘 알지도 못하는 모금 담당자의 말만 믿고 들어 본 적도 없는 자선단체에 기부한다. 그럴진대 그 돈이 어떻게 쓰이는지는 알 턱이 없다.

기업에 투자하는 것과 달리 자선단체 기부는 대개 적절한 피드백 경로가 없다. 부실기업에 투자하면 사업 실패에 따른 비용 손실이라도 눈에 띄게 마련이다. 그런데 부실 자선단체에 투자하면 실패 여부를 알 길이 없다. 실크 셔츠라고 광고하는 제품을 구입했는데 물건을 받고 보니 폴리에스터 셔츠라면 단박에 알 것이다. 그런데 공정무역 스탬프가 찍힌 커피를 구입했다면? 그게 세상에 도움이 되는지, 해악을 끼치는지, 이도저도 아닌지 영 알 수 없다. 독립적인 조사마저 이루어지지 않았다면 플레이펌프도 큰 성과를 거둔 것처럼 보였을 것이다.[36] 이처럼 적절한 피드백이 없는 상태에서는 당신의 이타적인 행위가 실제로 남한테 득이 되는지 실이 되는지 명확하게 알기 어렵다.

크레머와 글레너스터가 성공한 이유 중 하나는 남을 돕는 가장 효율적인 방법을 자신들이 안다고 가정하지 않았기 때문이다. 그들은 행동으로 옮기기 전에 실행 방안을 미리 시험해 봤다. 기존의 확신을 버렸고 증거가 말하는 대로 행동에 옮겼다. 세계기생충구제지원의 그레이스 홀리스터Grace Hollister 이사가 '기생충 구제는 겉보기에 가장 매력 없는 프로그램일 것'이라고 말할 정도였으니[37] 왁자했던 플레이펌프에 비하면 시시하기 그지없는 사업이었다. 하지만 효과 면에서는 비교할 수 없을 만큼 큰 성과를 거두었다. 감정에 호소하는 게 아니라 실효성에 방점을 둔 덕에 수백만 명의 삶을 눈에 띄게 개선시키는 눈부신 성과를 냈다.

크레머와 글레너스터는 '효율적 이타주의effective altruism'를 대표적으로 보여 주는 사례다. 효율적 이타주의는 '내가 가진 능력으로 세상을 얼마나 바꿀 수 있을까?'를 자문하고 증거와 신중한 추론으로 그 해답을 찾아 나가는 것이다. 착한 일을 할 때도 과학적인 접근이 필요하다. 과학은 정직하고 공정한 방법을 이용해 진실을 밝히고자 하며 그 결과가 무엇이든 겸허히 수용한다. 효율적인 이타주의 역시 정직하고 공정한 방법을 사용해 어떤 선행이 이 세상에 가장 유익할지를 판단하고 이를 실현하기 위해 최선을 다한다.

효율적 이타주의라는 용어는 말 그대로 '효율'과 '이타주의'가 결합된 표현이다. 각각의 의미부터 분명히 짚고 넘어가자. '이타주의'는 '타인의 삶을 개선시킨다'는 단순한 의미를 나타낸다. 이타주의가 희생을 뜻한다고 생각하는 사람들이 많은데 내 생각은 다르다. 남을 도우면서 안락한 삶을 누리는 것도 이타주의다. '효율'은 주어진 자원으로 최대한의 효과를 거둔다는 의미다. 중요한 건 효율적 이타주의가 '그만저만한' 선행을 하는 데 그치는 것이 아니라 힘닿는 한 최대의 효과를 거두려고 노력한다는 점이다. 어떤 선행이 효율적인지 판단하려면 착한 일에도 질적인 차이가 있다는 점을 인식해야 한다. 남을 돕는 '특정' 방식이 '소용없다'고 주장하거나 비난하려는 게 아니라 어떤 방식이 '가장' 좋은지 따져 보고 그것부터 먼저 실천하자는 말이다. 뒤에서 더 자세히 살펴보겠지만 실제로 효과가 큰 선행은 따로 있는 만큼 사전에 실효성을 따져 보는 일은 매우 중요하다.

옥스퍼드대학원 시절 나는 효율적 이타주의라는 개념을 발전시키는 작업을 거들었다. 자선단체에 돈을 기부해 오던 터라 남을 돕는 데 내 기부금이 얼마나 효율적으로 쓰이고 있는지 확인하고 싶은 마음도 없지 않았다. 나는 당시 박사후 연구원이었던 토비 오드Toby Ord와 함께 개발도상국 빈곤퇴치 자선단체의 비용 대비 효율을 조사하기 시작했다.[38] 결과는 놀라웠다. 가장 효율적인 단체들은 '그럭저럭 좋은' 수준에 그친 단체에 비해 삶의 질을 개선하는 데 수백 배 더 큰 성과를 올리고 있었다. 2009년 토비와 나는 기빙왓위캔Giving What We Can을 설립해 비용 대비 효율이 높은 자선단체들에 수입의 최소 10퍼센트를 기부하자는 운동을 전개했다. 비슷한 시기에 뉴욕의 헤지펀드 분석가였던 홀든 카노프스키Holden Karnofsky와 엘리 하센펠트Elie Hassenfeld도 직장을 그만두고 기브웰을 설립해 어떤 자선단체가 1달러당 가장 큰 효과를 거두는지 면밀히 조사하는 사업에 착수했다.

그때부터 하나의 공동체가 형성되었다. 우리는 효율적 이타주의가 기부할 단체를 고르는 일뿐만 아니라 직업 또는 자원봉사를 선택하는 일, 특정 제품의 구매 여부를 결정하는 일에 이르기까지 일상생활 전반에 적용될 수 있다는 사실을 깨달았다. 이를 계기로 우리는 2011년 진로코칭 단체인 '8만 시간80,000 Hours'을 공동 설립했다(8만 시간은 우리가 평생에 걸쳐 노동에 할애하는 평균 시간이다).[39]

나는 이 책에서 효율적 이타주의로 세상을 변화시키는 방법을 상세히 설명할 생각이다. 단, 사실관계를 나열하기보다 일상생활에서 효율적인 선행을 생활화할 수 있도록 실천적 지침을 제시하려 한다. 1부에서는 효율적 이타주의의 사고틀을 소개하고 2부에서는 효율적 이타주의를 실생활에 적용하는 방법을 살펴볼 것이다.

먼저 1부 각 장에서는 효율적 이타주의의 핵심 질문 5가지를 살펴본다.

1 얼마나 많은 사람에게, 얼마나 큰 혜택이 돌아가는가?

2 이것이 최선의 방법인가?

3 방치되고 있는 분야는 없는가?

4 그렇게 하지 않았다면 어떻게 됐을까?

5 성공 가능성은 어느 정도이고 성공했을 때의 효과는 어느 정도인가?

이 5가지 질문에 답하다 보면 우리가 남을 도울 때 쉽게 빠지는 함정을 피할 수 있다. 첫 번째 질문은 다양한 선행 방식들이 타인의 삶에 구체적으로 어떤 영향을 미치는지를 판단하고 도움이 되지 않는 일에는 시간과 돈을 낭비하지 않도록 해 준다. 두 번째 질문은 '그저 좋은' 선행으로 그치는 일이 아니라 '최대의 효과를 이끌어 내는' 선행에 힘을 쏟을 수 있도록 해 준다. 세 번째 질문은 다른 사람들은 비교적 관심을 덜 기울이고 있지만 세상을 변화시킬 수 있는 절호의 기회가 숨어 있는 분야에 초점을 맞추도록 해 준다. 네 번째 질문은 굳이 우리가 개입하지 않아도 어차피 좋은 결과를 거둘 수 있는 일에 헛된 노력을 쏟지 않도록 해 준다. 다섯 번째 질문은 실현 가능성은 커도 정작 성과는 적은 일과 실현 가능성은 낮아도 성공만 하면 막대한 보상이 따르는 일을 가려낼 수 있도록 해 준다.

이 5가지 질문은 효율적 이타주의를 실천하는 데 길잡이가 되는 질문, 즉 "어떻게 하면 남을 도울 때 최대한의 효과를 거둘 수 있을까?"에 답하는 데 도움이 될 것이다. 그리고 이 질문들이야말로 세상을 더 나은 곳으로 만들기 위한 효율적 이타주의의 핵심적 접근법이다.

2부에서는 각 질문을 구체적인 주제에 적용해 볼 것이다. 내 기부금으로 최대한의 효과를 거둘 자선단체는 어디일까? 가장 큰 영향을 끼칠 수 있는 직업이나 자원봉사는 무엇일까? 윤리적 소비는 세상을 얼마나 변화시킬 수 있을까? 눈앞에 산적한 문제들 중 어떤 문제부터 해결해야 할까? 매 장에서는 이 각각의 주제를 고찰해 볼 수 있는 사고틀, 즉 효율적인 선행을 위한 판단 기준을 제시할 것이다. 이를 통해 효율적 이타주의를 더 나은 세상을 만들기 위한 삶의 지침으로 삼을 수 있기를 바란다. 참고하기 쉽도록 5가지 핵심 질문과 사고틀을 정리한 별도 부록도 준비했다.

5가지 핵심 질문과 사고틀은 특히나 중요하다. 올바른 방법만 알면 한 사람 한 사람의 실천이 세상을 바꿀 수 있다는 점을 일깨워 주기 때문이다.

# Chapter 1

# 당신은 상위 1퍼센트다

## 얼마를 더 벌어야 행복할까?

우리는 이 세상의 갖가지 문제에 기가 질려 더러 이렇게 중얼거린다. "내가 나서서 도와 봤자 양동이에 물 한 방울 더 보태는 격이지 뭐가 달라지겠어"라고 말이다. 하지만 이는 결코 사실이 아니다. 문제는 물 한 방울의 크기지 양동이의 크기가 아니다. 마음만 먹으면 우리는 매우 커다란 물 한 방울을 만들어 낼 수 있다. 같은 비용으로 우리가 누리는 편익보다 100배나 더 많은 편익을 남에게 제공할 수 있다. 우리가 세상의 모든 문제를 해결할 수는 없다. 그렇다 해도 우리가 수천 명의 삶을 바꿀 수 있다는 사실은 변하지 않는다.

월가 점령 시위가 한창이던 2011년 가을, 불평등과 양극화에 반기를 든 서구 시민들은 '상위 1퍼센트'라는 말을 자주 썼다. 이는 부유한 나라, 특히 미국의 소득 상위 1퍼센트에 해당하는 사람들을 가리키는 말이다. 미국의 최상위 1퍼센트 부자의 연수입은 전체 미국인 소득의 24퍼센트를 차지한다. 이들의 연소득은 34만 달러 이상으로, 이는 일반 노동자의 연수입 2만8000달러보다 12배나 많은 돈이다.[1] 여기에서 딴 '1퍼센트 대 99퍼센트'라는 표현은 미국 내 1퍼센트 부자들과 나머지 99퍼센트의 소득격차를 나타내는 관용구로 재빠르게 자리 잡았다.

미국의 소득 불균형은 날이 갈수록 심화되고 있다. 1979~2007년 평균 가계소득 증가율은 40퍼센트 미만이지만 상위 1퍼센트의 가계소득은 275퍼센트 늘었다.[2] 2014년 『21세기 자본Capital in the Twenty-First Century』으로 전 세계적인 명성을 얻은 프랑스의 경제학자 토마 피케티Thomas Piketty는 미국의 소득 불균형 수준이 '전 세계 어느 곳보

다, 역사상 그 어떤 사회보다 높을 것'이라고 꼬집었다.[3]

그 1퍼센트에 속하지 않는 우리는 무력감을 느낀다. 하지만 이렇게 최상위 부자들에만 초점을 맞추면 부유한 나라에 사는 우리 대다수가 얼마나 큰 힘을 지니고 있는지 깨닫지 못한다. 미국과 같은 부유한 나라의 경제적 불평등에만 관심이 쏠리면 더 큰 그림을 간과하기 쉽다. 전 세계 소득분포를 보여 주는 아래 그래프를 보자.[4]

소득 순으로 전 세계인들을 줄 세우면 다음 그래프가 된다. 가로축 0~25는 소득이 가장 낮은 25퍼센트의 인구를 나타낸다. 75~100은 소득이 가장 높은 25퍼센트를 나타낸다. 만약 전 세계인들의 소득이 같다면 그래프의 곡선이 평평하게 가로로 뻗어 곡선 아래 짙은 부

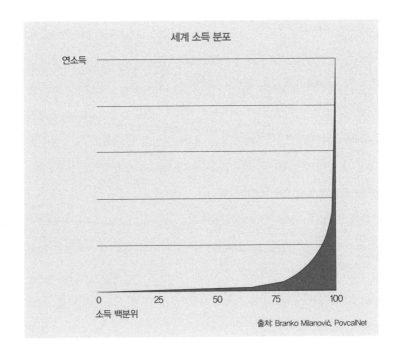

세계 소득 분포

연소득

0    25    50    75    100

소득 백분위

출차: Branko Milanović, PovcalNet

분은 깔끔한 직사각형이 될 것이다. 하지만 보다시피 극빈층의 소득 선은 가로축과 거의 맞닿아 있고 상위 10퍼센트의 소득을 나타내는 선은 급격히 위로 치솟는다. 상위 1퍼센트는 어떨까? 너무 높은 나머지 그래프를 벗어난다.[5]

당신은 이 그래프의 어느 지점에 해당할까? 세로축 구간의 구분선 (연소득)은 일부러 밝히지 않았기 때문에 위치를 가늠하기가 어려울 것이다. 일단 짐작해 보자. 전 세계 인구 중 당신보다 소득이 높은 사람은 몇 퍼센트일까? 반대로, 당신보다 소득이 낮은 사람은 몇 퍼센트일까?

미국과 영국에 사는 사람들에게 이 질문을 던지면 보통은 백분위로 70~80퍼센트에 해당할 것이라고 답한다. 부유한 나라에 살고 있긴 하지만 스스로를 금융가나 기업인 같은 글로벌 엘리트라고 인식하지 않기 때문에 자신이 해당하는 위치를 곡선이 꺾이는 지점에 놓는 것이다. 거기서 자신은 그래프 꼭대기에 앉은 갑부들을 올려다보고 있을 거라고 지레짐작한다. 나도 내 위치가 그와 비슷할 거라 생각했다.

이제 세로축을 공개한다.(36쪽)

당신의 연소득이 5만 2000달러 이상이라면 전 세계 상위 1퍼센트에 해당한다. 소득이 2만 8000달러(미국 노동자의 평균 소득)[6]만 돼도 전 세계 상위 5퍼센트에 든다. 심지어 연소득이 미국의 빈곤기준선인 1만 1000달러 이하라 하더라도 나머지 85퍼센트에 비교하면 부자다. 부유한 나라의 국민들은 주변 사람과 자기를 비교하기 때문에 자신의 소득 수준을 과소평가하기 쉽다.

이쯤 되면 그래프에 회의적인 시선을 보낼지도 모르겠다. 세계 소득분포 실태를 처음 접했을 때 나도 그랬으니 말이다. 당신은 아마 이렇게 말할 것이다. "가난한 나라의 빈곤층은 돈이 없긴 해도 거긴 물가가 훨씬 싸잖아."

맞는 말이다. 에티오피아에 있을 때 수도인 아디스아바바의 최고급 식당에 간 적이 있는데 한 끼 식사비가 10달러가 채 되지 않았다. 일일 호텔 숙박비는 (형편없는 곳이긴 했지만) 단돈 1달러였다. 그런데 이 소득 불균형 그래프는 가난한 나라의 물가가 싸다는 사실을 반영한 것이다. 하위 20퍼센트에 해당하는 사람들을 보자. 여기에 속하는 12억 2000만 명은 하루 수입이 1.5달러 미만인 '극빈층'이다.[7] 그런데 1.5

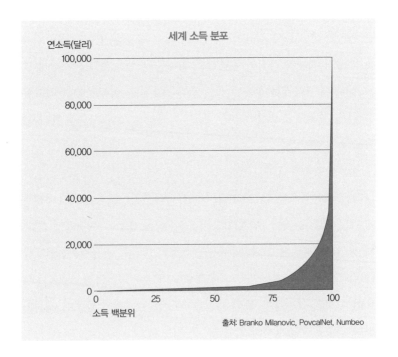

출처: Branko Milanovic, PovcalNet, Numbeo

달러를 그 나라의 화폐 가치로 환산하면 안 된다. 그래프는 이들이 미국 화폐 가치에 해당하는 1.5달러의 구매력으로 생활한다는 사실을 나타낸다.[8] 미국에서 1.5달러로 살 수 있는 게 뭘까? 초코바 한 개? 쌀 한 자루?

그래도 의구심이 가시지 않을 것이다. 가난한 나라 사람들은 대부분 자급자족하니까 하루 1.5달러가 안 되는 돈으로도 살 수 있지 않을까? 어차피 자기 논밭에서 키운 작물을 먹고살 텐데 생활비가 많이 필요할까? 그런데 이 사실 또한 그래프에 반영되어 있다. 가령 아넷이라는 농부가 직접 재배한 농작물을 팔아 하루에 1.2달러를 벌고 그 작물을 하루에 0.4달러어치 먹는다고 치자. 그래프에서는 아넷이 하루 1.6달러로 생활한다고 계산한다. 따라서 아넷은 극빈선인 1.5달러보다 상위에 위치하게 된다.[9]

당신은 놀랄 것이다. '그 돈으로 어떻게 먹고살아? 그러다간 죽고 말 거야.' 맞다. 당장 굶어 죽진 않더라도 선진국 사람들보다 훨씬 빨리 죽는다. 지난 수십 년 동안 개발도상국 국민들의 평균 기대수명이 급격히 치솟았다고 하지만 사하라 이남 아프리카 사람들의 기대수명은 이제 겨우 56세인 데 비해 미국인의 평균수명은 78세를 넘어섰다.[10] 이들의 삶은 다른 면면을 살펴봐도 궁핍 그 자체다. 극빈층의 생활수준을 파악하기 위해 MIT 경제학자 압히지트 바네르지Abhijit Banerjee와 에스더 듀플로Esther Duflo 교수가 13개국 이상을 대상으로 실시한 조사 결과를 보자.[11] 극빈층은 수입의 대부분을 식비로 쓰는데도 하루 섭취 열량이 평균 1400칼로리에 불과하다. 활동적인 성인 남성 및 신체 활동이 특히 왕성한 여성의 권장 열량에 비하면 절반에도 못 미친다. 극빈층 대다수가 저체중과 빈혈에 시달리는 이유다. 가정에 라디오를 구비해 두긴 해도 전기·화장실·수도 시설은 없다. 의자나 탁자가 있는 집은 10퍼센트도 안된다.

그런데 '하루 1.5달러'가 '2014년 기준 미국에서 1.5달러로 구매할 수 있는 것'과 동등하게 볼 수 없는 이유가 있다. 미국에는 이에 상응하는 극빈층이 없기 때문에 시중에서 이렇게 극단적으로 싼 상품을 찾아 볼 수가 없다. 미국에서 파는 최하급 쌀은 에티오피아나 인도의 최하급 쌀보다 품질이 월등하다. 미국에서 최악의 잠자리로 꼽히는 곳도 에티오피아에서 내가 1달러를 주고 묵었던 곳보다 훨씬 낫다(이 점에 대해서는 나를 믿어주시길). 미국에서 매매되는 그 어떤 주택도 극빈선인 하루 1.5달러 이하로 생활하는 사람들이 사는 진흙벽돌 집보다 '월등하다.' 진흙벽돌 집이나마 '집'인 까닭에 극빈층도 '자가 소유'가 가능한 것이다. 하지만 삶의 질은 형편없다.

세계적인 차원에서 보면 선진국 사람들은 소득분포 곡선의 꼭대기에 위치한다. 더 나은 세상을 만들 수 있는 힘을 지니고 있다는 말이다. 상대적으로 부유하기 때문에 같은 돈이라도 자신이 아닌 빈곤층을 위해 쓸 때 상대적으로 적은 비용으로 더 큰 선행을 할 수 있다.

그렇다면 구체적으로 얼마나 도움이 된다는 걸까? 단순한 예를 들어 보자. 가령 1달러로 개발도상국 지원단체에 기부를 하거나 공정무역 상품을 사면 우리 수중에서 1달러를 잃고 극빈층 인도 농부는 1달러를 얻는다. 그 1달러로 가난한 인도 농부가 누리는 편익은 우리가 누리는 편익보다 얼마나 큰 걸까? 돈이 많을수록 소유자가 체감하는 돈의 가치도 떨어진다는 건 경제학의 기본 법칙이다. 같은 1달러를 갖고 있어도 당신이나 나보다 극빈층 인도 농부가 훨씬 큰 편익을 누린다는 말이다. 그 편익의 차이는 정확히 얼마일까?

경제학자들은 다양한 방법을 동원해 그 해답을 찾고 있다. 다음 장에서 자세히 살펴볼 테니 여기서는 하나만 소개해 보겠다.[12] 바로 자기 삶에 얼마나 만족하는지 '주관적 안녕감 Subjective Well-Being(행복학의 선구자인 에드 디너 Ed Diener가 제안한 개념으로, 주관적 안녕감이 높은 상태가 행복한 상태다 ─ 편집자 주)'을 직접 물어보는 방법이다(참고로 그 밖의 방법을 이용한 조사 결과도 내 결론을 뒷받침한다).[13]

소득 수준과 주관적 안녕감의 관계를 규명하기 위해 경제학자들이 대규모 연구를 실시한 적이 있다. 그 결과가 바로 다음 그래프(40쪽)에 나와 있다.[14] 이 그래프에는 소득과 주관적 안녕감의 상관관계가 국가별로 제시돼 있는데 이를 통해 국가 간 격차도 알 수 있다.

그래프의 세로축은 조사 대상자가 밝힌 행복도를 나타내는데, 자기 삶에 만족하는 정도를 0~10으로 표현해 달라고 요청해 얻은 값이다. 10은 지금보다 더 만족스러운 삶은 없다고 생각할 만큼 현재에 만족한다는 의미고, 0은 지금보다 더 내리막일 수는 없다고 생각할 만큼 현재를 최악으로 본다는 뜻이다. 대다수가 중간 정도에 위치한다. 가로축은 조사 대상자의 연소득이다.

이 그래프에서 흥미로운 건 소득이 2배 늘어날 때 증가하는 주관적 안녕감의 폭은 늘 같다는 점이다. 연소득 1000달러인 사람의 소득이 1000달러 늘었을 때, 2000달러인 사람의 소득이 2000달러 늘었을 때, 8만 달러인 사람의 소득이 8만 달러 늘었을 때 증가하는 주관적

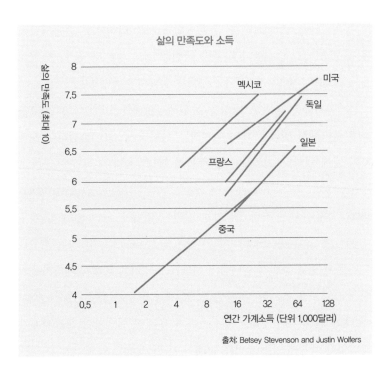

삶의 만족도와 소득

출처: Betsey Stevenson and Justin Wolfers

만족도가 같다는 말이다. 가령 일본의 경우 소득이 1만6000달러에서 3만2000달러로 증가한 경우와 3만2000달러에서 6만4000달러로 증가한 경우 동일하게 5퍼센트 포인트씩 만족도가 상승했다.

그래프를 보면 1달러가 당신이나 나보다 극빈층에게 얼마나 더 큰 의미가 있는지 알 수 있다. 상사가 당신에게 내년부터 연봉을 2배 올려 주겠다고 얘기했다면 어떨까? 아마 더할 나위 없이 기쁠 것이다. 경제학자들에 따르면 당신의 소득이 2배 증가했을 때 발생하는 편익과 극빈층 인도 농부의 소득이 2배 늘었을 때 발생하는 편익은 똑같다. 이를테면 당신의 연소득이 2만8000달러에서 5만6000달러로 증가했을 때의 편익과 극빈층 인도 농부의 소득이 220달러에서 440달러로 증가했을 때의 편익이 동일하다는 얘기다.

그렇다면 이론적으로는 똑같은 금액으로 미국의 일반인보다 가난한 나라의 극빈층에게 100배 더 많은 편익을 제공할 수 있다는 추론이 가능하다. 당신이 미국 노동자의 평균 소득만큼 번다면 전 세계 극빈층보다 100배 더 부유한 셈이고, 이는 똑같은 추가소득으로 당신이나 내가 얻는 편익보다 극빈자가 얻는 편익이 100배 더 크다는 말과 같다. 물론 소득수준이 행복을 결정하는 유일한 요인은 아니다. 안전, 정치적 자유 등 다른 요인들도 있다. 그렇긴 해도 소득이야말로 행복, 수명, 건강에 있어 결정적인 변수다. 가난한 사람들의 소득을 높여 줌으로써 그들이 얼마나 큰 혜택을 누릴지 알 수 있으면 똑같은 돈을 우리 자신에게 쓸 때보다 극빈층을 위해 쓸 때 얼마나 더 큰 편익을 제공할 수 있는지 구체적으로 계산할 수 있다.

두 가지 선택지 중 하나가 다른 하나에 비해 100배 더 좋은 경우는 흔하지 않다. 가령 술집에서 할인행사를 하는데 제 돈을 내고 맥주를 마시면 한 잔에 5달러, 남에게 사 줄 때는 5센트로 할인해 준다면 우리는 한없이 관대해질 것이다. 서로 자기가 사겠다며 앞다퉈 나서지 않을까? 개발도상국 극빈층을 돕는 일도 이와 다르지 않다. 99.9퍼센트 할인, 1만 퍼센트 수익이나 마찬가지다. 이만큼 매력적인 거래가 또 어디 있을까?

나는 이 개념을 매우 중요하다고 보고 '100배 승수100x Multiplier'라고 명명했다.[15] 부유한 나라에 사는 사람들은 같은 비용으로 자신보다 빈곤층에 '최소' 100배 더 큰 혜택을 줄 수 있다는 의미다.[16] 100배의 혜택이라니 놀랍지 않은가. 우리에게는 한 푼에 불과한 돈이 타인에게 그토록 큰 혜택을 줄 수 있다니, 특별한 시대에 특별한 곳에서 살고 있기에 가능한 얘기다.

당신은 특별한 나라에 살고 있다. 지금 이 책을 읽고 있는 사실로 미뤄 당신은 아마 나와 마찬가지로 연소득이 1만6000달러 이상일 것이다. 다시 말해, 당신은 세계 인구의 상위 10퍼센트에 해당한다는 뜻이고, 이건 특별한 일이다.

또 당신은 눈부신 경제 성장을 이룩한 시대에 살고 있다. 이 성장기에 일부 국가들은 막대한 부를 축적했다. 1800년에는 미국의 1인당 GDP가 (현재 돈 가치로 따지면) 고작 1400달러에 불과했다. 지금은 4만 2000달러를 웃돈다. 겨우 200년 남짓한 시기에 미국인은 30배 더 부자가 된 것이다.[17] 한편으론 불균형 경제 성장이 심화된 시대에 살고 있기도 하다. 우리 같은 사람들은 부유해진 반면 수십 억 인구는 여전히 가난 속에서 허우적댄다. 우리가 극히 예외적이라는 사실은 지난 2000년 동안의 1인당 GDP 변화 추이를 보여 주는 다음 그래프에서 확인할 수 있다.[18]

20만 년 전 호모 사피엔스가 등장한 때부터 250년 전 산업혁명에 이르기까지 인류 역사의 긴 시기 동안 전 세계 인구의 평균소득은 하루 2달러 안팎이었다.[19] 지금도 세계 인구의 절반은 하루 4달러 이하의 소득으로 연명하고 있다.[20] 그런데 선진국 사람들은 인류 역사상 가장 눈부신 경제 성장기의 유산을 상속받는 엄청난 행운을 누렸다.

또 경제 성장 덕에 우리는 수천 킬로미터나 멀리 떨어져 사는 사람들에 대한 정보를 손쉽게 얻는 기술도 보유하게 됐다. 빈곤층의 삶에

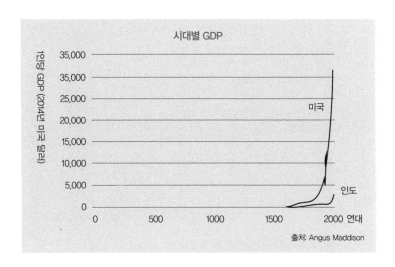

시대별 GDP

1인당 GDP (2014년 미국 달러)

출처: Angus Maddison

막대한 영향을 끼칠 수 있는 능력뿐만 아니라 이들을 돕는 데 가장 효율적인 방법을 찾아 줄 과학적 지식도 갖추게 된 것이다.

우리는 이 세상의 갖가지 문제에 기가 질려 더러 이렇게 중얼거린다. "내가 나서서 도와 봤자 양동이에 물 한 방울 더 보태는 격이지 뭐가 달라지겠어." 하지만 앞서 본 그래프들이 말해 주듯 이는 결코 사실이 아니다. 문제는 물 한 방울의 크기지 양동이의 크기가 아니다. 마음만 먹으면 우리는 매우 커다란 물 한 방울을 만들어 낼 수 있다. 같은 비용으로 우리가 누리는 편익보다 100배나 더 많은 편익을 남에게 제공할 수 있다는 걸 똑똑히 확인하지 않았던가. 우리가 세상의 모든 문제를 해결할 수는 없다. 그렇다 해도 우리가 수천 명의 삶을 바꿀 수 있다는 사실은 변하지 않는다.[21]

PART 1

감정에 휘둘리지 않는
# 냉정한 이타주의자

효율적 이타주의의 5가지 사고법

# Chapter 2

# 선택의 득과 실

첫 번째 얼마나 많은 사람들에게,
얼마나 큰 혜택이 돌아가는가?

당신이 자선단체에 얼마간의 돈을 기부하려 한다고 치자. 아이티 지진 구호활동을 펼치는 단체에 기부하면 재난 희생자들을 도울 수 있다. 이는 우간다의 에이즈 퇴치나 당신이 사는 동네의 노숙자 돕기에 기부할 돈이 줄어든다는 뜻이다. 당신의 선택에 따라 생활이 개선되는 사람이 있는가 하면 그렇지 않은 사람도 있다. 상황이 이렇다면 한 군데를 선택하기보다 차라리 모든 단체에 빠짐없이 기부하고 싶을지도 모른다. 기부할 돈을 더 마련하거나 기부금을 쪼개 몇 군데로 나눠 보내는 방법도 있다. 하지만 당신이 가진 돈과 시간은 제한돼 있고 당신이 세상의 모든 문제를 해결할 수도 없다. 따라서 어려운 결정을 내려야 한다. 당신은 누구를 도울 것인가?

1994년 6월 21일 르완다의 수도 키갈리. 인류가 목격한 최악의 대학살이 두 달째로 접어들 무렵, 제임스 오르빈스키James Orbinski는 이 도덕적 황무지에 작은 샘이나 다름없는 소규모 적십자병원을 열었다.

르완다 대학살은 수십 년 동안 축적된 문제가 곪아 터진 것으로, 벨기에의 식민 지배가 비극의 뿌리였다.[1] 벨기에는 소수인 투치족이 다수인 후투족보다 인종적으로 우월하다는 논리를 앞세워 인종분리 정책을 강행했다. 투치족을 식민지배 앞잡이로 내세워 후투족의 노동력을 착취한 것이다. 박해에 시달리던 후투족은 1959년 대대적인 봉기를 일으켜 식민 지배를 타파하고 투치 왕조를 무너뜨려 후투 공화정을 선포했다. 하지만 르완다의 엄혹한 현실은 끝나지 않았다. 새 지도층은 군사독재로 민중을 억압하면서 국부를 사취해 재산을 불렸다. 투치족 대다수가 난민이 되어 인근 국가로 피난을 떠났고 르완다는 세계 최빈국으로 전락했다.

빈곤이 심화되면서 투치족에 대한 후투족의 적개심도 날로 커져 갔다. 반反투치 노선을 공공연히 천명한 '후투 파워Hutu Power'라는 급진적 이데올로기가 갈수록 높은 지지를 얻어 갔다. 1990년 르완다 정부는 후투족을 마체테, 면도칼, 톱, 가위 등으로 무장시키는 한편 신생 라디오 채널을 통해 선동방송을 내보내며 혐오 발언을 서슴지 않았다. 인근으로 망명했던 투치족 무장세력인 르완다애국전선Rwandan Patriotic Front의 공격도 후투족의 공포심을 조장하는 데 이용했다. 반투치 정서가 극에 달했을 무렵, 1994년 4월 6일에 르완다 대통령이 암살됐다. 후투 극단주의자들은 이를 르완다애국전선의 소행이라 비난하며 장기간 계획했던 투치족 학살을 자행할 빌미로 삼았다.

수십만 명의 투치족이 학살당하던 당시, 오르빈스키는 적십자병원에서 근무하고 있었다. 유엔은 인종학살을 인정하지 않은 채 미온적인 태도를 취하며 수수방관했고 소수의 활동가들만 르완다에 잔류한 상황이었다. 훗날 국경없는의사회Doctors Without Borders의 국제회장 자격으로 노벨 평화상을 수상한 오르빈스키는 그때만 해도 환자 치료에 여념이 없던 일선 의사였다. 그는 감당하기 어려울 정도로 사상자가 밀려들던 당시를 이렇게 회상했다.

부상자가 이미 넘치는 상황인데도 환자가 계속 몰려들었다. 우리는 환자 이마에 1, 2, 3이라고 표기한 테이프를 붙였다. 1은 '즉시 치료', 2는 '24시간 내 치료', 3은 '치료 불가능'이라는 뜻이었다. 이마에 3이 붙은 사람들은 응급실 맞은편 길가에 있는 야트막한 언덕으로 옮겨 최대한 편안한 상태에서 숨을 거둘 수 있도록 했다. 담요를 덮어 몸을 따뜻하게 해 주고, 냉수를 먹이고, 갖고 있는 모르핀을 전부 투여했다. 1에 해당하는 환자들은 들것에 실어 응급실이나 그 근처 병원 입구로 옮겼다. 2가 붙은 사람들은 환자 '1' 뒤에서 차례를 기다리게 했다.[2]

제임스 오르빈스키가 수많은 사상자들이 한꺼번에 쏟아져 들어오는 광경을 눈앞에서 목격했을 때나 치료 가능한 사람이 극소수에 불과하다는 사실을 깨달았을 때 어떤 심정이었을지 감히 헤아릴 수 없다. 차마 눈뜨고 보기 힘든 그 끔찍한 고통의 현장에 내가 있지 않았단 사실에 감사할 따름이다. 당신도 아마 그럴 것이다.

그런데 오르빈스키가 처한 상황은 한 가지 점에서 우리와 비슷하다. 오르빈스키는 밀려드는 모든 부상자를 구할 수 없었다. 그는 선택의 기로에 놓였다. 누구를 구하고 누구를 죽게 내버려 둘 것인가? 그는 우선순위를 매겨 부상자를 분류해야 했다. 냉정하고 계산적으로 보일지 모르지만 그렇게 등급을 나누는 방식이 아니었더라면 얼마나 많은 사람들이 죽어 나갔을지 모르는 일이다. 그가 결단을 내리지 못한 채 그저 포기해 버렸거나 들어오는 순서대로 치료했다면 최악의 사태로 치달았을 것이다.

그게 우리가 사는 세상의 현실이다. 더 나은 세상을 만들고 싶다면 우리도 오르빈스키처럼 선택을 해야 한다.

가령 당신이 자선단체에 얼마간의 돈을 기부하려 한다고 치자. 아이티 지진 구호활동을 펼치는 단체에 기부하면 재난 희생자들을 도울 수 있다. 이는 우간다의 에이즈 퇴치나 당신이 사는 동네의 노숙자 돕기에 기부할 돈이 줄어든다는 뜻이다. 당신의 선택에 따라 생활이 개선되는 사람이 있는가 하면 그렇지 않은 사람도 있다. 상황이 이렇다면 한 군데를 선택하기보다 차라리 모든 단체에 빠짐없이 기부하고 싶을지도 모른다. 기부할 돈을 더 마련하거나 기부금을 쪼개 몇 군데로 나눠 보내는 방법도 있다. 하지만 당신이 가진 돈과 시간은 제한돼 있고 당신이 세상의 모든 문제를 해결할 수도 없다. 따라서 어려운 결정을 내려야 한다. 당신은 누구를 도울 것인가?

시간 배분도 마찬가지다. 일주일에 몇 시간 짬을 내 봉사를 하고 싶은데 그 시간을 어디에 써야 할까? 무료급식소에서 일해야 할까? 청년멘토십 프로그램에 참여해야 할까? 관심을 두고 있는 자선단체를 위해 모금활동을 해 볼까? 해결해야 될 문제는 산적해 있는데 그 문제를 모두 해결할 시간은 없다. 우선순위를 정해야 한다.

오르빈스키가 처한 상황은 이보다 훨씬 심각했다. 눈앞에서 잠재 수혜자들이 도와 달라고 울부짖고 있었다. 부득이하게 선택해야 했고 선택하지 않는 것도 하나의 선택일 터였다. 우리는 선행의 잠재 수혜자들을 직접 대면한 상태에서 기부처나 봉사활동을 고를 일이 없기에 오르빈스키만큼 큰 중압감을 느끼진 않는다. 그렇다고 그보다 진정성이 덜하다고는 할 수 없다. 우리의 도움을 필요로 하는 이들은 수십억 명이다. 저마다 도움이 절실한 상황에 처해 있고 우리의 행동에 따라 삶이 더 개선될 수 있는, 도움 받아 마땅한 사람들이다. 따라서 누구를 도울 것인지 결정해야 한다. 결정하지 않는 것이야말로 최악의 결정이다.

효율적 이타주의의 핵심은 오르빈스키처럼 딜레마에 직면한 상황에서 할 수 있는 한 최선의 거래를 통해 절충하는 것이다. 더 살기 좋은 세상을 만들기 위한 '가장 효율적인' 방법은 무엇인가? 즉각 해결해야 할 문제는 무엇이고 나중으로 미뤄도 되는 문제는 무엇인가? 한 가지 행위에 더 큰 가치를 두기란 심리적으로도 현실적으로도 쉽지 않다. 그렇다고 불가능한 건 아니다. 이처럼 다양한 이타적 행위를 비교하려면 '얼마나 많은 사람들에게, 얼마나 큰 혜택이 돌아가는가'를 자문해야 한다.[3] 이것이 바로 효율적 이타주의의 첫 번째 핵심 질문이다.

이 물음에 대한 답을 구하려면 우리의 행동이 가져올 결과부터 따져 봐야 한다. 가령 기부할 단체를 선택하는 상황이라고 가정해 보자. 당신의 기부 행위로 인한 잠재적 영향을 평가하려면 그 단체가 당신이 낸 돈으로 정확히 어떤 일을 하는지 알아야 한다.

대다수의 단체가 이에 대한 답을 내놓지 않는다. 일례로 구세군 웹사이트에는 무료급식소, 참전군인 지원센터, 노숙자 쉼터, 저소득가정 어린이를 위한 여름캠프 및 방과후교실 등 다양한 운영 프로그램이 소개돼 있다. 자세히 들여다보면 '재활', '구세군 교회 문화회관', '기타 사회복지 서비스' 등 큰 범주별로 예산을 어떻게 배분하는지도 알 수 있다. 하지만 개별 사업에 들어가는 비용이 얼마인지는 어디에도 나와 있지 않다. 그렇다 보니 당신의 기부금이 어떤 성과를 낼지도 알 길이 없다. 50달러를 기부하면 무료급식소 이용자 1명을 1년간 지원하는 데 충분해 보이긴 하지만 웹사이트에 나온 정보로는 그게 사실인지 확실히 알 수 없다.

이런 경우가 워낙 흔하기 때문에 그러려니 받아들이지만 생각해 보면 몹시 황당한 일이다. 슈퍼마켓에 갔는데 상품에 가격이 하나도 표시돼 있지 않다면 어떨까? 점원이 "오늘 우리 매장에서 돈을 얼마나 쓰실 건가요?"라고 물은 뒤 당신한테 돈을 받아 직접 식료품을 골라 준다면?

정말 터무니없는 일이 아닌가. 슈퍼마켓이 전부 그런 식이라면 어디가 더 좋은 곳인지 비교가 불가능하다. 돈부터 미리 내기 때문에 같은 상품을 10배 비싸게 사더라도 알 턱이 없다.

슈퍼마켓에서 이런 식으로 장을 보는 게 황당한 일이라면 기부도 마찬가지가 아닐까? 기부는 나 자신이 아닌 다른 사람들을 위해 무언가를 대신 사 주는 일이다. 내가 낸 돈이 다른 사람을 돕는 데 효율적으로 쓰이는 걸 보고 싶은데 그런 방식이라면 효과를 예상하기 어려울 것이다.

당신이 낸 기부금으로 어떤 결과를 기대할 수 있는지 명확히 밝히는 단체도 있다. 가령 유나이티드웨이United Way 뉴욕지부 웹사이트에서 '지금 바로 기부하세요Donate Now'를 클릭하면 당신이 50달러를 기부할 경우 한 가정에 자녀교육 지침서 5권을 제공할 수 있다고 설명한다. 나무랄 데 없는 방안이다. 하지만 '50달러로 책 5권'을 구입해 실제로 지급한다 하더라도 의문은 남는다.[4] 그 책들이 어떻게 도움이 된다는 건지 알 수 없기 때문이다. 도서 제공은 가치 있는 결과를 낳을 때만 의미 있는 일이다. 책으로 아이들의 학업 성적이 향상될까? 세상에 대한 식견을 넓히면 한 가정의 삶이 풍요로워질까? 책을 몇 권 더 제공한다고 해도 실제로 현실이 개선되지 않는다면 당신의 기부금 50달러는 헛돈이 된다.

제공한 교과서 권수 같은 정량적 목표가 아니라 삶의 질 향상이라는 목표를 중심으로 접근하면 이 문제를 풀 수 있다. 여러 이타적 행위의 효과를 비교해 보려면 각각의 행위가 제공하는 혜택을 측정해 봐야 한다.

어떤 행위가 더 큰 혜택을 제공하는지 상대적으로 분명히 드러날 때도 있다. 오르빈스키의 경우 팔다리를 잃은 환자를 치료하는 것보다 다 죽어 가는 환자를 치료해 목숨을 구하는 게 혜택이 훨씬 크다. 오르빈스키가 둘 중 한 명만 골라야 한다면 목숨이 경각에 달린 사람을 택해야 한다. 마찬가지로 1명을 살리는 것보다 5명의 목숨을 구하는 경우가 혜택은 더 크다. 따라서 간단한 수술로 5명의 목숨을 구할 수 있는 경우와 시간이 많이 걸리는 복잡한 수술로 1명의 목숨을 구할 수 있는 경우가 있다면 전자를 택하는 것이 합리적이다.[5]

하지만 선택이 쉽지 않을 때가 훨씬 더 많다. 5세 아이와 20세 청년 중 한 사람의 목숨만 구할 수 있다면? 에이즈 환자 10명과 심각한 관절염을 앓고 있는 100명의 환자 중 하나를 택해야 한다면? 한 여성을 가정폭력에서 구하는 것과 한 아이가 학교교육을 받게 해 주는 것 중 하나를 택하라면?

보건 분야에서는 경제학자들이 이 같은 질문들에 대한 답을 찾기 위해 수십 년간 연구에 매진해 왔다.[6] 그 결과 삶의 질을 고려한 '질보정수명Quality-Adjusted Life Year, QALY'이라는 지표를 개발하기에 이르렀다. QALY는 다양한 의료사업 중 무엇을 우선적으로 시행해야 할지 결정할 때 유용하다.

QALY 개념은 의료 혜택을 제공하는 방법이 두 가지임을 전제로 한다. 하나는 생명을 '구하는'('수명을 연장하다'라는 의미로 제한한다) 것이고,

다른 하나는 사는 동안 삶의 질을 개선시키는 것이다. 이를테면 편두통으로 죽는 사람은 없지만 편두통이 없는 편이 아무래도 삶의 질이 높다.

QALY는 이 두 가지 편익을 하나로 결합시킨 지표로, 사람들이 기꺼이 감수하는 거래를 조사해 질병 및 장애의 심각성 정도를 평가한다. 가령 건강한 사람들을 대상으로 조사한 평균치를 보면 완벽히 건강한 상태의 삶의 질을 100이라고 했을 때 치료받지 않은 에이즈 환자의 삶의 질은 그것의 50퍼센트, 뇌졸중을 겪은 사람은 75퍼센트, 중간 정도 우울증이 있는 사람은 30퍼센트로 나왔다.[7]

QALY는 그래프로 나타낼 수 있다. 평범한 사람의 삶의 질이 세월의 흐름에 따라 어떻게 변하는지 아래 그래프를 통해 살펴보자.

아래 그래프는 평생 건강하게 살아온 사람의 삶의 질을 나타낸다. 이 사람은 35세 때 가벼운 건강 문제가 생겨 삶의 질이 다소 떨어지긴 했지만 곧 회복했다. 노년기에 접어들면서 건강이 악화됐기 때문에 70세에 사망할 때까지 삶의 질은 줄곧 내리막이었다.

다음에 나오는 두 그래프는 당신이 다른 사람의 삶을 개선시킬 수

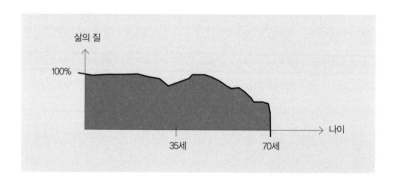

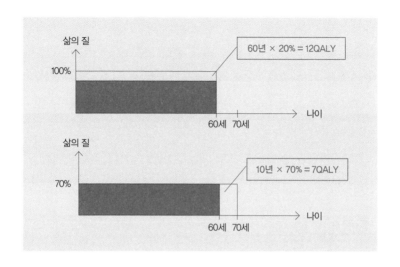

있는 두 가지 방법을 나타낸다.

첫 번째 그래프는 한 사람의 삶의 질이 60년에 걸쳐 20퍼센트 향상됐음을 나타낸다. 60년 × 20퍼센트(60 × 0.2)는 12QALY다. 두 번째 그래프는 현재 삶의 질이 70퍼센트인 사람의 수명을 최대 10년 연장시킬 때를 나타낸다. 10년 × 70퍼센트(10 × 0.7)는 7QALY다. 이처럼 QALY를 적용하면 각각에게 돌아갈 혜택을 측정할 수 있다.

동일한 방법으로 당신의 삶의 질도 척도로 나타낼 수 있다. 우선 인생의 한 시점부터 발병한 질병을 떠올려 보라. 가령 당신이 나처럼 요통을 앓고 있다고 치자. 건강이 더할 나위 없이 좋을 때 삶의 질이 10이라면 요통이 발병한 때는 몇일까? 쉽게 답하기 어렵다면 질문을 조금 바꿔 어떤 거래를 할 의향이 있는지 자문한다. 다시 말해, 완벽한 건강 상태를 무엇과 맞바꿀 수 있을지 묻는 것이다. 완벽한 건강 상태로 살 수 있는 하루를 요통을 앓으며 사는 며칠과 바꿀 것인가?

내 경우엔 완벽한 건강 상태로 지내는 나흘이 아픈 허리로 고생하며 지내는 닷새와 맞먹는다. 이는 요통 없이 사는 건강한 삶과 비교할 때 요통으로 고생하는 삶에 80퍼센트 만족한다는 뜻이다(각자의 건강 상태에 따른 삶의 질이 궁금하다면 주에 제시된 자료를 참고해 해당 질병에 대한 QALY 공식 추정치를 찾아보라).[8]

경제학자들은 QALY를 질병 치료의 비용 대비 효과를 평가할 때 사용한다. 특정 보건사업에 비용이 얼마나 들고 효과는 어느 정도인지 가늠해 개선 정도를 QALY로 표시하는 것이다. QALY를 각 사업에 적용해 비교하면 어떤 사업이 비용 대비 효과가 가장 높은지 알수 있다. 자원이 제한돼 있고 나머지 조건이 동일하다면 한정된 자원을 가장 QALY가 높은 프로그램에 투입해야 한다.

다음 상황을 예로 들어 보자. 당신에게 1만 달러가 있는데 그 돈은 40세 에이즈 환자의 항레트로바이러스 치료와 20세 환자의 실명 예방수술 중 하나에만 쓸 수 있다. 두 사람 모두 지원하는 건 불가능하다. 40세 환자는 항레트로바이러스 치료를 받지 않으면 5년 내에 사망한다. 치료를 받으면 최대 10년까지 수명을 연장할 수 있다. 한편 눈 수술이 필요한 20세 환자는 수술을 받지 않더라도 70세까지 살수 있다(실제로 그의 수명이 얼마나 될지는 알 수 없다. 따라서 평균 기대수명값을 사용해 계산한다). 당신은 항레트로바이러스 치료와 실명 예방수술 중 무엇을 택해야 할까? QALY를 계산해 보면 결정할 수 있다. 우선 항레트로바이러스 치료로 얻을 수 있는 혜택을 가늠한다. 완벽한 건강 상태인 사람의 삶의 질과 비교할 때 항레트로바이러스 치료를 받지 않을 경우 이 에이즈 환자의 삶의 질은 50퍼센트이고 치료를 받았을 경우에는 90퍼센트다.[9] 따라서 40세 에이즈 환자의 항레트로바이러스 치료를 지원할 경우 당신은 이 환자의 삶의 질을 5년 동안 50퍼센트에서 90퍼센트로 높이고, 그 이후 5년 동안은 90퍼센트의 건강 상태를 누리게 해 줄 수 있다. 그러면 6.5QALY가 된다[(0.9 − 0.5) × 5 + (0.9 × 5) = 6.5].

실명 예방수술의 편익은 어떨까? 삶의 질 평가에 따르면 실명 상태에서 삶의 질은 완벽한 건강 상태일 때의 40퍼센트다. 당신이 이 환자의 실명을 막으면 50년에 걸쳐 삶의 질을 40퍼센트에서 100퍼센트로 높일 수 있다. 따라서 30QALY가 된다[(1 − 0.4) × 50 = 30]. 이처럼 항레트로바이러스 치료보다 실명 예방수술을 지원했을 때 더 큰 효과를 기대할 수 있으므로 나머지 조건이 동일하다면 후자에 돈을 대야 한다.

건강과 관련된 여타 편익 측정법과 마찬가지로 QALY도 불완전하다. 예컨대 한 번도 투석을 받은 적이 없는 사람들은 투석 치료를 받을 때의 삶의 질을 39퍼센트로 평가한다. 반면 실제로 투석 치료를 받고 있는 환자들은 평균 56퍼센트로 점수를 매긴다. 다른 질병도 크게 다르지 않다. 실제로 병을 앓는 사람들은 해당 질병으로 인해 삶의 질이 악화되는 정도가 건강한 사람들이 생각하는 것만큼 심하지 않다고 생각한다. 건강한 사람은 환자가 처한 상황을 잘 모르기 때문에 삶의 질이 지나치게 낮다고 보는 걸까? 아니면 환자들이 무의식적으로 100퍼센트의 완벽한 건강 상태에 해당하는 기준을 낮춘 걸까? 쉽게 판단을 내릴 수 없는 문제라 학계에서도 논쟁이 계속되고 있다.[10] 또한 노인보다 젊은이의 죽음을 막는 데 더 힘을 쏟아야 하는지, 중병 환자의 치료에 더 비중을 두어야 하는지에 대해서도 의견이 엇갈린다. 이런 딜레마는 쉽게 해소되지 않을 것으로 보인다.

그런데 효율적 이타주의라는 목적만 놓고 보면 정확한 QALY 산출이 그다지 중요하지 않은 경우가 많다. 다음 장에서 살펴보겠지만 보건사업들의 효과가 극적으로 갈리기 때문이다. 얼마나 많은 사람들에게 얼마나 큰 혜택을 주는지를 대략 파악하는 것만으로도 독보적인 효과를 거두는 프로그램을 가려낼 수 있다.

앞으로도 나는 QALY를 자주 언급할 것이다. 세상을 바꾸는 유일한 길이 보건 분야라고 생각하기 때문은 아니다. 다음 장에서 설명하겠지만 가장 효율적이고 증거가 뚜렷하며 성과 측정도 용이한 사업들이 국제보건 분야에 가장 많이 포진해 있기 때문이다. 보건 프로그램들은 여타 분야의 활동에 비해 자료도 풍부하다. 효율적 이타주의가 선행의 효율을 극대화하는 데 목표를 두고 있는 만큼 보건 분야야말로 적절한 출발점이 될 수 있다.

이론적으로 QALY 계산법은 여타 부문의 비용편익을 분석하는 데도 적용 가능하다.[11] 잘못을 저지르거나 이혼을 하거나 직장을 잃는 등의 부정적인 요인이 안녕감에 얼마나 영향을 미치는지도 QALY 계산법을 응용해 추정해 볼 수 있는데, 이때 얻는 값을 '행복보정수명WALY, Well-Being-Adjusted Life Years'이라고 해 보자. 사망하는 경우 안녕감은 0퍼센트고 현실적으로 실현 가능한 최고 수준의 풍족한 삶을 누리는 경우 안녕감은 100퍼센트다. 행복보정수명을 기준으로 하면 각 선행의 결과 안녕감이 얼마나 크게, 얼마나 오랫동안 증가하는지 비교가 가능하다. 우리는 앞서 1장에 제시된 삶의 만족도와 소득관계 그래프를 통해 소득이 2배가 되면 주관적 안녕감이 5퍼센트 포인트 증가한다는 사실을 확인한 바 있다. 이를 WALY로 계산하면 2배 증가한 소득(주관적 안녕감 5퍼센트 포인트 상승)이 20년간 이어질 때의 효과는 1WALY다(0.05 × 20 = 1).

따라서 다양한 결과들을 행복 증진이라는 관점에서 비교해 볼 수도 있다. 적어도 원칙적으로는 가능하다. 가령 당신이 빈곤가정에 책을 배포하는 유나이티드웨이와 시각장애인 안내견 훈련소인 가이드독스오브아메리카Guide Dogs of America 중 어느 곳에 기부해야 할지 망설이고 있다고 치자. 안내견 한 마리를 훈련시켜 시각장애인에게 제공하는 데는 대략 5만 달러가 든다.[12] 당신이 50달러를 더 가치 있게 쓰려면 어디에 기부해야 할까? 책 5권을 제공하는 게 나을까? 안내견 한 마리를 훈련하는 비용의 1000분의 1을 지원하는 게 나을까? 얼핏 비교 자체가 불가능해 보일지도 모른다. 하지만 각 행위가 사람들의 행복에 미치는 영향을 따져 보면 비교가 가능하다.

안내견 한 마리를 (5만 달러의 비용을 들여) 시각장애인에게 제공할 경우 안내견이 제 역할을 하는 9년 동안 주관적 행복도가 10퍼센트 포인트 높아진다고 가정하자. 이는 0.9 WALY다. 한편 5000권의 책을 (5만 달러를 들여) 제공하면 40년에 걸쳐 500명의 삶의 질이 0.001퍼센트 포인트 높아진다고 하자. 그러면 2WALY다. 따라서 책에 5만 달러를 쓰는 게 시각장애인 안내견 한 마리에 5만 달러를 쓰는 것보다 더 큰 편익을 제공한다는 사실을 알 수 있다.

다양한 이타적 행위를 서로 비교하기가 어려운 이유는 그 행위의 결과, 곧 삶이 얼마나 개선될지 정확히 알 수 없기 때문이지 각각의 편익이 '원칙적으로' 비교 불가능하기 때문은 아니다.

이견도 있다. 2013년 자선단체 평가기관인 채러티네비게이터Charity Navigator의 CEO 켄 버거Ken Berger와 동료인 로버트 M. 페나Robert M. Penna는 〈스탠퍼드 사회개혁 리뷰Stanford Social Innovation Review〉블로그에 효율적 이타주의를 비판하는 글을 게시했다.[13] 한 가지 명분을 다른 명분과 비교하는 것을 두고 "자선 제국주의나 마찬가지다. '내 명분'은 옳고 남의 명분은 귀중한 자원의 낭비라고 본다"고 비난했다.[14] 버거와 페나는 "한 사람이 얻는 이득을 다른 사람이 얻는 이득과 저울질하는 것은 불가능하다"고 생각한다. 어떤 명분이 가장 효율적인지 따져 보는 게 비윤리적이라는 것이다.

이는 틀린 말이다. 그 말이 옳다면 한 사람의 목숨을 구하는 일이 다른 사람에게 디저트를 내주는 것보다 편익이 더 크다는 말이 성립할 수 없다. 100만 명의 목숨을 구하는 행위와 10명의 목숨을 구하는 행위가 다르지 않다는 말이나 다름없다. 의사가 감기 환자보다 심장 발작을 일으킨 환자를 먼저 치료할 수 있도록 치료의 우선순위를 정해 두는 간호사들도 아무 근거 없이 결정을 내리는 셈이다. 그렇지 않다. 타인의 이해관계와 내 이해관계를 비교하는 건 감정적으로나 현실적으로 쉬운 일은 아니지만 원칙적으로 불가능한 일은 아니다.

또 다른 반론도 있다. 최대의 편익에만 초점을 맞추다 보면 사람마다 더 강하게 애착을 느끼는 명분이 따로 있다는 점을 간과하게 된다는 것이다. 암으로 가족을 잃은 사람은 암 퇴치에 힘을 쏟는 게 자연스러운 일이 아닐까? 암 퇴치 이외의 명분에 초점을 맞추면 더 큰 효과를 기대할 수 있는데도 관심을 두고 있는 한 가지 명분에 집중하는 게 더 나은 선택일까?

이런 반론에는 호소력이 있다. 나는 2009년에 기부금을 가장 효율적으로 운용하는 자선단체를 평가하는 기빙왓위캔을 설립하면서 누공재단Fistula Foundation을 접했다.[15] 여성 생식기 질환인 누공瘻孔은 매우 심각한 병이다. 질과 방광(또는 직장) 사이에 구멍이 뚫려 소변(또는 대변)이 구멍으로 새어 나오는 질환이다. 지연분만prolonged labor이 주원인이지만 성폭행이 원인일 때도 있다. 주로 가난한 나라에서 발병률이 높은데, 영양실조 탓에 여성의 골반 발달이 저해되고 제왕절개 수술에 필요한 의료 자원이 부족하기 때문이다. 누공은 실금失禁을 유발하며 누공 환자의 대다수를 차지하는 여성의 경우 공동체에서 추방당해 노동을 할 수 없는 경우도 많다.

누공재단의 주된 수혜자는 에티오피아 아디스아바바의 햄린Hamlin누공병원이다. 이 병원에서는 수술을 통한 누공 치료, 사후관리, 상담 및 교육 서비스를 제공하고 있다. 혜택과 가치가 큰 명분이라는 건 분명하다. 하지만 나는 누공재단이 아닌 다른 단체에 기부할 때 더 큰 도움을 줄 수 있다는 결론을 내리게 되었다(가장 효율적인 명분에 대해서는 뒤에서 설명하겠다).

그런데 한 가지 문제가 걸렸다. 수년 전 에티오피아에 갔을 때 이 재단이 지원하는 병원에 방문한 적이 있다. 나는 누공 환자들 한 명 한 명과 포옹을 나누었고, 환자들은 찾아와 줘서 고맙다는 말로 화답했다. 문제의 심각성을 두 눈으로 똑똑히 목격했던 그 경험은 내겐 분명 소중하고 남다른 의미가 있는 일이었다.

그렇다면 다른 곳에 기부했을 때 더 많은 사람을 도울 수 있다는 걸 알면서도 누공재단에 기부해야 할까? 내 생각은 다르다. 훨씬 효율적인 단체가 엄연히 따로 있는데도 누공재단에 기부한다면 그저 만난 적이 있다는 이유만으로 더 시급한 문제보다 누공 치료를 우선시하는 셈이 된다. 내가 도울 수 있었던 다른 사람들에게는 공정하지 못한 처사다. 내가 에티오피아 내 다른 보호소나 여타 국가의 보호소를 방문했더라면 개인적으로 애착을 갖는 대상이 달라졌을 것이다. 개인적인 경험 때문에 누공 환자를 다른 문제보다 중시하는 것은 자의적인 판단에 불과하다.

어떤 명분에 힘을 보태야 할지 결정할 때도 마찬가지다. 가령 삼촌이 암으로 사망했다면 암 연구기금 조성에 힘을 보태고 싶은 마음이 드는 건 지극히 당연하다. 사별의 아픔을 세상을 바꾸려는 노력으로 승화시키는 건 칭찬받아 마땅한 일이다. 그렇다 하더라도 암을 다른 치명적 질병보다 우선시해 기부하는 건 자의적인 판단의 결과일 뿐이다. 삼촌이 암이 아닌 다른 질병으로 사망했다 해도 슬픔은 변하지 않는다. 우리가 가까운 사람을 잃었을 때 애도하는 건 그가 고통에 시달리며 예기치 않게 죽음을 맞이했기 때문이지 특정한 병으로 사망했기 때문은 아니다. 우리는 가족의 상실로 인한 슬픔을 더 나은 세상을 만들기 위한 동력으로 삼아야 한다. 더 넓은 차원에서 죽음을 예방하고 삶의 질을 높이는 데 집중해야지 '특정' 방식으로 죽음을 예방하고 삶의 질을 높이려 해서는 안 된다. 그러지 않으면 우리가 도와주지 못한 더 많은 사람들에게는 온당하지 못한 일이 될 것이다.

힘닿는 데까지 최대한 남을 돕고 싶다면 행동의 결과를 생각해야 한다. 우리의 선행이 타인의 삶을 어떻게 개선시킬 수 있을지도 생각해야 한다. 따라서 자원봉사에 지원하거나 직업을 선택하거나 윤리적인 소비를 실천할 때는 늘 다음과 같은 질문을 던져야 한다. 시간과 비용은 얼마나 들까? 얼마나 많은 사람들에게 영향을 끼칠 수 있을까? 그들의 삶을 얼마나 개선시킬 수 있을까?

이는 남을 돕는 일에 한정된 시간과 돈을 분배해야 할 때 고려해야 할 최우선 사항들이다. 이를 염두에 두었다면 이제는 가장 효율적인 선행에 집중하는 것이 중요하다는 인식 전환이 필요하다. 이에 대해서는 다음 장에서 자세히 살펴보자.

# Chapter 3

# 당신은 수백 명의 목숨을 구할 수 있다

두 번째 이것이 가장 효율적인 방법인가?

당신이 한 사람의 생명을 구한다고 가정해 보자. 불타는 건물로 뛰어들어 문을 부수고 들어가 연기와 불꽃을 헤치고 무사히 한 사람을 구했다면 평생 잊지 못할 기억으로 남을 것이다. 그런데 당신이 여러 명의 목숨을 구한다면 어떨까? 이를테면 이번 주에는 화재 현장으로 뛰어들어 사람을 구하고 그다음 주에는 물에 빠진 사람을 구하고 또 그다음 주에는 총알을 막아 사람을 구한다면? 뉴스에 등장해 영웅 대접을 받을 테고 스스로를 특별하다고 여길 것이다. 그런데 우리가 그보다 '훨씬 더' 큰 선행을 할 수 있다면 어떨까? 평생을 통틀어 한 사람의 목숨을 구하는 데 그치는 것이 아니라 해마다 한 명의 목숨을 구할 수 있다면 어떨까?

잠비아 출신 경제학자 담비사 모요Dambisa Moyo는 2009년
『죽은 원조Dead Aid: Aid Is Not Working and How There Is a Better Way for
Africa』에서 국제원조는 '해롭다'며 중단을 촉구했다.[1] "지난
60년간 아프리카에 1조 달러 이상의 원조가 제공됐지만 효과가 나타
나지 않았다"는 모요의 주장에 많은 사람들이 공감했고 이 책은 베
스트셀러가 되었다.[2]

　모요만 원조에 반대하는 게 아니다. 2006년 뉴욕대학교 경제학자
윌리엄 이스털리William Easterly는 『세계의 절반 구하기The White Man's
Burden』를 통해 원조는 잘 봐줘야 비효율적인 정도고 최악의 경우 해
악을 끼치기도 한다는 관점을 널리 확산시켰다.[3] 이 책은 국제원조를
시간과 노력을 낭비하는 헛수고로 보는 원조 회의론자들의 경전이
되었다. 이스털리는 다음과 같이 지적한다. "세계 빈곤층의 또 다른
비극은 (…) 서구가 지난 50년 동안 2조3000억 달러에 달하는 국제원
조를 제공했음에도 어린이 말라리아 사망률을 절반 수준으로 대폭

감소시켜 줄 단돈 12센트짜리 약도 여태 보급하지 못했다는 점, 이제 껏 빈곤가정에 4달러짜리 모기장도 보급하지 못했다는 점, 산모에게 줄 3달러가 없어 500만 명의 아이들이 사망했다는 점에 있다."[4]

나도 원조 회의론을 꽤 오랫동안 지지했다. 대학 졸업 후 비영리 기관에 들어가지 않았던 이유도 그 때문이었다. 부패 정부가 원조 식 량을 빼돌려 배를 불린다는 이야기를 심심찮게 들었고 그런 상황이 라면 내가 큰 보탬이 될 리 없다고 생각했다. 개발원조 단체들에 기 부는 했지만 내가 정말로 남을 돕고 있는 건지, 아니면 부유한 나라 에 태어나 특권을 누리며 산다는 부채감을 덜고 싶은 건지 몰라 늘 마음이 불편했다.

그러다 개발에 대한 사고방식이 잘못됐다는 데 생각이 미쳤다. 자 세히 들여다보면 원조 회의론자들이 내놓은 진단은 오해를 부를 가능 성이 매우 높은 데다 남을 도우려는 사람들에게는 잘못된 인식을 심 어 주기 십상이다.

우선, 회의론자들은 투입자금의 규모를 강조하는 오류를 범한다. 모요가 책에서 강조한 1조 달러의 원조 지출액이 그렇다. 1조 달러 는 막대한 금액처럼 들린다. 일반인은 실감하기 어려운 큰돈이니 여 타 지출액과 비교해 그 규모를 가늠해 보자. 연간 세계경제 총생산은 87조 달러다.[5] 미국의 연간 사회보장 지출액은 8000억 달러다.[6] 지난 10년간 세계 화장품 매출은 1조7000억 달러다.[7] 2001년도에 도널드 럼스펠드Donald Rumsfeld 미 국방장관이 용처를 알 수 없다고 밝힌 국 방 예산만도 2조3000억 달러다.[8] 전 세계적인 차원에서 보면 1조 달 러가 그리 큰돈은 아니라는 말이다. 앞뒤 맥락을 고려하면 이 사실이 더 부각된다. 60년이 넘는 기간 동안 1조 달러를 원조했으니 연간 원조금은 170억 달러에 못 미친다는 얘긴데, 이를 4억1200만 명(같은 기간 사하라 이남 아프리카의 평균 인구 수)으로 나누면 연간 원조금은 1인당 40달러에 불과하다.[9] 원조금 1조 달러가 수십 년에 걸쳐 무수히 많은 사람들에게 분배됐다는 사실을 감안하면 1인당 원조 금액은 보잘것없는 수준이다.

둘째, '원조가 그만한 효과를 거두지 못했다'는 주장은 옳지 않다. 지난 수십 년간 경제 성장이 가장 더뎠던 나라에 사는 이른바 '밑바닥 10억 명'조차 삶의 질이 극적으로 개선되었다. 1950년에는 사하라 이남 아프리카인의 기대수명이 고작 36.7세였지만 지금은 50퍼센트 이상 높아진 56세다.[10] 현실은 담비사 모요가 내린 진단과 정반대다. 원조 자금은 보잘것없었지만 세계에서 가장 가난한 사람들의 삶은 놀랄 만큼 개선된 것이다.

물론 상관관계가 곧 인과관계는 아니므로 서구가 원조를 제공한 기간에 수혜국 사람들의 삶이 개선됐다고 해서 원조 덕분이라고 단언할 수는 없다. 원조는 부수적인 요인에 불과할 수 있고, 심지어는 어차피 실현될 예정이었거나 다른 방식으로 가능했을 사회적 진보를 가로막는 해악을 끼쳤을지도 모를 일이다. 하지만 평균적으로 국제원조가 놀라우리만치 큰 효과를 거두었다고 보는 데는 그만한 이유가 있다. 모요는 '전형적인' 원조 프로그램에 초점을 맞춰 원조의 비효율성을 지적했지만 사실 '최고'의 원조 프로그램을 살펴봐야 국제원조가 개발도상국에 얼마나 도움이 됐는지 정확한 진상을 파악할 수 있다.

지금껏 가장 큰 효과를 거둔 최고의 원조 프로그램으로는 천연두 근절이 꼽힌다.[11] 천연두는 무서운 질병이다. 초기 증상은 독감과 비슷하지만 고열, 근육통, 불안, 두통이 이어지다가 감염 2주 뒤에는 입, 혀, 목에 작은 병변이 나타나고 곧이어 피부에 물집이 생긴다. 이마에서 시작된 물집이 얼굴로, 온몸으로 번진다. 감염되면 영구적인 흉터가 남고 치사율도 약 30퍼센트에 이른다. 천연두로 인한 사망자는 20세기에만 3억 명을 넘어섰지만 다행히 1977년에 완전히 퇴치됐다.

천연두 근절이 얼마나 큰 성과인지 감이 안 잡힌다면 비교를 통해 확인해 보자. 만약 1973년에 세계 평화가 실현됐다면 얼마나 많은 사람들이 목숨을 건졌을까? 캄보디아 크메르루주 대학살, 르완다 학살, 두 차례의 콩고 전쟁, 9.11 테러, 아프가니스탄 전쟁, 이라크 전쟁이 일어나지 않았다면? 1973년 이래 전쟁, 인종 학살, 테러 공격으로 인한 사망자 수는 1200만 명에 이른다. 천연두가 지상에서 사라지기 전까지 천연두로 인한 사망자는 연간 150~300만 명에 육박했다.[12] 천연두가 근절된 이래로 40년에 걸쳐 목숨을 건질 수 있었던 사람이 6000만~1억2000만 명인 셈이다. 원조 성공 사례인 천연두 근절이 세계 평화보다 5배나 많은 인명을 구한 것이다.[13]

원조 회의론자들에게 백번 양보해 국제원조가 지난 60년 동안 천연두 근절 이외에 아무 성과도 내지 못했다고 치자. 그게 사실이라 해도 국제원조는 여전히 비용 대비 효과가 크다. 최근 50년간 국제원조 총액은 2조3000억 달러다[14](모요가 말한 1조 달러는 아프리카에 대한 원조금이다). 천연두 근절로 목숨을 구한 사람 수를 가장 낮은 추정치인 6000만 명으로 잡으면 원조금 4만 달러당 1명의 목숨을 구한 셈이다. 이를 미국이 안전 확보를 위해 사회기반 시설을 구축하는 데 지출하는 비용과 비교해 보자. 미 정부가 1명의 목숨을 구하기 위해 사회기반 시설에 투입하는 비용은 약 700만 달러다.[15] 정확히 말하면 환경보호국 910만 달러, 식품의약국 790만 달러, 교통부 600만 달러. 설령 국제원조가 천연두 근절 이외에 전혀 성과를 거두지 못했다 하더라도 미국이 자국민 한 사람의 생명을 구하기 위해 지출하는 비용의 150분의 1에 해당하는 돈으로 1명의 생명을 구한 셈이다.[16]

이것만 봐도 국제원조는 성과를 거두고 있을 뿐 아니라 평균적인 비용효율도 높다. 원조의 긍정적 영향을 크게 축소시켜 추산해도 그렇다. 1960~2001년에 걸쳐 세계 인구는 2배 늘어났지만, 면역요법의 등장으로 인해 예방 가능한 질병으로 사망한 사람 수는 1960년 500만 명에서 2001년 140만 명으로 줄었다. 말라리아로 인한 연간 사망자는 380만 명에서 70만 명으로, 설사병으로 인한 사망자는 460만 명에서 160만 명으로 감소했다. 순전히 국제원조 때문에 사망자 수가 감소했다고 볼 순 없지만 원조가 큰 몫을 한 건 사실이다. 세계적인 차원의 국제원조금 규모가 미미한 수준인데도 말이다.

실제로 원조 회의론자들조차 최고의 개발 프로그램들, 특히 국제보건 사업이 매우 효율적이라는 데 동의한다. 윌리엄 이스털리도 "천연두 박멸, 메디나충 및 실명을 유발하는 회선사상충증이 근절 일보 직전에 이른 것, 유아 설사병 치료를 위한 경구 수분보충 요법의 확산, 말라리아모기 박멸을 위한 DDT 캠페인(환경오염 문제로 중단됨), 홍역과 같은 어린이 질병을 막기 위한 세계보건기구WHO의 백신 사업 등 놀라운 성공을 거둔 원조 사례들도 널리 알려져 있다"는 점에 주목했다.[17] 이스털리는 또 "'원조 비판론자' 딱지가 붙은 우리 역시 원조를 전면적인 실패라고 보지 않는다. 우리가 원조기구들에 잔소리를 하는 건 성공 사례를 목격했기 때문이며, 그런 사례들을 더 많이 접하고 싶어서다"라고 입장을 밝혔다.[18]

물론 성과를 내지 못한 사업들도 많다. 플레이펌프는 빙산의 일각이다. 하지만 원조가 '평균적으로' 성과를 냈는지 평가할 때는 '전형적인' 사례만 살펴봐선 안 된다. '최고의' 성과를 낸 사례들도 함께 살펴봐야 한다. 선행을 할 때는 이를 고려하는 게 매우 중요하다. 최고의 선행은 전형적인 선행에 비해 훨씬 더 큰 성과를 낸다. 따라서 전형적인 사업의 성과가 미미하다 해도 최고의 사례들이 뒷받침되면 원조의 평균 효과는 매우 높아진다.


단, 여기서 '전형'과 '평균'을 혼동하면 안 된다. 예컨대 북아메리카에 거주하는 모든 여성들의 신장을 나타낸 그래프를 보자.

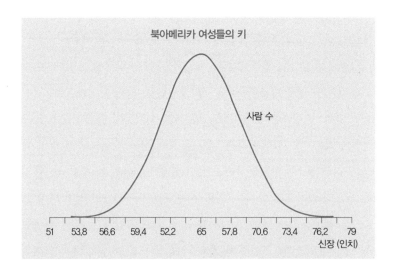

전형적인 북아메리카 여성의 키(중앙값. 즉 50퍼센트의 여성보다 크고 나머지 50퍼센트의 여성보다 작은 여성의 키)는 5피트 5인치(약 165센티미터)다. 평균적인 북아메리카 여성의 키(평균값. 모든 여성들의 키를 더해 총 여성 수로 나눈 값)도 5피트 5인치다. 신장의 경우 중앙값과 평균값이 같다. 우리가 가장 흔하게 접하는 이런 분포를 '정상' 분포라고 부른다.

그런데 중앙값과 평균값이 늘 동일한 건 아니다. 1장에 제시된 그래프와 마찬가지로 세계 소득분포를 나타내는 아래 그래프를 보자.[19]

이 그래프는 소득대별로 분포된 사람 수를 보여 준다. 키 분포 곡선과 다른 점은 무엇일까? 원래 이 그래프에서는 곡선의 오른쪽 '꼬리'가 끝나지 않고 계속 이어진다. 세계 인구의 20퍼센트가 연소득 6천 달러 이상이지만 지면에 그래프를 구현하려고 어쩔 수 없이 그쯤

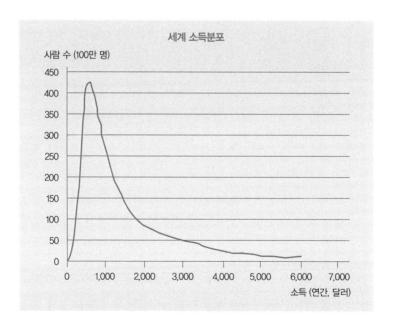

세계 소득분포

사람 수 (100만 명)

소득 (연간, 달러)

에서 선을 잘랐다.

이런 모양을 '두꺼운 꼬리Fat-tailed' 분포라고 한다(잘 알려져 있듯 전체 결과의 80퍼센트는 상위 20퍼센트에서 기인한다는 '80/20 법칙'이 두꺼운 꼬리 분포를 보인다). 두꺼운 꼬리 분포는 극단적인 쏠림이 특징이다. 키가 극단적으로 작거나 큰 사람은 거의 없지만 극단적으로 부유한 사람 수는 상대적으로 많다(신장이 소득과 동일한 분포 양상을 보였다면 키가 80미터 이상인 사람이 적잖을 것이다). 이 때문에 세계 평균소득(연 1만 달러)이 중간소득(연 1400달러)보다 훨씬 높은 현상이 나타난다. 한마디로 부유층이 평균값을 올리는 것이다.

두꺼운 꼬리 분포가 단번에 와 닿지 않는 이유가 이 때문이다. 소득 불평등 구조가 잘 이해되지 않는 이유도 일부는 여기에 있다. 우리는 스스로가 평균치에서 한참 벗어난 이상치outlier라는 사실을 실감하지 못한다. 실제로도 두꺼운 꼬리 분포는 꽤 흔하다. 가령 대다수 사람들은 몇 안 되는 도시에 밀집해 거주한다.[20] 지진 사망자 대다수는 상대적으로 드물게 발생하는 재난에 휘말린 이들이다. 대부분의 인쇄물에 쓰이는 단어 수도 정해져 있다(그래서 언어를 익히려면 가장 자주 쓰는 단어 1000개부터 먼저 배우라고들 한다). 자선사업에서도 두꺼운 꼬리 분포가 자주 눈에 띈다. 물론 결과의 80퍼센트가 항상 상위 20퍼센트의 행위에 기인하는 건 아니다. 더 극단적으로 나타날 때도 있고 그보다 덜할 때도 있다. 하지만 결과의 대부분이 상위 소수에서 비롯되는 현상은 매우 흔하다.

다양한 원조 프로그램의 효과 역시 두꺼운 꼬리 분포를 보인다.[21] 이 사실은 더 나은 세상을 만들고자 할 때 매우 중요하다. 앞서 나는 담비사 모요의 비판을 반박하면서 최고 프로그램들의 성과가 원조 효과의 평균치를 크게 높인다는 점에 주목했다. 평균 수준의 효과만 내는 프로그램에 자금을 댈 게 아니라 최고의 성과를 내는 프로그램을 골라 거기에 자금을 투입해야 막대한 효과를 거둘 수 있다는 말이다.

이제 이를 염두에 두고 두 분야의 원조 프로그램을 비교하면서 효율적인 자선단체를 고르는 방법을 알아보자. 첫째는 개발도상국 교육사업이다.

측정 가능한 긍정적 성과가 나타났다는 점에서 아래 그래프에 제시된 4개의 출석 장려 프로그램들은 전부 '효과'가 있다고 볼 수 있다. 하지만 각 프로그램의 효과는 큰 편차를 보인다. 학교에 출석하는 학생에게 현금을 지급하는 경우 1000달러당 출석 기간을 겨우 0.2년 늘릴 뿐이다. 교복을 무료로 제공하는 프로그램은 투입 비용 1000달러당 7.1년을 늘려 약 35배나 큰 효과를 보였다. 한편 기생충

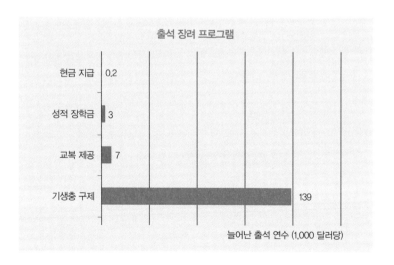

출석 장려 프로그램

현금 지급 0.2
성적 장학금 3
교복 제공 7
기생충 구제 139

늘어난 출석 연수 (1,000 달러당)

구제 사업은 1000달러당 총 139년을 늘려 그보다 20배 많은 성과를 냈다.

남을 도우려 할 때 돈을 '잘' 쓰는 것과 '가장 잘' 쓰는 것의 차이는 어마어마하다. 그렇기 때문에 '이 사업을 시행하는 게 돈을 잘 쓰는 일일까?'라고 묻는 데 그칠 게 아니라 '이 사업을 시행하는 게 돈을 가장 잘 쓰는 일일까?'를 물어야 한다.

개발도상국 보건사업도 마찬가지다. QALY를 기준으로 각 보건 프로그램의 비용 대비 효과를 추정한 다음 그래프를 보자[22](1QALY는 완벽한 건강 상태에서 1명의 수명을 1년 연장하는 효과를 나타낸다).

이 그래프는 출석 장려 그래프보다 더 놀라운 결과를 보여 준다. 먼저 카포시 육종 수술 프로그램을 살펴보자. 에이즈 환자에게서 발병하는 카포시 육종은 피부와 입 안에 보기 흉한 보라색 반점 또는 결절이 나타나는 암의 일종이다. 통증을 동반하고 팔다리가 몹시 붓

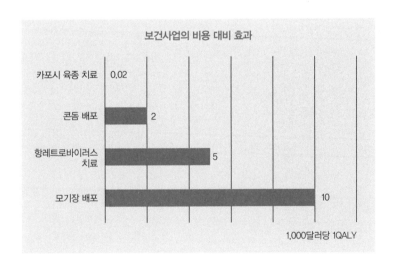

기도 하며 육종이 폐, 간, 소화관에 발병하면 목숨을 잃을 수도 있다. 분석에 따르면 주로 미용성형 목적으로 시행되는 카포시 육종 제거 수술의 비용 대비 효과는 1QALY당 5000달러다.

카포시 육종 치료에 기부하는 건 가치 있는 일이다. 미국이나 영국 정부가 1QALY를 제공하기 위해 투입하는 비용보다 저렴하고,[23] 완벽한 건강 상태로 1년을 더 살기 위해 내가 기꺼이 투자하려는 돈보다 적다. 그렇긴 해도 개발도상국 사람들을 돕기 위해 돈을 가장 잘 쓰는 방식이라고 볼 수는 없다. 그래프의 추정치를 기준으로 보면 콘돔 배포가 카포시 육종 치료보다 100배 더 큰 혜택을 줄 수 있고, 항레트로바이러스 치료에 기부하면 콘돔 배포보다 2.5배 더 큰 혜택을 줄 수 있다. QALY를 기준으로 하면 여타 보건사업과도 비교해 볼 수 있다. 내구성이 좋은 살충 모기장을 구입해 보급하는 말라리아퇴치재단Against Malaria Foundation에 기부하면 카포시 육종 치료 사업에 기부했을 때보다 500배 더 큰 혜택을 기대할 수 있다.

최고의 성과를 내는 사업에 초점을 맞추는 게 얼마나 중요한지 여기서 또 한 번 드러난다. 따라서 미미한 변화가 아니라 가장 큰 변화를 만들어 낸다는 확신이 드는 기부처를 택해야 한다.

여기에 제시한 비용 대비 효과 추정치는 말 그대로 추정치다. 카포시 육종 치료, 콘돔 배포, 항레트로바이러스 치료와 관련된 수치는 특수한 맥락을 전제로 추정한 개별적 수치라 부풀려졌을 수 있다. 모기장 배포 추정치는 근거가 더 명확하긴 하지만(낙관적 기대에 치우치는 경향 및 해당 재단의 활동 범위를 감안해서 추정한 값이다) 이 수치를 절대 기준으로 삼기는 어렵다. 그렇더라도 두꺼운 꼬리 분포를 보이는 경우라면 대략적인 추정치도 결정을 내릴 때 주요한 기준이 된다. 앞선 그래프에서 최고의 프로그램은 최악의 프로그램(최악이라고 해도 그중에서 성과가 가장 낮다는 뜻이지 형편없는 사업이라는 뜻은 아니다)에 비해 500배나 효과가 큰 것으로 나타났다. 모기장 배포 사업의 효과 추정치를 50배로 낮추어 잡더라도 그 차이는 여전히 크다. 그럭저럭 성과를 내는 프로그램이 아니라 최고의 성과를 거두는 프로그램에 집중하는 게 그만큼 중요하다는 말이다.

지금까지 우리는 남을 돕는 방법을 신중하게 택하면 '조금 더' 좋은 일을 하는 데 그치는 게 아니라 다른 방법으로는 기대할 수 없었을 막대한 효과를 거둘 수 있다는 점을 살펴봤다.

당신이 한 사람의 생명을 구한다고 가정해 보자. 불타는 건물로 뛰어들어 문을 부수고 들어가 연기와 불꽃을 헤치고 무사히 한 사람을 구했다면 평생 잊지 못할 기억으로 남을 것이다. 그런데 당신이 여러 명의 목숨을 구한다면 어떨까? 이를테면 이번 주에는 화재 현장으로 뛰어들어 사람을 구하고 그다음 주에는 물에 빠진 사람을 구하고 또 그다음 주에는 총알을 막아 사람을 구한다면? 뉴스에 등장해 영웅 대접을 받을 테고 스스로를 특별하다고 여길 것이다.

그런데 우리가 그보다 '훨씬 더' 큰 선행을 할 수 있다면 어떨까?

가장 엄밀한 추정치에 따르면 개발도상국에서 한 사람의 생명을 구하는 데 드는 비용은 약 3400달러(또는 1QALY당 100달러)다.[24] 부유한 나라에 사는 사람들이 현재의 생활수준을 유지하면서도 매년 기부할 수 있을 정도의 돈이다. 평생을 통틀어 한 사람의 목숨을 구하는 데 그치는 것이 아니라 해마다 한 명의 목숨을 구할 수 있다는 말이다. 기부는 화염에 휩싸인 건물을 부수고 들어가는 것처럼 눈부신 액션은 없어도 생명을 구한다는 점은 동일하다. 가장 효율적인 단체에 기부하는 것만으로도 수십 명의 목숨을 구할 수 있다니, 그만큼 대단한 일이 어디 있을까?

이 장에서는 최고의 자선 프로그램에 집중하는 것이 중요한 이유와 해당 프로그램이 얼마나 큰 성과를 낼 수 있을지 가늠하는 방법에 대해 설명했다. 이어서 4장에서는 가장 효율적인 프로그램을 가려내는 원칙에 대해 알아볼 것이다. 먼저 돈과 시간을 가장 효율적으로 쓰는 방법부터 살펴보자.

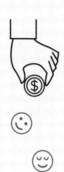

# Chapter 4

# 재해구호에 기부하면 안 되는 이유

세 번째 방치되고 있는 분야는 없는가?

대다수 사람들이 자연재해에 대응하는 방식을 보면 우리가 남을 도울 때 감정에 휘둘리며 기존 문제보다 새로운 사건에 더 큰 관심을 보인다는 사실을 알 수 있다. 재해가 발생하면 이에 자극받은 우리 뇌의 감정 중추는 재해를 '긴급 상황'이라고 인식한다. 실은 긴급 상황이 늘 발생하고 있다는 데는 생각이 미치지 않는다. 질병, 가난, 독재 등 일상적인 긴급 상황에는 감정이 무뎌져 있기 때문이다. 재해는 새롭고 극적인 사건이기 때문에 한층 강력하고 즉각적인 감정을 불러일으킨다. 더 중요하거나 관심을 가져야 할 사건이라고 우리의 무의식을 오도하는 것이다.

그레그 루이스Greg Lewis가 의사가 되기로 결심한 건 14세 때였다. 영국 솔즈베리의 조용한 시골 마을에서 나고 자란 그가 장래 희망으로 의사를 택한 이유는 남들과 별반 다르지 않았다. 대학 입학원서에도 썼듯 '의학을 공부해 남을 돕고 싶어서'였다.[1]

남을 도와 더 나은 세상을 만들고자 하는 사람들이 희망하는 대표적인 직업이 의사다. 미국에서는 매년 약 2만 명이, 영국에서는 8000명이 의대에 진학하며 그 수는 해마다 증가하고 있다. 꼭 의사가 아니더라도 직업 활동을 통해 세상에 보탬이 되고자 하는 사람들은 많다. 한 연구에 따르면 청년층의 70퍼센트는 직장을 선택할 때 윤리적인 면을 중요한 요소로 꼽는다.[2] 높은 연봉보다 사회적 기여를 더 중시하는 학생들을 겨냥한 티치포아메리카Teach for America 등의 비영리 단체들이 비약적으로 성장한 배경도 이런 흐름과 무관하지 않다. 넷임팩트Net Impact, 아이디얼리스트Idealist, 에티컬커리어스ethicalcareers.org 등도 '착한' 직업에 대해 자문한다. 오프라 윈프리Oprah Winfrey도 자

신의 웹사이트에 '세상을 변화시키는 직업'을 소개할 정도다.[3]

하지만 행동으로 옮기기 전에 결과를 미리 따져 보는 효율적 이타주의 관점에서는 이를 비판적으로 살펴볼 필요가 있다. 직업 활동 자체로 남을 돕는 게 과연 가장 효율적인 방법일까?

그레그 루이스야말로 의사라는 직업으로 세상을 변화시킬 적임자였다. 영국 생물학 올림피아드에 지역 대표로 참가하기도 했던 그는 고등학교를 우수한 성적으로 졸업한 뒤 꿈을 좇아 케임브리지 의대에 진학했다. 21세에 첫 논문을 발표하는 등 대학 시절에도 두각을 나타냈다. 그런데 막상 의사가 되자 자신의 영향력에 의문을 갖기 시작했다.

영향력이야 뻔히 보이지 않는가? 병동에서 날마다 환자를 치료하고 생명을 구하지 않았던가? 게다가 그 수혜자들을 직접 대면하지 않았던가?

그래도 확신이 서지 않았던 그는 재차 자문해 보았다. '의사를 직업으로 선택해 다른 사람에게 얼마나 큰 도움이 되고 있는 걸까?' 실험실에서 갈고닦은 연구 경험을 통해 이 질문에 대한 답을 분석한 결과 그는 최대한 영향을 끼칠 수 있는 방법에 대한 생각을 달리했다. 그레그가 이처럼 생각을 바꾸게 된 배경을 설명하려면 효율적 이타주의의 세 번째 핵심 질문, 즉 '방치되고 있는 분야는 없는가?'를 물어야 한다.

# 물과 다이아몬드 중 무엇이 더 귀할까?[4]

물이 귀하다는 사람은 이렇게 말할 것이다. "'당연히' 물이 더 가치 있지. 물이 없으면 모두 죽을 테니까. 다이아몬드가 없으면 매력이 그보다 떨어지는 보석으로 대체하면 그만이야." 반면 다이아몬드가 귀하다는 사람은 이렇게 말할 것이다. "'당연히' 다이아몬드가 더 가치 있지. 물이 더 귀하다고 생각한다면 이런 거래는 어때? 내가 물 1갤런을 줄 테니 나한테 20캐럿짜리 다이아몬드를 줘. 그럼 공평하지?"

어느 쪽이 옳을까? 둘 다 옳다. 가치를 어떻게 정의하느냐에 따라 답이 달라질 뿐이다. 식수는 생명 유지에 필수라는 점에서 당연히 귀중하다. 이 점이 바로 식수의 '평균' 가치를 높이는 요인이다. 그렇지만 (선진국에는) 이미 물이 풍부하기 때문에 '추가된' 물 1갤런의 가치는 매우 낮다. 가령 선진국에 사는 내게 추가로 1갤런의 물이 더 생긴다면 목욕물을 더 그득하게 받는 데나 쓰일 뿐이다. (이 책을 쓰는 현재) 뉴욕 수돗물 값이 1갤런당 0.015달러로 낮게 책정된 것도 그 때문이다.[5]

반면 다이아몬드의 평균 가치는 물보다 훨씬 낮지만 추가 한 단위의 '한계marginal' 가치는 훨씬 높다. 이유는 간단하다. 시장에서 구할 수 있는 다이아몬드가 그리 많지 않기 때문이다.[6] 물과는 달리 희소성이 높다는 말이다. 재산이 한 푼도 없고 수중에 들어오는 물건도 팔 수 없다면 나는 다이아몬드 20캐럿이 아니라 물 1갤런을 택할 것이다. 반대로 지금처럼 물이 흔하다면 다이아몬드를 선택할 것이다.

물과 다이아몬드의 역설은 경제학에서 말하는 '한계점에서 생각하기thinking at the margin'가 얼마나 중요한지 보여 준다. 이는 평균 가치가 아니라 추가되는 한 단위의 가치marginal utility(한계효용)를 평가하는 것을 말한다.

사실 우리는 늘 추가되는 단위를 기준으로 생각한다. 가령 당신이 크리스마스 선물로 새 스웨터를 받았다고 치자. 스웨터를 받아서 마냥 좋을까? 당신이 스웨터를 몇 장이나 가지고 있느냐에 따라 달라질 것이다. 추위를 막아 줄 스웨티 한 장 없어 겨울에 벌벌 떠는 노숙자 신세라면 한 장의 스웨터는 큰 가치를 지닌다. 겨울에 입을 스웨터가 한두 장밖에 없었는데 두툼한 꽈배기 스웨터 하나가 더 생긴 거라면 그것도 나름대로 가치가 있다. 하지만 이미 옷장에 스웨터가 쌓여 있는데 스웨터 하나가 더 생긴 거라면 이사 때 짐만 늘리는 성가신 물건에 지나지 않는다.

갖고 있는 스웨터가 많을수록 새 스웨터의 가치는 줄어든다. 즉, 스웨터가 너무 많으면 가치는 마이너스가 된다. 실제로도 (늘 그런 건 아니지만) 대다수의 좋은 물건은 양이 증가하면 가치가 떨어진다. 케이크도 한 조각 먹을 때는 맛있지만 세 조각째라면 입에 물린다. 이 책도 당신에게 한 권만 있다면 흥미롭게 읽을지 몰라도 한 권 더 생기면 냄비받침으로나 쓸 것이다. 이를 경제학자들은 '수확체감의 법칙law of diminishing returns'이라고 부른다.

지금까지 우리는 개발도상국의 교육이나 보건 등 특정 부문의 프로그램들만 살펴봤다. 하지만 더 나은 세상을 만드는 데 최대한 보탬이 되고 싶다면 어떤 분야에 초점을 맞춰야 할지도 자문해 봐야 한다. 이때 수확체감의 법칙이 유용한 기준이 될 수 있다. 특정 분야가 이미 많은 관심과 자금을 모은 상태라면 굳이 그 분야에 추가 자원을 보태 봐야 큰 효과를 내기 어렵다. 반면 상대적으로 방치된 분야라면 효율적으로 남을 도울 수 있는 기회가 남아 있을 가능성이 높다.

재해구호를 예로 들어 보자. 2011년 3월 11일 일본 도호쿠 지방에 지진이 발생했다. 1900년 관측을 시작한 이래 네 번째로 강력했던 이 지진의[7] 여파로 40미터에 달하는 쓰나미가 해안에서 약 10킬로미터 떨어진 내륙까지 밀려왔다. 워낙 강력한 지진이다 보니 일본 열도가 동쪽으로 2.4미터 이동할 정도였다. 수백만 가구에 전기 및 수도 공급이 끊겼고 사망자 수는 수천 명에 이르렀다.

이보다 1년 전인 2010년 1월 10일에는 아이티에서 지진이 발생했다.[8] 수도 포르토프랭스에서 서쪽으로 25킬로미터 떨어진 레오간 근처가 진원지였다. 이 지진으로 대통령궁, 국회 의사당, 포르토프랭스 대성당, 교도소 등을 포함해 약 28만 채의 건물이 붕괴된 것으로 추산됐다. 콜레라도 창궐해 수천 명이 목숨을 잃었다.

두 지진은 세계 언론의 집중적인 관심을 받았다. 대규모의 인도주의 구호활동이 진행됐고 전 세계 뉴스도 지진 소식으로 도배됐다. 구호단체들이 일제히 구호활동에 나서면서 전 세계인들도 십시일반 성금을 모았다. 지진 직후 모금된 국제원조금은 두 건 모두 각각 약 50억 달러에 달했다.[9]

두 재해 모두 지진이 원인이었고 대규모 피해가 발생했다는 점에서는 유사하다. 그런데 두 가지 점만은 판이했는데, 이 때문에 국제구호단체의 대응 방식이 왜 그렇게 유사했던 건지 의문이 생긴다. 첫째, 사상자 수에서 극적인 차이가 있다. 일본 지진으로 숨진 사람은 사후 사망자까지 포함해 1만5000명이었다. 한편 아이티 지진 사망자는 15

만 명이었다. 둘째, 세계 4위 경제대국인 일본은 그 같은 대규모 재난에 대처할 자원이 있었지만 아이티는 그렇지 않았다. 일본은 1인당 GDP 기준으로 아이티보다 30배 부유한 나라고 GDP는 1000배 더 많다. 급기야 일본적십자사는 지진이 발생한 지 불과 나흘 만인 3월 15일에 다음과 같은 성명을 발표하기에 이른다.

일본 적십자사는 국제 적십자사·적신월사 연맹의 지원에 힘입어 외부의 도움이 필요하지 않다고 판단했으며, 따라서 현 시점에서는 구호금 및 여타 지원이 필요하지 않습니다.[10]

국제사회가 자연재해에 합리적으로 대응했다면 규모가 더 큰 재해와 빈국에서 발생한 재해에 더 많은 구호금이 전달됐어야 한다. 하지만 현실은 그렇지 않았다. 지원금은 재해의 규모와 심각성이 아니라 정서적 호소력이 얼마나 큰지, 얼마나 널리 알려져 있는지에 따라 분배된 것으로 보인다.

이 사례를 든 이유는 헤드라인 뉴스로 보도되는 재해가 아니라 대대적으로 보도되지 못한 재해에 기부해야 한다는 점을 일깨우기 위해서다. 2008년에 발생한 중국 쓰촨성 지진이 그렇다. 쓰촨성에 지진이 일어났었다는 사실도 모르는 사람이 많을 것이다. 나만 해도 이 책을 쓰기 전까지는 몰랐다. 중국 중심부에 위치한 청두에서 북서쪽으로 50킬로미터쯤 떨어진 지역에서 발생한 이 지진으로 8만7000명의 사망자가 발생했다. 일본 지진의 5배, 아이티 지진의 절반에 맞먹는 수다. 그런데도 국제지원금은 5억 달러에 불과했다.[11] 이는 일본이나 아이티에 쏟아진 지원금의 10분의 1밖에 안 되는 수준이다. 무슨 까닭인지 다른 지진 소식처럼 대서특필되지 못했고 그래서 지원금도 적었다. 따라서 기부금의 효과는 쓰촨성 지진 쪽이 더 컸을 것이다.

효율적인 빈곤구제 단체에 기부하는 것이 재해구호에 기부하는 것보다 '일반적으로' 더 합리적인 이유도 수확체감의 법칙으로 설명 가능하다. 에이즈, 말라리아, 결핵 등 쉽게 예방할 수 있는 질병으로 전세계 사람들이 매일 목숨을 잃고 있다. 이 정도 규모면 아이티, 도호쿠, 쓰촨 지진보다 훨씬 더 큰 재난이라 할 만하다. 매일 (도호쿠 지진 사망자 수보다 많은) 1만8000명의 아이들이 예방 가능한 질병으로 목숨을 잃는다. 일본 지진 당시 구호단체들에 쏟아진 기부금은 사망자 1명당 33만 달러였다.[12] 반면 빈곤으로 인한 사망자 1명당 공적원조 및 민간자선활동을 통해 투입되는 금액은 평균 1만5000달러에 불과하다.[13] 이런 이유로 세계보건기구 및 세계은행 전문가들이 "긴급 재난구조 활동은 오랜 기간에 걸쳐 검증된 보건사업들에 비해 비용은 더 많이 들고 효율은 더 떨어진다"는 결론을 내리기도 했다.[14]

대다수 사람들이 자연재해에 대응하는 방식을 보면 우리가 남을 도울 때 감정에 휘둘리며 기존 문제보다 새로운 사건에 더 큰 관심을 보인다는 사실을 알 수 있다. 재해가 발생하면 이에 자극받은 우리 뇌의 감정 중추는 재해를 '긴급 상황'이라고 인식한다. 실은 긴급 상황이 늘 발생하고 있다는 데는 생각이 미치지 않는다. 질병, 가난, 독재 등 일상적인 긴급 상황에는 감정이 무뎌져 있기 때문이다. 재해는 새롭고 극적인 사건이기 때문에 한층 강력하고 즉각적인 감정을 불러일으킨다. 더 중요하거나 관심을 가져야 할 사건이라고 우리의 무의식을 오도하는 것이다.

수확체감의 법칙은 어떤 사건이 강한 감정적 반응을 일으켜 돕고 싶은 충동이 생길 때 이에 저항해야 한다는 것을 일깨워 준다. 당신처럼 감정에 휘둘려 기부하는 사람들이 분명 많을 것이기 때문이다. 따라서 재난 사고를 접했을 때는 일단 울컥 솟는 감정을 억누르고 유사한 재난이 항시 일어나고 있다는 사실을 상기해야 한다. 그리고 세상의 관심이 온통 쏠려 있는 곳이 아니라 당신의 돈이 가장 큰 보탬이 될 곳에 기부해야 한다.

또한 수확체감의 법칙은 남을 돕고 싶다면 부유한 나라에 사는 사람들이 아니라 가난한 나라에 사는 사람들에게 초점을 맞추어야 한다는 점도 보여 준다.

가령 시각장애인 안내견 한 마리를 훈련시키는 데는 약 5만 달러가 든다.[15] 안내견이 시각장애인의 삶의 질을 현저히 높이는 건 틀림없다. 하지만 5만 달러를 시각장애인의 실명을 완치시키는 데 쓴다면 더 큰 보탬이 될 수 있다. 같은 비용으로 훨씬 더 큰 편익을 제공할 수 있기 때문이다. 5만 달러는 개발도상국의 시각장애인 한 명을 완치시킬 수 있는 돈이다. 이 돈을 결막병인 트라코마(박테리아 감염으로 인한 병. 눈꺼풀이 안으로 밀려 들어가 눈썹이 각막에 상처를 내면 실명할 수도 있다) 환자의 실명예방 수술에 쓴다면 500명이 혜택을 누릴 수 있다.[16] 부유한 나라에서는 약 100달러가 소요되는 실명 치료 사업 기금이 이미 수십 년 전에 조성된 상태다. 하지만 빈국의 사정은 그렇지 못하다. 가난한 나라의 시각장애인을 도울 때 훨씬 더 큰 효과를 거둘 수 있다는 말이다.

추가 자금으로 어떤 치료를 해야 가장 큰 혜택을 줄 수 있는지를 판단할 때도 마찬가지다. 예컨대 전 세계적으로 암으로 사망하는 사람은 연간 820만 명이고 암은 (QALY 감소폭으로 보면) 전 세계 사망 및 질병 원인의 7.7퍼센트를 차지한다. 암 치료비로 쓰는 돈은 연간 2170억 달러다.[17] 한편 말라리아는 전 세계적으로 QALY를 3.3퍼센트 감소시킨다.[18] 건강에 미치는 영향으로 보면 암이 말라리아보다 2배 더 심각한 요인이기 때문에 문제의 규모에 따라 치료비를 집행한다면 말라리아 치료에 매년 1000억 달러가 지원돼야 한다. 하지만 말라리아 치료비로 지출되는 비용은 연간 16억 달러에 불과하다. 문제의 규모로 가늠한 금액의 60분의 1에도 못 미치는 액수다.

말라리아에 비해 암 치료에 유독 많은 돈이 몰리는 이유는 말라리아가 적은 비용으로 쉽게 퇴치 가능한 질병이라 부유한 나라에서는 이미 자취를 감추었기 때문이다(미국에서는 1951년에 사라졌다).[19] 한계효용 측면에서 보면 선진국에서 시행되는 가장 효율적인 암 치료 프로그램에 기부하는 것보다 개발도상국에서 시행되는 가장 효율적인 말라리아 치료 프로그램에 기부하는 것이 훨씬 더 큰 혜택을 줄 수 있다. 미국의 경우 공공의료 전문가들은 1QALY 높이는 데 드는 비용이 5만 달러 이하인 프로그램은 시행 가치가 있다고 본다. 5만 달러를 훨씬 웃도는 의료 사업이 자금을 지원받는 경우도 있다.[20] 반면 가난한 나라에 (말라리아 확산을 막기 위한 살충 모기장 배포 사업 등을 통해) 동일한 혜택을 제공하는 데 드는 비용은 100달러다.[21] 같은 돈을 기부하더라도 부유한 나라 사람들보다 가난한 나라 사람들에게 500배 더 많은 혜택이 돌아가는 것이다.

여기서도 100배 단위의 차이를 확인할 수 있다. 다시 말해, 우리는 전 세계의 가난한 사람들 수십 억 명보다 약 100배 더 부유하므로 부유한 나라가 아닌 개발도상국의 빈곤층을 도울 때 수백 배 더 큰 효과를 거둘 수 있다.

지금까지는 한계효용 및 수확체감의 법칙을 통해 체감하는 돈의 가치가 어떻게 줄어드는지를 살펴봤다. 이와 유사하게 시간의 가치도 가늠해 볼 수 있다. 가령 직업을 선택할 때도 수확체감의 법칙을 적용할 수 있다. 이 장 첫머리에서 소개했던 이상주의자 의대생 그레그 루이스 사례로 돌아가 다음 질문을 던져 보자. '의사 한 명은 얼마나 많은 혜택을 제공할 수 있을까?'

그레그는 뜻밖에도 이 물음에 대한 답이 나와 있지 않다는 걸 알게 됐다. 그는 말했다. "이 질문에 대해서는 이미 많은 연구가 이뤄졌을 거라 기대했어요. 병원을 운영하는 입장이라면 의사 수를 늘렸을 때 수익이 얼마나 늘어날지 궁금하지 않겠어요? 그런데도 이 문제를 파고든 사람이 아무도 없었다는 데 정말 놀랐어요."

당신도 그 답을 도출하는 건 그다지 어렵지 않다고 생각할 것이다. 어렵지 않기 때문에 아무도 파고들 생각을 하지 않았던 것이다. 의사 1명이 얼마나 많은 생명을 구할 수 있는지 가늠하려면 일생 동안 생명을 구하는 수술 및 치료를 몇 번이나 하는지 합산하면 된다. 얼마나 많은 질병을 치료했는지 계산하려면 환자의 상태를 개선시킨 치료 사례를 전부 더하면 된다. 이 두 행위의 결과로 나타난 편익을 취합하면 의사가 얼마나 큰 보탬이 됐는지 알 수 있다. 간단하지 않은가?

그레그도 처음엔 이 방법을 썼다.[22] 그는 각국의 총 의료 편익을 의사 수로 나누어 보았다. 미국의 경우 의사 수는 전국보건교육센터National Area Health Education Center Organization의 추정치인 87만 8194명을 기준으로 했다.[23] 총 의료 편익은 역학자 존 벙커John Bunker의 추정치인 22억QALY(미국인 1인당 7QALY)로 계산했다.[24] 그러자 의사 1명당 2,500QALY(22억÷878,194)를 제공한다는 결과가 나왔다. 그런데 생명을 구했을 때와 삶의 질을 개선시켰을 때의 편익이 모두 포함된 수치라 선뜻 와 닿지 않는다. 그렇다면 이번에는 '의사가 살린 사람들의 수'라는 관점에서 생각해 보자. 보건경제학자들은 일반적으로 생명을 구했을 때의 편익이 36.5QALY를 제공할 때와 같다고 추산한다. 이 계산에 따르면 의사 한 명이 제공하는 의료 편익은 70명의 목숨을 구하는 것과 맞먹는다. 그레그는 여기에 간호사, 병원 행정 직원 등의 조력이 반영되어 있어 다소 부풀려진 수치라고 보고 이를 절반 이하로 낮추어 실제로는 의사 한 명당 25~30명의 생명을 구한다고 어림했다. 그래도 꽤 높은 수치다.

편의상 이를 '단순한 관점'이라고 해 보자. 일반인들은 의사의 기여도를 이런 방식으로 가늠한다. 하지만 그레그는 이 관점이 옳지 않다는 걸 깨달았다. 의사 한 명의 '평균' 가치를 가늠하는 방식이기 때문이다. 개인이 발휘할 수 있는 영향력을 추정하는 경우라면 이 같은 계산법은 옳지 않다. 의사라는 직업으로 세상에 보탬이 되고 싶다면 의사가 됐을 때 제공할 수 있는 '한계' 가치를 기준으로 생각해야 한다.

다음과 같은 가상 상황을 통해 '단순한 관점'이 왜 틀렸는지 살펴보자. 당신이 사는 외딴 마을의 유일한 병원에 앨리스, 밥, 샬럿이라는 의사 3명이 있다고 치자. 이들의 의료 활동은 크게 3가지 유형으로 나뉜다. ❶ 심장 수술 등 생명을 구하는 수술 및 치료 ❷ 불안증 치료 등 주요 질환 치료 ❸ 감기 등 경미한 질환 치료다. 세 사람은 주어진 근무 시간의 3분의 1을 이 세 가지 업무에 각각 할애하고, 이로써 이 마을의 의료 수요는 충족된다. 각자 생명을 구하는 수술을 연간 100건씩 집도한다고 치면 단순한 관점에 따라 1명당 1년에 100명의 생명을 구하는 셈이다.

그런데 병원의 재정이 악화돼 샬럿을 더 이상 고용할 수 없게 됐다. 이 경우 동네 주민들에게 미칠 악영향은 어느 정도일까? 단순한 관점에 따르면 재앙이나 다름없다. 1년에 100건씩 생명을 구하는 수술을 하던 샬럿이 없어지면 앞으로 100명이 목숨을 잃는다는 뜻이기 때문이다.

하지만 그런 일은 일어날 리 없다. 샬럿이 없어지면 앨리스와 밥이 우선순위를 조정한다. 직접 치료해 온 경미한 질병은 무시하거나 다른 의료 인력에 맡기고 중환자 및 생명이 위중한 환자들을 치료하는 데만 집중한다. 샬럿이 없는 상태에서 이제 앨리스와 밥은 매년 150명의 생명을 구한다. 이렇게 보면 샬럿이 생명을 구하는 수술을 집도하긴 했어도 결과적으로는 감기 같은 경미한 질환을 치료하는 정도의 영향력만 끼친 셈이다. 의사 수가 줄어 치료를 받지 못하게 된 환자는 그들뿐인 것이다.

의사가 맡은 업무 중 가장 중요한 일이 바로 생명을 구하는 것이다. 의사 한 명이 없어지면 대개의 경우 다른 의사가 그 자리를 대체할 수 있다. 앞서 말했듯 미국에는 87만 8194명의 의사가 있다. 당신이 87만 8195번째 의사라고 하자. 그 경우 당신은 어떤 보탬이 될 수 있을까? 이미 87만 8194명의 의사들이 가장 쉽게 달성할 수 있는 목표를 전부 이룬 뒤다. 인명 구조는 당신이 없는 상황에서도 원활하게 이루어지고 있었다는 말이다. 따라서 87만 8195번째 의사인 당신에게는 사람들의 건강을 크게 증진시킬 기회가 거의 없다. 심장수술을 맡게 될 가능성은 매우 낮고 주로 사소한 질병을 치료하게 될 것이다.

지금까지 살펴본 내용을 바탕으로 의사가 제공하는 혜택을 다시 가늠해 보면 당신이 (미국의 87만 8195번째) 의사가 되어 제공할 수 있는 혜택은 ❶ 87만8194명의 의사가 제공하는 총 혜택 ❷ 87만8195명의 의사가 제공하는 총 혜택 간의 차이가 된다. 그 차이는 어느 정도일까?

그레그는 통계치를 이용해 이 질문의 답을 찾았다. 각국의 의사 수와 의료의 질을 조사한 뒤 이 두 요소의 관계를 파악했다. 그레그가 계산한 결과에 따르면 미국에 의사 1명이 추가될 경우 전체 인구를 기준으로 연간 4QALY가 증가한다. 40년 동안 의사로 일하면 160QALY를 증가시키는 셈이다. 여기에 간호사 등 여타 의료 인력도 이 혜택에 기여한다는 점을 감안하면 미국에 의사 1명이 증가할 경우 평생 4명의 생명을 구하는 것에 맞먹는 혜택을 제공한다는 결론이 나온다. 4명도 적은 수는 아니지만 그래도 기대에는 못 미친다. 수확체감의 법칙 때문이다. 물론 전공과목에 따라 1명의 의사가 기여하는 몫은 달라질 수 있다. 이 추정치는 모든 전공 분야를 통틀어 잡은 평균치이긴 하지만 특정 전공 분야가 여타 분야보다 훨씬 더 큰 혜택을 제공한다고 볼 수는 없으므로 의사 1명의 기여를 추정하는 데 이 사실이 큰 변수로 작용하지는 않는다.

당신이 부유한 나라에서 의사가 되고자 한다면 이미 의사 인력이 풍부한 곳에 진입하는 격이라 생각만큼 큰 혜택을 제공하기는 어렵다. 같은 이유에서 가난한 나라의 의사는 훨씬 더 큰 영향을 끼칠 수 있다. 그레그는 다른 통계치를 동원해 에티오피아 등 최빈국에서 일할 경우의 영향력을 계산해 봤다. 그러자 매년 300QALY의 혜택을 더 제공할 수 있다는 결론이 나왔다. 40년 동안 의사로 일하면 약 300명의 목숨을 구하는 것과 맞먹는 효과를 거둘 수 있는 것이다. 영국에서 의사로 일할 때에 비하면 영향력이 100배 이상 크다. 여기서도 효과 면에서 100배 단위의 차이가 나타난다. 가난한 나라에서는 의료 부문에 투입하는 자원이 훨씬 적으므로 그레그가 부유한 나라보다 가난한 나라에서 의사로 일할 경우 훨씬 큰 혜택을 제공할 수 있다.

방치된 분야를 찾아 더 집중적인 노력을 쏟는 것은 우리의 직관에 반하는 일처럼 보일지도 모른다. 하지만 바로 그 이유 때문에 널리 알려진 영역에서는 큰 효과를 기대하기 힘들다. 수확체감의 법칙을 감안해 상대적으로 자원이 덜 투입된 분야에 집중해야 더 큰 효과를 거둘 수 있다. 잘 알려지지 않은 재해나 세계 빈곤이 여기에 해당한다.

그렇다면 그레그는 과연 어떤 결정을 내렸을까? 가난한 나라로 가서 의사로 봉사하며 살았을까? 아니다. 그는 영국에 남기로 했다. 그 이유를 다음 장에서 살펴보자.

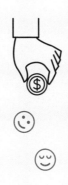

# Chapter 5

# 1억2000만 명을 구한 사람

네 번째 우리가 돕지 않았다면 어떻게 됐을까?

당신은 한 여성이 심장마비로 쓰러지는 장면을 목격했다. 마침 주위에 아무도 없어 당신이 그녀에게 달려가 심폐소생술을 시도한다. 심폐소생술은 처음이었지만 다행히 그 여성은 의식을 되찾았고 덕분에 목숨을 건졌다. 하지만 당신의 미숙한 심폐소생술 탓에 장애를 입고 말았다. 그렇다 해도 큰일을 한 건 분명하다. 이번에는 여자가 쓰러질 때 마침 구조대원이 있었다고 치자. 구조대원은 장애를 입히지 않고 그녀의 목숨을 구할 수 있을 것이다. 그런데 당신이 달려가 구조대원을 밀치고 심폐소생술을 시도해 여자가 장애를 입은 채 의식을 되찾게 된다면 어떨까? 이 경우 당신의 행위를 어떻게 판단해야 할까? 어쨌거나 한 사람의 목숨을 구했으니 당신은 영웅일까?

실존 인물 가운데 세상에서 착한 일을 가장 많이 한 사람은 누굴까? 나는 이 질문에 대한 답을 찾다가 『에스콰이어Esquire』지의 '세계의 선인 75명' 목록을 발견했다.[1] 1위가······ 미국 배우 맷 데이먼Matt Damon이라고? 그럴 리가?

3장에서 나는 천연두 근절을 인류의 가장 위대한 업적 중 하나로 꼽았는데, 역사상 가장 선한 사람을 선정한다면 이 천연두 박멸에 힘을 보탠 이들부터 고려해야 하지 않을까 싶다. 사실 천연두를 근절하는 데 가장 혁혁한 공로를 세운 사람은 단 한 사람이라고 봐도 무방하다.

미국 오하이오 주 출신인 D. A. 헨더슨D. A. Henderson은 1966년 세계보건기구의 세계 천연두 박멸 캠페인을 이끄는 책임자가 되었다.[2] 당시 36세였던 그는 임상 경험도 10년에 불과한 데다 해당 사업부에서 가장 나이가 적은 사람보다도 열다섯 살이나 어렸지만 능력은 단연 으뜸이었다. 헨더슨은 캠페인을 주도하면서 야심 찬 목표를 세웠다. 10년 내로 지상에서 천연두를 완전히 몰아내겠다고 공언한 것이다. 놀랍게도 캠페인은 대성공을 거둬 1967~1971년 사이에 천연두 발병국이 31개국에서 5개국으로 급감했다. 헨더슨은 '고리형 접종'이라는 혁신적 기법을 고안했다. 비용과 시간이 많이 드는 전 국민 예방접종이 아니라 대규모 조사로 천연두 발병 지역을 파악한 뒤 환자들을 격리해 일정 반경 안에 있는 사람들(고리)부터 예방접종을 시행하는 방식이었다. 이 기법이 기대 이상의 성과를 거둬 천연두는 1977년에 소말리아에서 자연발생한 사례를 마지막으로 지상에서 영원히 자취를 감췄다. 천연두는 인류가 근절시킨 최초의 질병이었다.

　헨더슨의 성과는 연이은 찬사를 받았다. 공공복지훈장Public Welfare Medal, 국가과학훈장National Medal of Science을 비롯해 미국 시민에게 수여되는 최고 훈장인 대통령자유훈장Presidential Medal of Freedom 등을 잇달아 받았다. 17개 대학의 명예박사 학위와 태국왕이 수여하는 기사 작위도 받았다. 9.11테러 직후에는 조지 W. 부시 대통령 행정부의 대對테러 전문가팀을 이끌기도 했다.

　하지만 내가 꼽고 싶은 인물은 D. A 헨더슨이 아니다. 헨더슨이 캠페인의 최고 책임자가 될 무렵엔 천연두를 근절시키고자 하는 정치적 의지가 이미 공감을 얻고 있던 터였다. 그래서 마련된 자리였고 그 공석을 메운 이가 헨더슨이었다(헨더슨도 처음엔 사양했다). 헨더슨이 천연두라는 난제를 타개하지 못했다거나 영웅이 아니라는 뜻은 아니다. 하지만 그가 아니었어도 누군가는 그 역할을 맡아 결국엔 천연두를 근절했을 터다. 그 사람이 헨더슨만큼 뛰어나지 않거나 재빨리 대응하지 못했을지도 모르지만 웬만큼 능력을 갖춘 사람이었다면 천연두는 결국 사라졌을 것이다.

천연두를 퇴치한 진정한 주인공은 의외의 인물이다. 바로 1987년에 사망한 우크라이나 바이러스학자 빅토르 즈다노프Viktor Zhdanov다.[3] 이 책을 쓰면서 확인해 보니 위키피디아에 나온 소개글은 겨우 4문단이고 온라인에 떠도는 사진도 흐릿한 흑백 이미지 몇 개가 전부다. 내가 알기로 큰 상을 받은 적도 없다.

1958년 즈다노프는 소비에트연방의 보건부 부장관이었다. 그해 5월 미국 미니애폴리스에서 11차 세계보건총회(WHO의 최고의결기관)가 개최될 당시 소련 대표단이 10년 만에 모습을 드러냈다. 즈다노프는 그 자리에서 선구적인 천연두 박멸 계획을 발표했다. 그 누구도 천연두 근절이 가능하리라고 생각지 못했을 때였다. 더군다나 그런 제안이 소련 측에서 나왔다는 것도 의외였다. 즈다노프는 열정과 신념, 희망이 어린 목소리로 10년 내로 천연두를 뿌리 뽑을 수 있다고 대담하게 공언했다. 천연두는 인간에게만 나타나는 질병이므로 말라리아처럼 모기가 전염시키는 질병보다 퇴치하기 쉽고, 소련의 경우 광대한 영토와 열악한 수송망에도 불구하고 천연두를 성공적으로 퇴치하고 있다고 밝혔다. 즈다노프는 천연두 백신을 개발한 에드워드 제너Edward Jenner에게 토머스 제퍼슨Thomas Jefferson이 보낸 편지를 인용했다. "이번 기회를 빌려 온 인류가 당신에게 표하는 감사의 마음 중 제 몫을 전하려 합니다. 지금까지 의학이 이뤄낸 진보 가운데 천연두 백신에 필적할 만한 것은 없습니다 (…) 인류는 혐오해 마지않는 천연두가 실재했다는 사실을 지나간 역사 속의 일로 알게 될 것이며 퇴치의 주역이 당신이라는 것도 알게 될 것입니다."[4]

즈다노프는 강한 호소력으로 자신의 주장을 관철시켰다. 세계보건기구가 한 가지 질병을 완전히 뿌리 뽑기 위한 캠페인을 시행하는 데 동의한 건 사상 처음이었다.

즈다노프가 끼친 영향을 정확히 평가하려면 그가 나서서 세계보건기구에 압력을 넣지 않았더라도 어떻게든 천연두는 근절되었을 것이라는 점이 전제돼야 한다. 문제가 워낙 심각했기에 누군가는 나서서 박멸운동을 전개할 터였다. 천연두 박멸로 목숨을 구한 1억2000만 명 가운데 대다수가 어차피 목숨을 건졌을 거라는 말이다. 하지만 그가 나서지 않았다면 천연두 박멸운동은 상당 기간 지체됐을지도 모를 일이다. 그런 점에서 즈다노프가 천연두 근절을 10년 앞당겼다고 가정해 보자. 그렇게 보면 혼자 힘으로 1000만~2000만 명의 목숨을 구한 셈이다. 30년 동안 전쟁 없는 세계 평화를 이룬 것과 맞먹는 업적이다.

우리는 성과를 가늠할 때 다른 방식으로 문제에 접근했다면 어떤 결과를 낳았을지 별로 생각해 보지 않는 경향이 있는데, 그래선 안 된다. 중요한 건 '누가' 그 일을 해냈느냐가 아니라 그 일이 '효과'가 있었는지 여부다. 얼마나 효과가 있는지 가늠하는 건 당신의 행위로 인한 결과와, 당신이 아니었더라도 어차피 일어날 결과의 차이에 달려 있다.

가령 한 여성이 심장마비로 쓰러지는 장면을 목격했다고 치자. 마침 주위에 아무도 없어 당신이 그녀에게 달려가 심폐소생술을 시도한다. 심폐소생술은 처음이었지만 다행히 그 여성은 의식을 되찾았고 덕분에 목숨을 건졌다. 하지만 당신의 미숙한 심폐소생술 탓에 장애를 입고 말았다. 그렇다 해도 큰일을 한 건 분명하다.

이번에는 여자가 쓰러질 때 마침 구조대원이 있었다고 치자. 구조대원은 장애를 입히지 않고 그녀의 목숨을 구할 수 있을 것이다. 그런데 당신이 달려가 구조대원을 밀치고 심폐소생술을 시도해 여자가 장애를 입은 채 의식을 되찾게 된다면 어떨까? 이 경우에도 그녀의 목숨을 구한 건 맞다. 하지만 구조대원에게 맡겼더라면 그녀는 장애를 입지 않고 되살아났을 것이다.[5] 이 경우 당신의 행위를 어떻게 판단해야 할까? 어쨌거나 한 사람의 목숨을 구했으니 당신은 영웅일까?

당연히 아니다. 당신의 행위 덕분에 얻은 직접적인 혜택이 선행 여부를 결정하는 게 아니다. 그보다는 그 행위로 인해 빚어진 결과가 선행 여부를 결정한다. 엄밀히 말하면 당신이 그 여성의 생명을 구한 건 사실이지만 종합적으로 보면 사실상 해를 끼친 것이다.

사실에 반대되는 가정을 세워 문제에 달리 접근했을 경우 어떤 결과가 도출될지 가늠하는 것은 과학적 추론의 핵심이다. 하지만 이타주의 세계에서는 이러한 반사실counterfactual을 경시하는 풍조가 만연한데, 이는 자칫하면 끔찍한 결과를 낳을 수 있다.


미 디트로이트 북서부에 사는 브랜든은 무장강도, 주거침입, 약물 관련 폭력 행사 등 다양한 범죄를 저지른 16세 비행청소년이다. 그는 수감생활을 체험하기 위해 오클랜드 교도소를 방문한다. 브랜든은 교화 목적으로 비행청소년들에게 교도소 생활을 체험시키는 〈비욘드 스케어드 스트레이트Beyond Scared Straight〉의 출연자였다.[6]

이 프로그램은 1978년 아널드 샤피로Arnold Shapiro가 제작한 다큐멘터리 〈스케어드 스트레이트! Scared Straight!〉가 그 전신으로, 비행청소년들이 3시간 동안 교도소에서 겪는 실화를 보여 준다. 재소자들은 청소년들을 향해 고함을 치거나 위협을 가하는가 하면, 성폭행을 저지른 이야기며 비참한 수감생활을 늘어놓아 간담을 서늘하게 만든다. 감옥에 갇힌 꼴이 되지 말라는 메시지다. 이 다큐멘터리의 결말에 이르면 일부를 제외한 대부분의 출연자들이 교도소 체험을 계기로 삶의 방향을 바꾼다. 이 다큐멘터리는 오스카상을 비롯해 에미상 8개 부문을 휩쓰는 등 호평을 받았고 〈스케어드 스트레이트! 또 다른 이야기 Scared Straight! Another Story〉〈스케어드 스트레이트! 10년 뒤 Scared Straight! 10 Years Later〉〈스케어드 스트레이트! 20년 뒤 Scared Straight! 20 Years Later〉 등 후속작도 이어졌다. 최근 부활해 미국 드라마 채널 A&E에서 방영되고 있는 시리즈인 〈비욘드 스케어드 스트레이트 Beyond Scared Straight〉는 이 책을 쓰는 현재 시즌 8이 전파를 타며 수백만 시청자를 사로잡고 있다.

시즌 8의 한 에피소드에서 브랜든은 건방지고 반항적인 태도로 감옥에 들어선다. 그러자 창살을 사이에 두고 그와 대면한 재소자들이 야유를 쏟아내며 그를 도발한다. "대단한 분이 납셨는데? 한번 해보자고!" "염병할 터프가이가 돼 보겠다 이거냐?" 옆에 선 교도관들은 브랜든에게 그들의 위협과 조롱이 말로만 그치지 않을 거라고 경고한다.

그런데도 브랜든은 내내 얼굴에 미소를 띠고 있다. 재미있다고 생각하는 것이다. 교도관 곁에 붙어 이동하면서도 계속 터프가이 시늉을 한다. "염병하네. 누가 겁먹을 줄 아나⋯ 어차피 지나 나나 맞으면 아프고 찔리면 피 흘리는 건 마찬가지야." 그런 위협을 몇 번이고 대수롭지 않게 넘긴다.

그러던 브랜든도 어느 순간 위세가 꺾이고 만다. 교도관들이 소란을 피우던 죄수를 의자에 묶어 놓고 전기충격기로 제압해 강제로 진정시키는 모습을 본 것이다. 복도에서 이를 지켜보던 브랜든은 감정을 주체할 수 없어 급기야 눈물까지 쏟는다. 교도관들이 나서서 말한다. "우리는 네 편이란다. 네가 교도소에서 일생을 마치길 바라지 않아."

결말에 이르자 교도소 체험 한 달 뒤의 브랜든이 등장한다. 이번에도 미소를 띠고 있는 브랜든. 하지만 그의 눈에는 반항기가 아닌 희망이 어른거린다. 그를 곤경에 빠뜨렸던 질 나쁜 친구들과도 더는 어울리지 않고 개인지도를 받으며 공부에 열심이다. 맞붙었던 교도관들에게 사과하기 위해 교도소를 다시 찾은 브랜든은 자신의 잘못을 이제야 깨달았다고 말한다. "교도소 체험을 해서 다행이에요. 그 일로 제 인생도 바뀌고 저도 더 나은 사람으로 변했으니까요. 제가 저지른 짓이 잘못이라는 것도 알게 됐어요. (…) 이제 앞날이 암울하지 않아요."

〈비욘드 스케어드 스트레이트〉는 대중적 흥미를 자극하는 내용과 희망적인 성장담을 버무려 일반인들은 경험할 일이 없는 세상을 보여 준다. 제작자들은 브랜든처럼 한때 비행을 저질렀던 청소년들이 인생 행로를 바꾸어 새 사람으로 거듭나는 데 매우 효과적인 방송이라고 말한다. 실제로도 1978년 〈스케어드 스트레이트〉가 처음 방영된 이후 미 전역의 교도소 수백 군데에서 유사한 체험교육을 채택했을 정도로 큰 호응을 얻었다. 비행청소년들의 재범률을 낮추는 동시에 대중적 인기도 끌었으니 방송국과 사법 당국 양측 모두에 이로운 일이었다.

하지만 내가 굳이 사례로 든 데서 짐작하겠지만 〈스케어드 스트레이트〉에는 부정적인 측면도 있다. 사실 교도소 체험이 효과적이라고 떠들었던 사람들의 말은 틀렸다. 효과가 없는 정도가 아니라 '오히려 해롭기 때문이다.'

청소년 교도소 체험에 대해서는 지금까지 총 1000명의 청소년을 대상으로 이후 경과를 관찰한 9건의 수준 높은 연구가 이뤄진 바 있다.[7] 보건 및 사회 사업의 시행 근거를 엄정하게 평가하는 비영리 기관 코크란연합Cochrane Collaboration이 작성한 보고서에 따르면 이중 별다른 효과가 없다고 보고한 연구는 2건인 데 반해 청소년 범죄율이 오히려 '높아졌다고' 보고한 연구는 7건이었다. 보고서 저자들은 연구 대상이 된 교도소 체험사업 사례가 범죄 가능성을 약 60퍼센트까지 높였다고 추정했다. "아무런 조치도 취하지 않는 것보다 개입하는 게 더 해롭다는 결과가 나왔다. 고정효과 모형fixed effects model과 무선효과 모형random effects model 분석 결과 체험사업의 효과는 거의 동일했으며 메타분석과 상관없이 일관되게 부정적인 방향을 가리켰다."[8] 어떤 방식으로 분석해도 교도소 체험은 범죄를 예방하는 게 아니라 조장한다는 결과가 나왔다는 뜻이다. 전문용어로 표현할 수 있는 한도 내에서 최대한 따갑게 비판한 셈이다.

한편 워싱턴 주 공공정책연구소Washington State Institute for Public Policy에서는 투자 비용을 기준으로 심리 치료, 분노 조절 프로그램 등 예방적 사회정책의 가치를 추정한 별개의 연구를 수행했다.[9] 60건의 개입 사례를 대상으로 그 영향을 분석한 결과 절대다수가 투입 비용을 웃도는 가치를 창출한 것으로 나타났으나 세 가지 사업은 오히려 해로운 것으로 밝혀졌는데 그중 하나가 교도소 체험사업이었다. 연구 결과에 따르면 교도소 체험은 오히려 범죄율을 높이므로 수감 비용 및 지역사회의 비용 부담을 감안하면 투입되는 예산 1달러당 사회에 203달러의 부담을 지우는 셈이라고 한다.

그런데도 교도소 체험사업은 변함없이 계속되고 있으며 여전히 효과적인 사업으로 인식되고 있다. 해로운 결과를 낳는 것으로 드러난 사업이 왜 아직도 시행되고 있는 걸까?

교도소 체험이 효과적이라고 극구 주장하는 이들은 해당 사업을 시행하지 않았을 때의 결과를 생각하지 않는다. 체험 프로그램에 참가한 청소년들의 범죄율이 과거보다 감소한 사실만 보고(프로그램 참가자 중 3분의 1만 이듬해에 다시 범죄를 저지른다)[10] 성공적이라고 평가한다. 하지만 참가자들의 범죄율이 낮아졌다는 사실만으로 체험 프로그램이 '원인'이라고 단정하는 건 성급한 결론이다. 연구 보고서들은 교도소 체험사업이 운영되지 않았더라도 청소년 범죄율은 줄어들었을 것이라고 밝히고 있다. 교도소 체험사업이 없었다면 범죄율이 더 큰 폭으로 떨어졌을 것이라고 추정할 정도다. 어차피 일어났을 일을 교도소 체험사업이 오히려 방해한 셈이라는 말이다.

교도소 체험사업이 효과적인 것처럼 보이는 이유는 평균회귀 현상regression to the mean으로 설명 가능하다.[11] 당신이 어느 날 유독 골프를 잘 쳤다면 다음번에는 그보다 못 칠 가능성이 높다. 어쩌다 골프를 잘 칠 확률은 통계적으로 낮으므로 다음번에는 평소 실력에 가까운 기록이 나게 마련이다. 마찬가지로 한바탕 극심한 우울증을 겪은 사람은 3개월이 지나고 나면 대체로 기분이 더 나아진다. 행복도가 평시 수준으로 회귀하기 때문이다. 같은 이유로 특정 기간에 유난히 비행을 많이 저지른 비행청소년들을 선별해 교정 프로그램을 진행하면 이후 몇 달 동안은 평시 수준의 전형적인 행동 양상을 보인다.

하지만 이는 교도소 체험사업이 사실상 전혀 효과가 없는데도 효과적으로 보이는 이유만 해명해 줄 뿐이다. 그렇다면 교도소 체험이 범죄율을 오히려 증가시키는 이유는 무엇일까? 정확한 이유는 밝혀진 바 없지만 교도소에서 살아남으려면 얼마나 험한 꼴을 겪어야 하는지 몸소 보여 준 재소자들이 청소년들에게 범죄 억제 요인이 아닌 역할 모델로 작용했다는 가설이 그럴듯하다.[12] 비행청소년들이 재소자들과 자신을 동일시하면서 그 행동을 모방한다는 말이다. 〈스케어드 스트레이트〉를 다시 보면 이 가설이 유력해 보인다. 재소자들은 청소년들에게 교도소가 끔찍한 곳이라든가 법을 위반하는 게 수치스러운 일이기 때문에 감옥에 와선 안 된다고 말하지 않는다. 그보다는 교도소 생활을 견딜 만큼 강하지 않기 때문에 너희가 있을 곳이 아니라는 메시지를 전하고 있다.

교도소 체험사업 사례는 대규모 사회사업을 시행하기 전에 여러 차례의 대조시험을 거쳐 그 효과를 엄밀히 검증하는 과정이 얼마나 중요한지를 보여 준다. 가령 어느 아마추어 화학자가 청소년들이 범죄를 저지르지 못하게 하는 알약을 만들었다고 주장한다 치자. 검증되지 않은 약을 수천 명의 청소년들에게 먹일 수는 없다. 불법임은 물론이고 무엇보다 위험하기 때문이다. 그런데도 교도소 체험 등의 신규 사회사업들은 확실한 증거가 뒷받침되지 않은 채 강행된다. 특정 사회사업이 효과가 있는지 악영향을 미치는지 효과가 전혀 없는지는 엄격한 검증을 거치지 않으면 알 도리가 없다. 물론 사업 규모가 작아서 검증 비용을 효율적으로 집행하지 못하는 경우도 있고 엄격한 검증 자체가 불가능한 경우도 있다. 그렇다 하더라도 대규모 사회사업을 시행할 예정이라면 반드시 효과부터 먼저 검증해야 한다.

'그렇게 하지 않았다면 어떻게 됐을까?'를 미처 생각해 보지 못하는 가장 흥미로운 경우가 바로 직업 선택이다. 통계를 이용해 의사의 영향력을 가늠했던 그레그 루이스를 다시 만나 보자.

4장에서 살펴본 것처럼 그는 미 의사 인력풀에 추가로 진입한 의사 1명이 제공하는 편익은 4명의 생명을 구하는 것과 맞먹는다고 추산했다. 이 수치에는 의사가 되는 것 자체가 얼마나 보탬이 되는 일인지는 반영하지 않았다. 의사가 된다는 건 기존 의사 인력풀에 한 명의 의사를 더하는 차원에서 끝나는 문제가 아니다. 의대 입학 정원은 거의 정해져 있기 때문에 당신이 의대에 가지 않더라도 다른 누군가가 대신 그 자리를 메워 의사가 될 터다. 따라서 당신은 의사가 됨으로써 단순히 총 의사 수를 1명 더 늘린 게 아니라 그 한 자리를 차지하게 될 사람이 누구인지도 결정한다. 당신의 영향력은 미국에 87만 8194명의 의사가 있을 때와 87만 8195명의 의사가 있을 때의 차이(4장에서 분석한 바로는 그렇다)가 아니라 당신이 아닌 다른 사람이 의사가 되었을 때와 당신이 의사가 되었을 때의 차이가 결정한다는 말이다.

이는 앞서 우리가 추산했던 수치, 즉 의사 1명이 평생 4명의 목숨을 구하는 것과 맞먹는 혜택을 제공한다는 추정이 너무 부풀려져 있음을 뜻한다. 당신이 의사가 됨으로써 사회에 혜택을 제공하는 건 사실이다. 우선 당신은 의대에 진학함으로써 (가장 우수한 지원자들을 뽑는다고 가정할 때) 의사들의 평균 수준을 높인다. 또 당신이 의사 인력풀에 진입함으로써 임금은 다소 줄어든 반면 고용되는 의사 수는 다소 늘어난다. 하지만 이 정도로는 앞서 추정했던 것만큼 기여도가 크다고 볼 수는 없다. 이 점을 감안해 그레그는 의사가 평생 4명의 목숨을 구하는 게 아니라 다른 방법으로는 구할 수 없었을 한두 명의 생명을 구한다고 추정했다. 이것만으로도 사회적 기여도가 매우 높다고 할 수 있지만 기대에는 못 미친다.

이러한 논리는 다양한 분야에 적용 가능하다. 가령 나는 10대 때 양로원에서 간병 보조인으로 일한 적이 있다. 그때 내 노동력은 얼마나 보탬이 된 걸까? 당시에는 그 일을 통해 제공할 수 있는 직접적인 혜택, 즉 양로원 거주자들의 삶의 질을 높이는 데만 집중했다. 하지만 그보다는 내 자리를 대신 메웠을 사람보다 그 일을 얼마나 더 잘하고 있는지를 따져 봤어야 했다. 나는 열심히 하긴 했지만 일 처리가 더뎠고 미숙했다. 내 자리를 대신 메웠을 사람에게 부양가족이라도 있었다면 나보다 더 돈이 아쉬웠을 터다. 그러니 전체적으로 볼 때 내가 보탬이 된 건지 알기 어렵다.

그레그가 아프리카행을 접은 데는 이 이유도 한몫했다. 만약 그가 비영리 단체의 일자리를 받아들였다면 그 일을 원한 다른 사람의 자리를 차지하는 셈이 된다. 개발도상국에 의사가 1명 추가될 때 기대할 수 있는 영향력은 연간 약 300QALY이지만 다른 사람의 자리를 차지해서 만들어 낼 수 있는 차이는 분명 그보다 적을 것이다. 그가 다른 길을 택한 이유다. 지금까지 살펴본 다양한 요인을 전부 고려해 마침내 그가 선택한 길은 바로 '기부를 위한 돈벌이earning to give'다.

'기부를 위한 돈벌이'의 의미는 말 그대로다. 관련 직업에 종사하며 직접적인 영향력을 최대화하는 게 아니라 돈을 많이 벌어서 기부금으로 남을 돕는다는 의미다. 직업을 통해서가 아니라 기부를 통해 타인의 삶을 개선시키는 것이다. 보통 사람들은 세상에 보탬이 되는 직업을 선택할 때 이 경로는 생각해 보지 않는다. 하지만 대개의 경우 시간과 돈은 서로 교환 가능하다. 가령 돈으로 다른 사람의 시간을 사거나 돈을 벌기 위해 시간을 투자한다. 따라서 다른 사람들에게 직접적인 혜택을 주는 관련 직업을 선택하는 게 최선이라고 생각할 필요는 없다. 진심으로 남을 돕고 싶다면 기부를 위한 돈벌이도 고려할 만한 경로다.

이제 그레그 루이스에게 주어진 선택지를 살펴보자. 부유한 나라에서 의사로 일하면서 기부를 전혀 하지 않는다면 의사라는 직업을 통해 평생 2명의 목숨을 구하는 선을 행하게 된다. 반면 가난한 나라에서 의사로 일하면 매년 4명의 생명을, 35년간 일한다면 140명의 생명을 구하는 선을 행하게 된다. 만약 그가 부유한 나라에서 의사로 일하며 버는 수입을 기부한다면 몇 명의 생명을 구하게 될까?

영국 의사들의 연평균 수입은 세전 약 7만 파운드다.[13] 미화로는 11만 달러쯤 되니 42년 동안 의사로 일하면 460만 달러다. 수입이 특히 많은 종양전문의라면 연수입은 그보다 두 배 높은 평균 20만 달러 정도가 된다.[14] 앞서 말했듯 생명을 구하는 데 비용 대비 효과가 가장 높은 사업은 말라리아 방지용 살충 모기장 배포로, 3400달러로 1명의 목숨을 구할 수 있다. 그레그가 종양전문의가 되면 연수입 20만 달러 중 50퍼센트를 기부해도 세전 소득이 10만 달러이므로(기부금은 소득 공제가 된다) 여전히 안락한 삶을 누릴 수 있다. 동시에 기부금으로 매년 수십 명의 목숨을 구할 수 있다. 가난한 나라에서 의사로 일할 때보다 훨씬 많은 생명을 구할 수 있는 것이다.

결국 그레그는 기부를 위한 돈벌이를 택해 종양전문의가 되기로 결심했다. "차이를 따져 보니 영향력이 변변치 않더군요. 의사라는 직업으로 직접적인 영향을 주는 방식을 택해도 몇 명의 목숨을 구할 순 있어요. 예상했던 수는 아니지만 그래도 대단하긴 하죠. 하지만 기부를 택하면 수백 명을 구할 수 있습니다." 그레그는 의대 진학을 택할 때와 마찬가지의 이유로 기부를 시작했다. "처음에는 수입의 10퍼센트를 기부했어요. 그러다 그 돈이 없어도 별로 아쉽지 않겠다 싶어서 비율을 조금씩 높였습니다. 지금은 수입의 50퍼센트 정도를 기부하고 있어요. 그래도 오히려 전보다 더 살 만합니다. 더 나은 세상을 만들고 싶었던 17세의 제 자신에게 부끄럽지 않아요." 2014년에 그레그는 2만 파운드, 즉 10명의 목숨을 살릴 수 있는 돈을 기부했다.

중요한 건 그레그가 기부를 위한 돈벌이를 택함으로써 다른 방식으로는 불가능했을 차이를 만들어 내고 있다는 점이다. 그가 의사가 되지 않았다면 다른 누군가가 그 자리를 메워 의사가 되었을 테고 그 사람의 기부 금액은 미미했을 것이다(수입의 2퍼센트가 평균이다).[15] 한편 가난한 나라의 비정부기구NGO에서 일했다면 해당 단체에서 지급하는 보수를 받았을 텐데, 그 돈은 그레그가 아니더라도 어차피 다른 의사의 연봉이나 의료 장비 구입 명목으로 지출되었을 터다. 하지만 기부를 위한 돈벌이는 그가 아닌 다른 누군가가 대신 해 줄 수 있는 일이 아니다. 그레그는 기부를 위한 돈벌이를 택함으로써 가난한 나라에서 직접 의사로 일할 때보다 더 많은 사람을 도울 수 있게 되었다. 그것도 모국에서의 안락한 생활을 포기하지 않으면서 말이다.

이 점에 대해서는 곰곰이 생각해 볼 필요가 있다. 영국 다큐멘터리 제작자인 루이스 서루Louis Theroux가 2007년에 만든 〈언더 더 나이프Under the Knife〉의 한 장면은 이를 상징적으로 보여 준다. 베벌리힐스의 성형수술 세계를 속속들이 파헤치는 이 다큐 영화는 서루가 성형외과 의사를 인터뷰하며 인명을 구하는 데 재능을 쓰지 않고 배우지망생들을 위한 미용 성형에 허비한다고 비난하는 장면에서 절정에 이른다. 충분히 이해할 만한 분노지만 지금까지 이 책에서 살펴본 바에 따르면 분노의 방향이 잘못됐다. 중요한 건 그 성형외과 의사가 번 돈을 어디에 쓰느냐이기 때문이다.

기부를 위한 돈벌이는 남을 돕는 데 매우 효율적인 방법이다. 선진국의 평범한 노동자가 전 세계적으로 볼 때 상위 몇 퍼센트에 해당한다는 사실과 상대적으로 적은 비용으로 전 세계 극빈층에 큰 도움을 주는 단체들이 있다는 점을 십분 활용하는 길이기 때문이다. 게다가 기존의 '윤리적' 직업들과는 달리 기부를 위한 돈벌이는 누구에게나 열려 있다. 세상을 바꾸는 데 관심이 있는 사람에게는 비영리 단체나 공공부문, 기업 사회공헌 분야에서 일하라고 조언하는 게 흔한 일이었다. 하지만 요즘은 특정 분야의 일자리는커녕 취업 자체가 어려운 시대. 굳이 관련 분야에 뛰어들지 않더라도 현재 종사하는 분야에서 야근, 승진, 이직을 통해 돈을 더 벌거나 그저 허리띠를 조금 졸라매 기부를 하는 것만으로도 세상을 바꿀 수 있다. 부유한 나라에 사는 대다수의 사람들이 그렇게 한다면, 그리고 기부처를 현명하게 선택하기만 한다면 더 나은 세상을 만드는 데 큰 보탬이 될 것이다.

직업을 통해 남을 돕는 문제에 관해서는 더 할 얘기가 많아 9장에서 본격적으로 다룰 것이다. 그 전에 효율적 이타주의의 마지막 핵심 질문부터 살펴보자. 그래야 기부를 위한 돈벌이도 선행을 베푸는 수많은 방법 중 하나일 뿐, 언제고 가장 효율적인 경로는 아니라는 점을 알 수 있다.

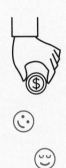

# Chapter 6

# 투표는 수십만 원 기부나 다름없다

### 다섯 번째 성공 가능성은 어느 정도이고,
### 성공했을 때의 효과는 어느 정도인가?

당신이 오늘부터 닭가슴살을 구입하지 않는다 해도 지구상 모든 사람들이 변함없이 닭고기를 구입한다면 식용으로 도살되는 닭의 수에 영향을 끼칠 수 있을까? 슈퍼마켓에서 닭고기 반입량을 결정할 때 닭가슴살 1인분 매출이 감소한 사실에 신경이나 쓸까? 하지만 수천 명, 수백만 명이 닭가슴살을 사지 않으면 수요가 감소하므로 식용으로 사육되는 닭도 줄어들 것이다. 이때 우리는 역설에 직면한다. 개인은 변화를 일으킬 수 없지만 수백만 명의 개인은 변화를 일으킬 수 있다는 역설 말이다. 그런데 수백만 명의 행동은 수많은 개인들의 행동이 한데 모인 총합이 아닌가. 이 역설을 어떻게 이해해야 할까?

"심각한 사고가 발생할 가능성은 매우 낮다. 엔지니어 입장에서는 상상도 할 수 없는 일이다."[1] 일본 후쿠시마 다이이치 원자력 발전소의 종합사고관리계획서에 나와 있는 이 말은 위험을 올바로 평가하는 게 얼마나 중요한지 단적으로 보여 준다.

2011년 3월 일본을 강타한 지진으로 후쿠시마 원전 가동이 전면 중단됐다. 노심용융 meltdown 으로 인해 방사능이 누출되는 사태를 막기 위한 조치였다. 하지만 지진에 뒤이은 쓰나미로 냉각시스템이 마비되자 원자로 3기가 노심용융을 일으켰다. 방사능 유출로 인한 사망자는 없었지만 약 16만 명이 집을 빠져나와 대피해야 했고 이 와중에 병원 폐쇄 등의 여파로 1600명의 사망자가 발생했다. 체르노빌 이후 최악의 원전 사고였다. 사고 4개월 뒤 일본 정부는 조사위원회를 꾸렸다. 방사선방호, 의학계, 법조계 등 각 분야의 전문가 10명으로 구성된 위원회는 450쪽에 달하는 보고서를 노다 요시히코 野田佳彦 총리에게 제출했다. 도쿄대학 공대 명예교수인 하타무라 요타로 畑村洋太

郎 조사위원장은 기자회견에서 "후쿠시마 사태의 근본 원인은 (감독기관 및 도쿄전력이) 자신들의 상상을 초월하는 자연재해가 발생하지 않을 것이라고 함부로 예단한 것"이라고 지적했다.[2] 그는 보고서 후기에도 "일본은 이번 사고를 계기로 인간의 사고방식에 결함이 있을 수 있다는 점을 깨달아야 한다"고 썼다.

지금까지는 측정 가능하고 구체적인 방식으로 남을 돕는 데 초점을 맞춰 살펴봤지만, 안타깝게도 현실은 그리 단순하지 않다. 선행의 효과를 예상하기 어려운 경우가 많기 때문이다. 선행을 하지 않았을 때의 결과를 예측하기 어렵다는 점까지 고려하면, 우리의 행위가 실제로 세상을 변화시킬지 판단할 수 없는 경우가 대부분이다. 더욱이 정치 변혁을 꾀하는 경우라면 행위의 결과를 예측하는 문제는 한층 복잡해진다. 특정 정치 캠페인을 전개해 이를 정책으로 실현시킬 수 있다 해도 으레 다른 요인들이 얽혀 들어 개인의 행위가 끼치는 영향을 따로 떼어 측정하기가 더더욱 어렵기 때문이다.

다소 모험적이거나 위험 부담이 큰 행위라고 해서 무조건 외면해서도 안 된다. 성공했을 경우 파급력이 어마어마하기 때문이다. 따라서 실패 위험은 높지만 성공했을 때의 효과가 큰 행위와 그럭저럭 효과가 보장된 행위를 비교할 방법이 필요하다.

경제학 및 결정이론에서 제안하는 표준 방법은 행위의 '기대가치 expected value'를 비교해 보는 것이다. 단순한 예로 내가 당신에게 내기를 제안했다고 치자. 동전을 던져 앞면이 나오면 내가 당신에게 2달러를 주고 뒷면이 나오면 당신이 내게 1달러를 주는 내기다. 당신은 내기에 응해야 할까? 기대가치에 따르면 당연히 그래야 한다.

이 내기에서 예상되는 금전적 가치를 계산하려면 가능한 경우의 수를 모두 따져 봐야 한다. 이를 위해 각각의 결과에 따른 금전적 손익을 계산한 값에 그 결과가 나올 확률을 곱해 보자. 동전 던지기에서 가능한 결과는 앞면과 뒷면이 나올 두 가지 경우고 각 결과가 나올 확률은 50퍼센트다. 따라서 이 내기의 금전적 기대가치를 구하는 식은 $(0.5 \times 2달러) + (0.5 \times -1달러) = 0.5달러$다. 내기를 거절했을 때의 금전적 기대가치는 0이다. 내기를 하는 편이 기대가치가 높기 때문에 내기에 응하는 게 유리하다.

각 경우의 가치와 확률을 알고 있다면 기대가치를 극대화하는 것이 최선의 전략이다. 경제학자, 통계학자, 포커 선수, 위험관리 전문가를 비롯해 불확실한 결과를 예측해야 하는 많은 사람들이 이 전략을 쓴다. 동전 던지기 내기를 거듭한다고 가정하면 왜 그런지 이유를 알 수 있다. 동전을 던지는 횟수가 늘어나면 당신이 돈을 딸 확률이 높아져 평균적으로 내기 1회당 50센트를 벌게 된다.

그런데 자신을 위해 무언가를 구입하는 경우라면 금전적 기대가치 외에도 고려할 게 있다. 가령 1000달러짜리 복권을 사면 100분의 1 확률로 10만 1달러의 당첨금을 받는다고 가정해 보자. 금전적 기대가치는 긍정적이지만 대다수는 현금 1000달러를 쓰지 않는 편을 택할 것이다. 돈을 쓸 때 수확체감의 법칙이 작용한다는 점을 감안하면 이는 합리적인 선택이다. 당신이 여느 사람과 다를 바 없다면 10만 1달러의 복권 당첨금을 받는 경우 처음 1000달러를 쓸 때의 효용이 마지막 남은 1000달러를 쓸 때보다 클 것이다. 그런데 남을 도울 때는 다르다. 가령 당신이 말라리아퇴치재단에 1000달러를 기부하면 재단에서는 모기장 200개를 구입해 필요한 사람들에게 나눠 준다. 10만 달러를 기부하면 2만 개의 모기장을 구입해 나눠 준다. 말라리아를 비롯한 사회 문제들은 워낙 규모가 크기 때문에 추가된 가치의 효용 감소 현상이 매우 더디게 나타난다. 재단이 (현 예산보다 몇 배 많은 금액인) 5000만 달러는 모금해야 추가 자원의 효용 감소 현상이 '얼마간' 나타나 예전만큼 빠른 속도로 예산을 집행하지 못하게 될 것이다. 만약 수십억 달러를 투입해 모든 사람들이 모기장을 구비하게 되면 모기장에 그 이상의 돈을 쓰는 건 효율적이지 않다. 앞서 봤듯 암 치료보다 말라리아 치료에 지원하는 게 더 효과적인 이유도 말라리아 치료에 투입되는 자금이 암 치료에 비해 훨씬 적기 때문이다. 하지만 '그저' 수백만 달러 단위로만 생각하다 보면 이타적인 목적에 쓰이는 돈의 가치는 변하지 않는다고 오해하기 쉽다.

기대가치 개념은 다양한 행위로 인한 사망 위험성을 평가할 때도 유용하다. 가령 흡연, 오토바이 타기, 스쿠버다이빙, 엑스터시(마약) 복용, 땅콩버터 섭취로 인한 사망 위험도를 평가한다고 치자. 언급된 예들은 전부 사망 확률을 높이는 행위다. 그렇다면 각 행위의 위험도는 어느 정도일까? 공중보건 전문가들은 위험성 평가에 '마이크로모트micromort' 단위를 쓴다. 1마이크로모트는 사망 확률이 100만분의 1이라는 뜻으로, 당신이 20세라면 기대수명이 30분 단축되고 50세라면 15분 단축되는 것과 같다. 각 행위를 마이크로모트로 환산해 비교하면 상대적 위험도를 평가할 수 있다. 보고된 사망 사례를 기준으로 비교할 때 엑스터시 1회(2알) 복용은 1마이크로모트인 반면[3] 스쿠

버다이빙은 5마이크로모트,[4] 스카이다이빙은 9마이크로모트다.[5] 우주왕복선 탑승은 1만7000마이크로모트(사망 확률 1.7퍼센트)로,[6] 에베레스트 산에서 고도가 베이스캠프보다 높은 곳을 등반하는 경우인 1만 3000마이크로모트(사망 확률 1.3퍼센트)보다 더 위험하다.[7]

장기적으로 수명을 단축시킬 수 있는 행위의 위험성도 마이크로모트로 표시할 수 있다.[8] 가령 땅콩버터를 40큰술 섭취하는 경우 간암 유발물질인 아플라톡신이 체내에 흡수될 위험이 있으므로 1마이크로모트다. 담배 1개비를 피우는 행위는 폐암으로 사망할 가능성을 높이므로 0.7마이크로모트다. 담배 1개비당 수명은 5분 줄어드니 담배 한 개비를 태우는 데 소요되는 시간과 단축되는 수명은 비슷한 셈이다.

교통수단의 위험성도 1시간 탑승에 따른 수명 손실로 평가할 수 있다. 우리는 여행을 떠날 때마다 치명적 사고의 위험을 다소 감수하는 셈인데, 사고를 당할 확률은 교통수단에 따라 크게 달라진다. 이를테면 자동차를 1시간 운전하면서 치명적인 교통사고를 당할 확률은 1000만분의 1(0.1마이크로모트)이다. 20세라면 남은 수명 60년을 1000만분의 1 확률로 잃는 것이므로 1시간 운전에 따른 예상 수명 손실은 3분이다. 예상 수명 손실은 교통수단별로 격차가 크다. 1시간 동안 기차를 탔다면 겨우 20초이지만 오토바이를 타면 3시간 45분이다.[9]

기대가치 개념은 어떤 위험이 감수할 가치가 있는지 결정할 때도 유용하다. 가령 당신이 평소에 오토바이를 즐겨 탄다고 치자. 당신은 안전이 보장된 상태에서 1시간 동안 오토바이를 탈 수 있다. 그런데 이후 3시간 45분 동안 의식을 잃게 된다면 어떻게 하겠는가? 그런 대가를 치를 바에야 타지 않겠다고 말하면서도 여전히 일상적으로 오토바이를 탄다면 당신은 오토바이를 타는 행위에 따른 사망 위험을 과소평가하는 셈이다.

우리는 일어날 확률은 낮지만 가치가 높은 일을 평가하는 데 서툴다. 그래서 기대가치를 더 꼼꼼히 따져볼 필요가 있다. 심리학자들에 따르면 우리는 일어날 확률이 낮은 사건을 두고 확률이 높다고 생각하거나(그래서 복권을 산다) 일어날 확률을 아예 무시해 버린다고 한다.[10]

사고 발생 확률이 희박하다고 평가한 후쿠시마 원전 종합사고관리계획서 작성자들의 판단은 틀리지 않았다. 하지만 혹시 모를 발생 가능성에 대처하는 법에 대해서는 제대로 판단하지 못했다. 그들은 '가능성 매우 낮음'을 '전혀 가능성 없음'과 동일시해 아무 대책도 세우지 않았다. 원전재난이 '발생할 경우' 엄청난 대가를 치를 수 있다는 점을 간과한 게 실책이었다. 후쿠시마 원전사고로 치른 대가는 1000명 이상의 사망자였다. 재난 발생 가능성이 아무리 낮더라도 실질적인 안전관리 대책은 분명히 강구했어야 했다.

후쿠시마 원전 안전관리자들은 일어날 확률은 낮지만 여전히 중대한 문제를 무시하는 과오를 범하고 말았다. 남을 도울 때도 마찬가지다. 성공 가능성과 성공의 가치를 '모두' 따져 봐야 한다. 즉, 성공이 보장돼 있지만 영향력은 미미한 일보다 가능성은 낮지만 성공하기만 하면 보상이 막대한 일을 우선시해야 할 때가 있다는 말이다. '한 사람의 노력으로는 세상을 변화시킬 수 없다'고 흔히 착각하는 이유도 이 때문이다. 투표 행위는 이를 여실히 보여 주는 사례다.

대다수 사람들은 공직자 투표에 반드시 참여해야 한다고 생각한다. 하지만 많은 경제학자들은 결과에 미치는 영향을 따져 보면 투표가 시간 낭비라고 주장한다. 『괴짜경제학Freakonomics』의 저자인 시카고대 경제학 교수 스티븐 레빗Steven Levitt이 블로그에 쓴 다음 글을 보자. 레빗은 이에 앞서 『뉴욕타임스』 기고문에서도 같은 논지의 주장을 펼친 바 있다.

제정신인 사람이라면 자신의 한 표가 선거 결과에 영향을 미칠 수 있을 거라 생각하지 않는다. 수백 년에 걸친 미국 선거 역사상, 예컨대 미국 하원의원 선거에서 단 몇 표차로 결과가 바뀔 만큼 박빙의 접전을 보인 선거는 한 번 정도지 싶다. (…) 투표의 의미는 전혀 다른 데 있다. 그저 재미로, 아내가 좋아하니까, 미국인이라는 자긍심을 느낄 수 있으니까 한 표를 행사하는 것이다. 내가 던진 한 표가 선거 결과를 좌우한다는 자기기만에 빠지지 말자. (…) 그 시간에 다른 일을 하는 게 훨씬 생산적이다.[11]

기대가치를 감안하면 레빗의 결론은 너무 성급하다. 투표해 봤자 결과가 바뀔 가능성은 거의 없으니 안 해도 무방하다고 쉽게 단정지을 순 없다. 그보다는 실제로 영향을 미칠 경우 그 보상이 얼마나 큰지를 따져 보는 게 더 중요하다.

다행히도 이 골치 아픈 작업은 통계학자들이 이미 끝냈다. 미 50개주 및 워싱턴 컬럼비아 특별구District of Columbia의 2012년 선거 결과를 정확히 예측했던 탁월한 정치전문가 네이트 실버Nate Silver도 그중 한 사람이다. 실버는 컬럼비아대 통계학과 교수 앤드루 젤먼Andrew

Gelman, 버클리대 법학과 교수 에런 에들린Aaron Edlin과 함께 2008년 미 대선에서 1표가 결과를 바꿀 확률을 계산했다.[12] 그 결과 1명의 투표자가 결과에 영향을 미칠 가능성은 평균 6000만분의 1이었다. 낮은 확률인 건 분명하다.

다음으로 투표의 이해관계를 살펴보자. 여기에는 얼마간 짐작을 동원하는 수밖에 없다. 우선 다음과 같이 자문해 보자. '내가 지지하는 정당이 집권할 경우 내가 얻는 이득은 무엇일까?' 공화당 지지자라면 세금 감면 혜택을 기대할 수 있다. 민주당 지지자는 정부 출연 공공서비스 확대라는 혜택을 기대할 수 있다. 편의상 지지정당 집권이 당신에게 1000달러의 가치에 상응하는 일이라고 가정해 보자. 가정이긴 하지만 1인당 1000달러가 터무니없는 금액은 아니다.[13] 미 정부의 연간 재정지출 총액은 3조5000억 달러다. 4년이면 14조 달러(1인당 4만 4000달러)다. 정부의 재정지출이 2.5퍼센트 더 효율적으로 쓰인다면 1인당 혜택은 1000달러가 되는 셈이다. 물론 재정지출 이외에 규제 등 다른 요인들도 경제 사정에 영향을 미친다.

레빗을 위시한 경제학자들은 당신의 투표 행위에 따른 기대가치가 0.0016센트(6000만분의 1 × 1000달러)라고 할 것이다. 기대가치가 이 정도로 낮다면 투표는 시간 낭비가 맞다.

하지만 이 논리는 투표의 가치를 '당신에 대한' 가치로만 제한시킨다. 그보다는 더 나은 정당이 집권했을 때 창출되는 '총 혜택'을 고려해야 한다. 더 나은 정당이 집권했을 때 1인당 1000달러 상당의 혜택이 제공된다는 가정을 다시 적용하면 전체 미국인에게 돌아가는 혜택은 1000달러에 미 인구 3억1400만 명을 곱한 금액인 3140억 달러가 된다. 따라서 투표 행위에 따른 평균 기대가치는 성공 가능성(6000만분의 1)에 미국인 전체에 제공되는 혜택(내가 가정한 바로는 3140억 달러)을 곱한 금액인 5200달러다. 이런 의미에서 투표 참여는 자선단체에 수천 달러를 기부하는 것이나 다름없다. 백만장자라면 모를까 투표할 시간에 일을 더 해서 돈을 그만큼 기부하는 것보다 투표에 참가하는 게 시간을 훨씬 더 알차게 활용하는 일이라는 얘기다.

단, 이 결론에는 몇 가지 주의할 점이 있다. 첫째, 미국인이 1인당 얻는 혜택의 총합은 순전히 가설에 근거한 수치다. 액면 그대로 받아들이면 안 된다. 어느 정당이 더 나은지 판단하기 어려운 경우라면 이 수치가 지나치게 부풀려진 것으로 봐야 한다. 이 경우 당신의 투표가 갖는 기대가치는 나쁜 정당에 투표할 가능성을 감안해 낮아진다. 어느 정당이 더 나은지 전혀 판단할 수 없는 경우라면 투표에 대한 기대가치는 0이 된다. 그렇다 해도 상관없다. 이때는 지지정당이 집권하는 경우에 얻는 혜택을 스스로 평가해 계산한다는 점이 중요하다. 여타 정당이 아닌 바로 그 특정 정당을 택했을 때 기대가치가 아주 낮은(1인당 혜택이 20달러에 못 미칠 때) 경우에만 투표가 합리적인 이타적 행위가 아니라는 결론이 가능하다.

선거 결과를 좌우할 가능성이 선거구별로 다르다는 점에는 더 유의해야 한다. 콜로라도, 뉴햄프셔, 버지니아 등 특정 정당에 대한 압도적인 지지를 보이지 않는 경합주swing state인 경우엔 가능성이 1000만분의 1이다. 투표의 가치가 그만큼 높아진다는 뜻이다. 앞서 가정한 숫자인 1인당 1000달러 혜택을 적용하면 이들 주에서 더 나은 정당에 투표했을 때 얻는 혜택은 1인당 3만 달러다. 반대로 지지정당이 확고한 주에서는 1표가 영향력을 행사할 확률이 훨씬 낮다. 매사추세츠 주의 경우 유권자의 1표가 결과에 영향을 미칠 확률은 10억분의 1에 불과하다. 더 나은 정당에 투표했을 때의 혜택에 내 추정치를 그대로 적용하면 기대가치는 300달러다. 그래도 이 정도면 투표할 만한 가치가 있다. 하지만 컬럼비아 특별구에서는 1표가 결과에 영향을 미칠 확률이 1000억분의 1 미만이라 기대가치는 겨우 3달러다.

이처럼 기대가치를 고려하면 더 나은 정당에 투표하는 행위가 (기대) 영향력이 큰 이타적 행위임을 알 수 있다. 다른 분야에도 동일한 추론 방식을 적용할 수 있다. 가령 우리는 다양한 현안에 대해 다음과 같이 생각하는 경향이 있다.

- '많은' 사람들이 이렇게 행동하면 변화가 일어날 것이다.
- 하지만 '한 사람'의 힘으로는 변화를 일으킬 수 없다.

이 두 관점이 결합되면 기대가치를 계산할 때 흔히 오류를 범한다. 공정무역 커피 구매나 채식 등 윤리적 소비를 예로 들어 보자. 어떤 사람이 공장식 축산 농장에서 사육되는 동물의 고통을 덜어 주려는 생각에 닭가슴살 대신 채소를 구입한다. 그렇다고 상황이 달라질까? 당신은 아니라고 할 것이다. 1명이 오늘부터 닭가슴살을 구입하지 않는다 해도 지구상 모든 사람들이 변함없이 닭고기를 구입한다면 식용으로 도살되는 닭의 수에 영향을 끼칠 수 있을까? 슈퍼마켓에서 닭고기 반입량을 결정할 때 닭가슴살 1인분 매출이 감소한 사실에 신경이나 쓸까? 하지만 수천 명, 수백만 명이 닭가슴살을 사지 않으면 수요가 감소하므로 식용으로 사육되는 닭도 줄어들 것이다. 이때 우리는 역설에 직면한다. 개인은 변화를 일으킬 수 없지만 수백만 명의 개인은 변화를 일으킬 수 있다는 역설 말이다. 그런데 수백만 명의 행동은 수많은 개인들의 행동이 한데 모인 총합이 아닌가. 이 역설을 어떻게 이해해야 할까?

해답은 기대가치에 있다. 당신이 닭가슴살을 사지 않더라도 별로 달라지는 건 없다. 슈퍼마켓은 앞으로도 변함없이 같은 양을 주문할 테니 말이다. 그런데 당신이 영향을 끼치는 경우도 있다. 닭고기 판매량을 점검하던 슈퍼마켓 관리자가 딱 1인분의 차이를 알아채고 반입량을 줄이기로 결정할 때도 있기 때문이다(이를테면 '이번 달에 닭가슴살 판매량이 5000개 미만이면 반입량을 줄인다'는 방침을 세웠을지도 모른다). 반입량 축소가 결정되면 (슈퍼마켓 입장에서 소량 거래는 불가능하니) 대량으로 줄일 수밖에 없다. 소비자 1명의 닭가슴살 구입 중단이 반입량에 영향을 끼치는 경우는 1000번에 1번 정도에 불과하겠지만 바로 그 단 한 번이 중요하다. 관리자가 닭가슴살 반입량을 1000개 정도 줄일 것이기 때문이다.

이는 단순히 이론에 그치는 얘기가 아니다. 소비자 1명이 육류제품 소비를 줄임으로써 공급량에 평균적으로 미치는 영향은 이미 경제학자들이 답을 내놓았다.[14] 당신이 달걀 1개를 사지 않으면 달걀 총생산량이 최대 0.91개까지 감소한다. 우유 1갤런을 구입하지 않으면 우유 총생산량이 최대 0.56갤런 줄어든다. 다른 제품도 마찬가지다. 당신이 소고기 1파운드를 구입하지 않으면 소고기 생산량은 최대 0.68파운드 줄고, 돼지고기 1파운드를 구입하지 않으면 생산량이 최대 0.74파운드 감소한다. 닭고기의 감소폭은 0.76파운드다.

정치 집회 참가의 기대가치를 평가할 때도 같은 논리를 적용할 수 있다. 가령 다수가 원하는 정책이 있는데 관련 집회에 아무도 참여하지 않을 경우 해당 정책이 폐기되고, 100만 명이 참가해야 통과된다고 치자. 당신이 이 집회에 나가면 결과가 달라질까? 당신은 수천 명 중 1명에 불과하므로 영향력은 보잘것없다. 그런데 기대가치라는 측면에서 보면 상황이 달라진다. 당신이 결정적인 영향을 끼칠 당사자가 될 확률은 아주 낮지만 당사자가 되기만 하면 어마어마한 영향력을 행사할 수 있다. 이는 단순한 이론적 모델이 아니다. 일례로 하버드대학과 스톡홀름대학의 정치학 교수들은 강경 보수주의 단체인 티파티Tea Party가 2009년 4월 15일 '세금의 날'에 개최한 집회를 분석한 적이 있다.[15] 그들은 선거구별 날씨를 자연실험(natural experiment, 환경을 의도적으로 통제하거나 실험자가 인위적으로 개입하지 않았는데도 의도된 실험 환경이 자연스럽게 조성된 경우—편집자 주)에 이용했다. 집회 당일 날씨가 궂으면 참가자 수가 적을 것이란 점에 착안한 것이다. 참가자의 증가폭이 집회의 영향력을 변화시키는지 확인해 본 결과 참가자 수가 많은 집회가 정책에 상당한 영향을 끼친 데다 집회 규모가 클수록 해당 선거구의 하원의원들이 더 보수적으로 투표한 것으로 나타났다.

기대가치 개념은 구체적이면서 측정 가능한 선행과, 위험 부담은 있지만 잠재적 보상이 큰 선행을 비교할 때 가장 유용하다. 다양한 진로를 두고 비교하는 경우가 대표적이다. 가령 세계기생충구제지원 등의 자선단체에 기부하려고 돈벌이를 하는 건 확실한 선행 방법인 반면 정계 진출은 혜택을 가늠하기 어려운 선행 방법이다. 이 둘은 어떻게 비교하면 될까?

"성공할 거라고 생각하진 않아요." 로라 브라운Laura Brown은 커피 잔을 내려놓으면서 말했다.[16] 나는 영국에서 가장 역사가 깊은 커피하우스인 그랜드카페에서 로라를 만나 그녀의 진로에 관해 이야기를 나누고 있었다. 옥스퍼드대학에서 철학·정치·경제학(philosophy, politics, and economics, 이하 PPE)을 전공하고 있는 2학년생 로라는 마침 PPE 출신이 국회의원이 될 가능성을 다룬 신문기사를 읽은 참이었다. 기사를 흥미롭게 읽은 그녀는 출처를 뒤지다가 '8만 시간'에서 내놓은 자료에 나온 계산법을 유심히 살폈다.[17] 그 자료의 조언대로라면 그녀는 정계로 투신해야 할 터였다. 로라는 "제가 정치인이 돼 출세가도를 달릴 일은 없을 것 같아요. 하지만 그렇게 될 수 있다면야 좋은 일을 많이 할 수 있으니 모험에 뛰어들어도 나쁘진 않겠다 싶었죠"라고 말했다.

로라는 정계로 진출할지 돈벌이가 괜찮은 직업을 택해 기부금을 늘릴지 망설이고 있었다. 뭐가 됐든 더 큰 영향을 끼칠 수 있는 직업을 택하고 싶었다. 이 두 가지 길을 비교하는 건 불가능하다고 생각할지도 모르겠다. 어려운 일인 건 분명하다. 하지만 기대가치를 따져 보면 합리적인 답을 얻을 수 있다. '8만 시간'에서는 다음과 같은 계산법에 따라 정계 진출과 기부를 위한 돈벌이의 영향력을 대략 추산해 보았다.

첫째, 성공 가능성을 따져 봤다. 영국에서 국회의원이 될 가능성을 가장 단순하게 추정하는 방법은 현재 영국에 거주하는 사람 중 훗날 국회의원이 될 사람 수(우리는 3100명으로 추정했다. 그중 5명이 총리가 된다)를 영국 인구(6400만 명)로 나누는 것이다. 그러면 하원의원이 될 확률은

2만분의 1, 총리가 될 확률은 1200만분의 1이다. 그런데 대다수는 정계에 입문할 생각이 없고 정치인 대부분은 특정 배경을 가진 이들이다. 옥스퍼드대 졸업자가 유난히 많고 특히 PPE 출신이 많다. 데이비드 캐머런David Cameron 전 총리, 에드 밀리밴드Ed Miliband 전 노동당 당수도 옥스퍼드 PPE 출신이다. 하원의원 650명 중에서는 100명 이상이 옥스퍼드대 졸업생이고(옥스퍼드 졸업생은 한 해 3000명이다), 그중 35명이 PPE 전공자들이다(PPE 전공 졸업생은 200명이다). 내각을 구성하는 장관(집행권을 행사하는 행정부 구성원들)은 32퍼센트가 옥스퍼드 PPE 출신이다. 한편 1945년 이후 영국 총리 13명 가운데 9명이 옥스퍼드 졸업생, 그중 3명이 PPE 전공자다.

이 수치를 보면 영국의 정치적 이동성과 균등 대표제에 의구심이 들 정도다. 하지만 이타적인 뜻을 품은 옥스퍼드 PPE 출신에게는 절호의 기회가 아닐 수 없다. 로라가 바로 그런 사람이다. 우리는 지금껏 옥스퍼드 PPE 출신이 정계로 진출한 비율을 따져 하원의원이 될 확률은 30분의 1, 총리가 될 확률은 3000분의 1이라고 계산했는데, 로라의 배경으로 보아 그녀가 하원의원이 될 가능성은 상당히 높았다. 그렇다 해도 실패할 확률이 훨씬 더 높기 때문에 정계 진출은 여전히 위험 부담이 큰 진로다.

로라가 정계 진출을 택할 경우 예상되는 기대가치를 추산하려면 하원의원으로 선출되었을 때 얼마나 큰 영향력을 행사할 수 있는지를 따져 봐야 한다.

이 영향력을 추산하는 건 매우 까다롭기 때문에 여기서는 '하한 추론법lower-bound reasoning'을 써 보자. 로라가 정치권에 미칠 영향을 정확히 추정하기는 불가능하므로 과소추정값(하한값)을 추정해 보자는 것이다. 그렇게 하면 영향력이 정확히 얼마라고 말할 수는 없어도 '최소한의' 하한선은 충족할 것이라 예상할 수 있다. 이렇게 추정한 하한선을 기준으로 했을 때도 정계 진출 시 예상되는 영향력이 기부를 위한 돈벌이보다 크다면 정치인이 됐을 때 기대할 수 있는 영향력은 기부를 위한 돈벌이보다 확실히 높다고 볼 수 있다.

추정치를 보수적으로 잡기 위해 우선 로라가 하원의원(또는 장관이나 총리)으로 선출됐을 경우에만 영향력을 발휘할 수 있다고 가정한다. 하원의원이 아닌 의원 특별자문관이나 싱크탱크 연구원 등 정계에서 다른 업무를 맡는 경우는 논외로 한다. 둘째, 하원의원의 영향력 행사 범위를 정부지출액으로 한정한다. 입법을 통한 영향력 행사, 정치적 지위에 따른 대중적 영향력 등은 포함되지 않는다. 이 두 가지 모두 현실과 동떨어진 가정이긴 하지만 그렇게 해야 기대영향력을 최소한으로 낮춰 잡을 수 있다.

요컨대 로라가 하원의원으로서 정부지출액에 미칠 영향력만 추산해 본다. 이를 위해서는 PPE 출신 하원의원이 연간 어느 정도의 영향력을 행사하고, 옥스퍼드 PPE 졸업자 중 몇 명이 정계로 진출하는지를 알아야 한다.[18] 물론 이 수치도 보수적으로 잡아야 한다.

먼저, 하원의원의 연간 영향력부터 살펴보자. 영국 정부의 2014~2015 회계연도 총 재정지출은 7320억 파운드다.[19] 법적으로는 하원의원과 장관 들이 정부 정책과 지출을 결정하지만 실질적인 예산 배분은 그 밖의 정치 행위자들, 국제기구, 유권자의 여론에도 영향을 받는다. 수치를 낮춰 잡기 위해 이 세 요인이 하원의원과 장관 들의 영향력을 각각 절반씩 감소시킨다고 가정한다.[20] 그러면 하원의원과 장관 들은 정부지출의 8분의 1에 대해 영향력을 행사한다고 볼 수 있다. 그런데 이들이 정한 예산을 실제로 집행하는 주체는 공무원이다. 이 사실도 하원의원과 장관 들이 효과적으로 영향력을 행사할 수 있는 가능성을 제약한다. 이 때문에 영향력이 절반으로 더 줄어든다고 가정해야 한다. 그러면 장관들과 하원의원 전원이 매년 정부지출의 16분의 1, 곧 450억 파운드에 대해 영향력을 행사한다는 최종 추정치를 내놓을 수 있다.

이제 이중 PPE 출신이 행사하는 영향력의 비율을 추정해 보자. 현재 하원의원의 5퍼센트, 내각 장관의 32퍼센트가 옥스퍼드 PPE 졸업생이다. 여기서는 내각에 포함되지 않은 628명의 하원의원 전원과 입각한 하원의원(총리 포함) 22명이 동일한 영향력을 갖는다고 가정한다. 따라서 두 집단은 하원의원 전체의 영향력인 약 450억 파운드에 대해 각각 50퍼센트씩 영향을 미친다(이 또한 보수적인 추정이다. PPE 출신은 하원의원보다 내각 및 총리 구성에 있어 비중이 높고, 내각 및 총리는 나머지 하원의원 전체보다 영향력이 크다). 따라서 옥스퍼드 PPE 출신은 연간 (0.05 × 225억 파운드) + (0.32 × 225억 파운드) = 약 80억 파운드의 영향력을 행사한다고 추정할 수 있다. 옥스퍼드 PPE 졸업생은 한 해 200명이다. 이중 정치에 입문하는 비율은 4분의 1 정도다. 따라서 이들 각각이 지닌 영향력은 1/50 × 80억 파운드 = 1억6000만 파운드다. 이들은 이를테면 국방비 및 해외 개발원조 지출 할당액을 조정하거나 건강보험 지출액의 효율성을 높이는 방안 등에 대해 영향력을 행사할 수 있다.

로라가 영향력을 행사할 수 있는 최종 금액은 이 정도로 추산된다.

그런데 그 영향력의 가치는 과연 얼마나 될까? 그녀의 영향력은 이 돈의 쓰임새에 제한된다. 가장 효율적인 사업에 직접 쓸 수 있는 현금 1억6000만 파운드가 수중에 있는 경우와는 다르다. 또 로라가 1억 6000만 파운드의 용처를 직접 결정하는 경우와 로라가 아닌 다른 누군가가 하원의원이 되어 용처를 결정하는 경우 효과가 어떻게 달라질지도 비교해야 한다. 마찬가지로 보수적인 입장을 취해 로라가 영향을 미칠 수 있는 금액을 가장 효율적인 단체에 직접 기부하는 경우의 20분의 1(5퍼센트)이라고 치자. 그러면 로라가 정치인이 됨으로써 미칠 기대영향력은 가장 효과적인 자선단체에 연 800만 파운드를 기부할 때와 동일하다.

이 수치를 얻기까지 우리는 단계별로 거듭 보수적인 가정을 세웠다. 로라가 하원의원이나 내각 각료가 되지 못한다면 정계에서 일해도 영향력이 0이라고 설정했고, 하원의원이 됐을 때의 영향력도 입법을 통한 영향력은 제외하고 정부지출에 미치는 영향으로만 한정했다. 따라서 최종 추정치인 800만 파운드는 로라의 기대영향력을 과소평가한 것이 분명하다. 그런데도 기부를 위한 돈벌이를 택했을 때보다 그 금액이 훨씬 크다. 결과적으로 로라의 경우 아무리 보수적으로 추정해 봐도 기부를 위한 돈벌이보다 정계 진출의 기대영향력이 한층 높다는 걸 알 수 있다. 로라는 영향력을 최대한 발휘할 수 있는 진로를 택하고 싶었기에 일정 부분 이 추정치의 영향을 받아 정계에 뛰어들기로 결정했다.[21]

기부를 위한 돈벌이가 언제고 가장 큰 영향을 끼칠 수 있는 방법은 아니라는 점이 옥스퍼드 PPE 출신에게만 해당하는 건 아니다. 성공 가능성은 낮지만 성공할 경우 기부를 위한 돈벌이만큼이나 보상이 큰 연구활동 및 창업 등 다양한 진로가 있다. 이에 대해서는 9장에서 다시 살펴보도록 하자.

기대가치는 다양한 진로의 영향력을 가늠할 때뿐 아니라 정치적 변화를 꾀할 때도 유용하다. 큰 효과를 거두는 자선단체에 기부하는 건 비교적 구체적이고 신뢰할 만하며 효과 측정이 가능한 방식이다. 하지만 정치체제 변화의 잠재적 혜택은 기부보다 훨씬 크다. 실질적인 효과를 거둘 수 있는 분야를 골라 정치 캠페인에 참여하거나 자금을 지원하면 잠재적으로 훨씬 큰 선을 행할 수 있다. 해당 활동의 기대가치를 정확한 수치로 추정해 볼 필요도 없다. 공신력 있는 자료를 참고해 어림잡아 보기만 해도 기대가치가 얼마나 높은지 알 수 있기 때문이다. 막대한 보상이 따른다면 모험은 얼마든지 해 볼 만하다.

따라서 어떤 행위의 잠재력을 평가할 때 '그런 일은 절대 일어날 리가 없다'는 이유로 묵살해서는 안 된다. 지금은 상식이 된 대다수의 윤리적 관념들도 과거에는 매우 급진적인 것으로 간주되었다. 여성, 흑인, 비이성애자nonheterosexual도 동등한 권리를 누려야 한다는 생각은 불과 얼마 전까지만 해도 터무니없는 주장으로 여겨졌다. 벤저민 프랭클린Benjamin Franklin은 1790년 미 의회에 노예제 종식을 청원하면서 철벽 같은 반대에 부딪쳤다. 의회는 이틀간 논쟁을 벌였고 노예제 옹호론자들은 "노예 소유주에게는 누가 보상해 줄 것인가?", "인종이 뒤섞이면 미국의 가치와 특성은 어떻게 될 것인가?"라며 반대 목소리를 높였다. 그럼에도 결국 노예제는 완전히 폐지되었다. 오늘날의 관점에서 보면 그 같은 반대론은 용납하기 어렵다. 여성, 흑인,

LGBT(성소수자)의 평등권을 쟁취하기 위해 힘쓴 운동가들은 승리가 눈앞에 보였기 때문이 아니라 목표를 이뤘을 때의 보상이 매우 컸기 때문에 활동을 전개해 나간 것이다.

기대가치는 기후변화와 관련해서도 세 가지 측면에서 중요한 개념이다. 첫째, 기대가치는 기후변화에 대응하는 문제를 놓고 인위적 기후변화 여부를 논쟁하는 것은 부적절하다는 점을 보여 준다. 한쪽에서는 인위적 기후변화가 진행되고 있다는 데 이미 과학계의 합의가 이루어졌다고 주장하고 반대 진영은 섣불리 결론을 내릴 수 없다고 주장하며 맞서는 상황이지만, 인위적 기후변화가 진행 중이라는 데 과학자들의 의견이 거의 일치한다는 건 분명하다. 각국의 기상학자 수천 명으로 구성된, 유엔 산하 '기후변화에 관한 정부 간 패널Intergovernmental Panel on Climate Change, IPCC'은 "20세기 중반부터 관측된 온난화 현상은 인간의 영향이 주요인일 가능성이 지극히 높다"고 밝혔다.[22] 여기서 말하는 '지극히 높음'은 95퍼센트 이상의 개연성을 뜻한다. 지구 온난화에 관한 논문 4000건을 분석한 자료에 따르면 "97.1퍼센트가 지구온난화의 원인이 인간이라는 의견에 손을 들어 주고 있다."[23]

그런데 이 논쟁이 쉽게 납득되지 않는 이유가 한 가지 더 있다. 설령 인위적인 기후변화가 진행 중이라는 점이 증명된 바 없다고 하더라도 현재 기후변화가 '진행 중일지도 모른다'는 사실 자체만으로 대응에 나서야 할 이유는 충분하기 때문이다. 가령 집에 설치된 일산화탄소 탐지기가 5번 울리면 그중 4번은 오작동이라고 치자. 하루는

TV를 보고 있는데 경보가 울린다. 당신은 어떻게 반응할까? '또 잘 못 울린 거 아냐? 그냥 내버려 둬야지'라고 생각하고 대수롭지 않게 넘긴다면 큰 낭패를 당할지도 모른다. 오작동이라 하더라도 예방 차 원에서 보일러를 *끄고* 창문을 열어 두는 편이 안전하다. 잠깐 TV 프 로그램에서 눈을 떼고 하룻저녁 싸늘한 저녁 기운을 다소 감수하면 될 일이다. 일산화탄소가 새고 있는데 아무 조치도 취하지 않는다면 목숨을 잃을 수도 있다. 그러니 일단 보일러를 *끄는* 게 현명하다. 죽 을 확률이 5분의 1인 경우가 잠깐 추위에 떨 확률이 5분의 4인 경우 보다 훨씬 심각하다는 건 분명하다.

기후변화로 인해 우리가 처한 곤경도 다르지 않다. 기후변화가 진 행 중인데 아무 조치도 취하지 않으면 수백만 명이 목숨을 잃는 데다[24] 경제 손실도 수조 달러에 달할 것이다.[25] 기후변화가 일어나지 않는데 굳이 조치를 취했을 경우의 비용은 이보다 훨씬 적다.[26] 기껏해야 저 탄소기술 개발에 약간의 자원을 낭비하고[27] 경제 성장이 다소 둔화되 는 정도다.[28] 하지만 반대 경우엔 말 그대로 세상이 끝장난다.

둘째, 기대가치는 개인도 정부와 마찬가지로 기후변화 완화를 위 해 노력해야 할 이유를 보여 준다. 한 사람이 평생 배출하는 온실가 스로 기온이 상승하는 폭은 약 20억분의 1도에 불과하다.[29] 무시해도 될 만큼 미미한 수준이니 개인의 온실가스 배출은 신경 쓰지 않아도 되는 걸까?

그렇게 생각하는 건 기대가치를 고려하지 않았기 때문이다. 지구의 기온이 20억분의 1도 상승하는 정도야 아마 그 누구에게도 별다른 영향을 미치지 않을 것이다. 하지만 막상 그만큼의 온도 상승이 영향을 미치게 되는 경우에는 엄청난 사태가 벌어진다. 기온이 20억분의 1도 상승하지 않았다면 일어날 리 없을 홍수나 폭염을 불러올 수도 있다.[30] 그런 일이 발생한다면 기온이 20억분의 1도 상승함으로써 '예상되는' 피해는 막대한 셈이다.[31] 수백만 명이 온실가스를 배출할 경우에 초래될 부정적인 영향은 어마어마한데, 이는 사실상 온실가스를 배출하는 수백만 명의 개체가 모인 결과다.

끝으로, 기대가치는 기후변화의 심각성 및 대응 방안을 평가하고 결정할 때도 중요하다. 나는 기후변화가 경제에 미치는 영향을 조사하면서 경제학자들이 기후변화를 그다지 심각하게 평가하지 않는다는 사실을 알고 놀란 적이 있다. 다수의 경제학자들은 기후변화로 인한 비용이 세계 GDP의 1~2퍼센트에 불과할 것이라고 추정한다.[32] 비율은 미미해도 수조 달러의 손실이다. 하지만 최근 둔화된 세계경제 성장률을 감안하면 그리 대단한 규모는 아니다. 지난 10년간 1인당 세계 GDP 증가율은 연 2퍼센트였다.[33] 따라서 2퍼센트의 세계 GDP 손실은 1년간의 성장 정체와 맞먹는다. 기후변화로 인한 피해가 경제 시계를 1년 거꾸로 돌리는 정도면 그리 나쁠 건 없다. 2013년의 경제 상황이 2014년에 비해 현저히 나빴다고 볼 수는 없으니 말이다.

개인 차원에서도 마찬가지다. 메탄, 아산화질소 등 이산화탄소 이외의 온실가스가 포함된 개인의 탄소발자국(인간활동이나 제품생산 과정 중 직·간접적으로 배출되는 온실가스 배출량을 이산화탄소$CO_2$로 환산한 총량—편집자 주)을 측정할 때 보통 '이산화탄소 상당량Carbon dioxide equivalent, $CO_2eq$' 단위를 쓴다. 가령 메탄 1톤은 이산화탄소 21톤에 해당하는 온실효과를 초래하므로 메탄 1톤은 21톤$CO_2eq$다.[34] 일반적으로 1톤$CO_2eq$은 약 32달러의 사회적 비용을 유발하는 것으로 추산한다.[35] 현재 투입되는 비용과 미래에 발생할 비용을 종합해 계산하면 이산화탄소 1톤(또는 여타 온실가스 1톤$CO_2eq$)을 배출할 경우 전 세계 사람들이 총 32달러의 부담을 지게 된다. 미국인 1명은 연간 평균 온실가스 21톤$CO_2eq$을 배출한다.[36] 따라서 온실가스 배출에 따른 사회적 비용은 미국인 1인당 연간 약 670달러다. 상당한 비용이긴 해도 세상이 끝장날 정도는 아니다. 미국 이외 국가의 온실가스 배출 비용은 이보다 훨씬 적다. 가령 영국인은 한 해에 1인당 9톤$CO_2eq$의 온실가스를 배출하므로 그에 따른 연간 사회적 비용은 275달러다.[37]

하지만 이러한 일반적인 경제적 분석법은 기대가치를 제대로 반영하지 못한다. 가장 발생 확률이 높은 시나리오, 곧 기온이 2~4도 상승했을 경우에 미치는 영향만 검토하기 때문이다. 이 추측이 빗나가면 어떤 결과가 빚어질지에 대해서는 고려하지 않는다. 기후변화 문제는 수많은 요인들이 복잡하게 얽혀 있어 예측이 어렵고, 따라서 '2~4도 상승'이라는 예상 시나리오가 적중할 거라고 확신하기는 힘들다. 기온 상승폭을 예측할 때 2~4도보다 훨씬 더 크게 상승하는 상황, 즉 가능성은 낮아도 발생할 경우 큰 위험을 초래할 수도 있다는 점을 고려해야 한다. '기후변화에 관한 정부 간 패널'은 기온이 6도 이상 상승할 가능성을 5퍼센트 이상으로 보고 있으며, 10도 이상 상승해 '재앙적catastrophic' 기후변화가 발생할 위험도 배제하지 않는다.[38] 그런 일이 벌어질 거라는 얘기가 아니다. 사실 일어날 가능성은 거의 없다. 그렇지만 가능성이 아예 없는 건 아니며 그런 일이 벌어진다면 문명이 붕괴될 만큼 참담한 결과가 빚어질 것이다.[39] 얼마나 심각한 일이 벌어질지 정확히 예측하긴 힘들어도 재앙에 가까운 사태가 예상된다면 기후변화를 완화하려는 노력들을 더 면밀히 평가해야 한다. 극단적인 상황이 발생할 경우 이산화탄소 배출에 따른 사회적 비용은 1톤당 32달러보다 훨씬 높아질 것이고 이는 경제학자들의 예상치보다 경제적 부담이 더 커진다는 뜻이므로 온실가스 배출을 줄이기 위한 노력도 한층 강도 높게 전개되어야 한다.

앞서 국제원조 프로그램 기여분이 대부분 최고의 원조 프로그램들에서 비롯된다는 점을 살펴봤다. 재난 피해 규모도 대부분 최악의 재난 사례들에서 비롯되는 경우가 많다(이는 재난 사상자 수가 두꺼운 꼬리 분포를 보인다는 뜻이다.[40] 나심 탈레브Nassim Taleb는 드문 사건이 아주 큰 영향을 끼치는 이 현상을 '블랙 스완Black Swans(검은 백조)'이라고 일컬었다[41]). 가령 전쟁으로 인한 사망자 대부분은 최악의 전쟁에서 숨을 거두었다.[42] 예컨대 지난 200년에 걸쳐 발발한 400차례의 전쟁으로 희생된 사망자 중 약 30퍼센트가 2차 세계대전에서 목숨을 잃었다. 이는 전쟁으로 인한 사망자를 줄이려면 거대 규모의 전쟁을 막는 데, 또는 전쟁의 범위를 줄이는 데 전력을 기울여야 한다는 점을 시사한다. 지진, 홍수, 전염병도 마찬가지다.

최악의 결과가 빚어질 위험이 간과되고 있다면 이러한 결과를 방지하는 데 힘을 보태는 것은 특히나 효율적인 이타적 행위다. 이는 스콜글로벌위협펀드Skoll Global Threats Fund가 주력하는 분야이기도 하다.[43] 이 단체는 기후변화, 세계적 유행병, 핵무기 확산으로 인한 전 지구적 재난 발생 확률을 낮추는 데 초점을 두고 있다. 자신단체 평가기관인 기브웰도 이 같은 활동에 전달되는 기부금이 얼마나 큰 성과를 거두는지 파악하기 위해 최근 조사에 나섰다.[44]

앞에서는 효율적 이타주의가 해충구제나 말라리아 방지용 모기장 배포 등 상대적으로 정량화가 쉬운 사업들에 한정된다는 인상을 받았을지도 모르겠다. 기대가치 개념이 실상은 그렇지 않다는 걸 보여준다. 정치 변혁, 재난 방지 등 '정량화'가 불가능해 보이는 영역에서도 증거를 바탕으로 해당 사업들의 영향을 엄밀하게 평가할 수 있다. 성공 가능성과 성공했을 때의 영향을 따져보면 된다. 물론 쉬운 작업은 아니다. 하지만 쉽게 단념하고 되는대로 기부하거나 아예 기부하지 않는 편을 택하는 것보다는 더 나은 결정을 내릴 수 있다.

지금까지는 효율적 이타주의의 핵심 질문인 '얼마나 많은 사람들에게, 얼마나 큰 혜택이 돌아가는가?', '이것이 가장 효율적인 방법인가?', '방치되고 있는 분야는 없는가?', '그렇게 하지 않았다면 어떻게 됐을까?', '성공 가능성은 어느 정도이고 성공했을 때의 효과는 어느 정도인가?'에 대해 상세히 살펴봤다. 이제 2부로 넘어가 이 질문들을 실생활에 적용해 효율적으로 이타주의를 실천하는 방법에 대해 알아보자.

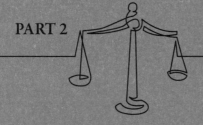

PART 2

착한 일을 할 때도 성과를 따지는

# 냉정한 이타주의자

효율적 이타주의의 실천적 해법

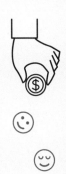

# Chapter 7

# CEO 연봉과 기부금

## 가장 효율적으로 남을 돕는 곳은 어디일까?

실제로 단체가 하는 일은 예상과 딴판인 경우가 허다하다. 선진국의 의료 자선단체 상당수가 마케팅과 웹사이트를 통해 연구 활동을 강조하면서도 실상 연구비로는 극히 일부만 할당하고 여타 사업에 나머지 기부금을 쏟아 붓는다. 가령 아이스버킷 릴레이로 유명한 ALS협회는 사업비의 41퍼센트를 대중 및 전문가 교육에, 24퍼센트를 환자 및 공동체 지원에 투입하고 연구비로는 35퍼센트만 집행한다. 연구비 비중이 낮다고 해서 이들 단체에 기부하지 말라거나 해당 단체가 기만적인 마케팅 전략을 쓴다는 건 아니다. 하지만 당신의 기부금이 연구비가 아니라 기타 여러 사업에 분산된다는 걸 알면 이들 단체를 다르게 평가할지도 모른다.

내가 당신에게 100달러를 주면서 다음 세 단체 중 한 곳에 기부하라고 한다면 어디를 선택하겠는가? 참고로 세 단체 모두 아프리카 개발도상국들이 당면한 문제를 해결하려 노력하는 곳이다.

첫 번째 후보는 북스포아프리카Books For Africa, BFA다. 아프리카 교육 향상을 목표로 책나눔 사업을 벌이는 이곳은 기부받은 책을 아프리카 각국으로 보내 현지 비영리단체들을 통해 배부한다. 1988년에 설립된 이후 2800만 권이 넘는 책을 49개국에 배포했다. BFA의 웹사이트에는 아프리카의 교육 문제 및 그들의 해법이 소개돼 있다.

대다수 아프리카 학생들은 개인 소유의 책이 한 권도 없습니다. 학생 10~20명이 교과서 한 권을 함께 보며 공부하는 곳도 많습니다. (…) BFA가 책나눔 활동을 펼치면서 큰 성과를 거두고 있긴 하지만 아프리카에는 책이 여전히 귀합니다. 책을 볼 수 있는 곳도 턱없이 부족한 상황입니다. 텅 빈 도서관 서가는 아프리카에 교재가 절실하다는 점을 단적으로 보여 줍니다. 아프리카 학생들이 자립할 수 있도록, 남을 돕는 데 필요한 기술을 익힐 수 있도록 한 권의 교재를 갖게 될 그 날을 위해 BFA는 앞으로도 변함없이 수백만 권의 도서를 보낼 것입니다.[1]

코피 아난Kofi Annan 전 유엔 사무총장은 "BFA는 단순한 발상에서 출발했지만 변혁을 일으킬 수 있는 잠재력이 풍부하다. 우리 아프리카인들에게 문해력이란 불행에서 희망으로 건너가게 해 주는 가교이기 때문이다"라고 평하며 BFA의 사업을 공개적으로 지지하고 나서기도 했다.[2]

두 번째 후보는 디벨로프먼트미디어인터내셔널Development Media International, DMI이다. 5세 미만 아프리카 아동의 사망률을 낮추는 데 주력하는 이 단체는 유아 건강을 위한 모유 수유, 설사병 예방 손 씻기 운동, 말라리아 살충 모기장 사용 등을 다룬 건강교육 프로그램을 제작해 라디오 및 TV 방송으로 내보낸다. 1분짜리 라디오 광고를 만들어 하루 수차례 방영하거나 교육적 메시지를 담은 드라마를 자체 제작하기도 한다. DMI 웹사이트에는 이렇게 소개돼 있다.

매년 전 세계 5세 미만 아동 630만 명이 목숨을 잃습니다. 2013년 사하라 이남 아프리카 아동 11명 중 1명이 5세 생일을 맞기도 전에 목숨을 잃었습니다. 자녀가 치명적인 질병을 앓고 있어도 알아채지 못하는 부모가 많고 알아도 어떻게 대처해야 할지 모릅니다. 보건의료 서비스가 부족해서가 아니라 무지 탓에 죽음에 이르게 하는 경우가 허다합니다. 설사병이라는 걸 알고 어머니가 경구 수분보충 요법만 써도 아이가 무사히 5세를 넘길 수 있습니다.[3]

현재 DMI는 부르키나파소에서 사업을 펼치고 있으며 앞으로 콩고민주공화국, 모잠비크, 카메룬, 아이보리코스트에서도 유사한 활동을 전개할 계획이다.

세 번째 후보는 기브디렉틀리GiveDirectly로, 이 단체의 사업은 단순하다. 기부금을 케냐와 우간다의 극빈층에 전달하는 게 전부고 수혜자들이 그 돈을 어디에 쓰든 개입하지 않는다. 휴대폰을 임시 은행계좌로 이용하는 엠페사M-Pesa 시스템으로 해외 은행계좌에서 돈을 인출해 가난한 사람들에게 이체한다. 기브디렉틀리는 위성사진에서 초가지붕 집(철판지붕이 아닌 초가지붕은 빈곤을 나타내는 표지다)을 찾아내 해당 가구에 접촉한다. 이 가정이 프로그램에 동의하면 1000달러를 일시불로 이체하는데, 이는 해당 가정의 연간 총수입을 조금 웃도는 금액이다. 기브디렉틀리는 이렇게 설명한다.

수혜자들은 이체 금액을 가장 시급한 일에 씁니다. 우리는 용처를 정해 주지 않습니다. 빈곤퇴치혁신기구Innovations for Poverty Action가 케냐에서 시행한 사업을 평가한 바에 따르면 수혜자들은 입금액을 폭넓은 용도로 써서 일반적으로 더 큰 수익을 창출한 것으로 나타났습니다. 식품 구입부터 주택이나 가축 등의 유형자산 구입, 자녀 교육비에 이르기까지 용처는 매우 다양합니다.[4]

이 세 단체 중 어느 곳이 당신이 기부한 100달러를 가장 효율적으로 사용할까? 이 장에서는 그 답을 얻는 데 도움이 될 사고틀을 제시한다.

자선단체를 평가하는 일반적인 방법 중 하나는 지출내역을 살펴보는 것이다. 단체의 운영비는 얼마인지, CEO 연봉은 얼마인지, 주요 사업비로 직접 투입되는 기부금 비율은 얼마인지 각각의 비중을 따져 보는 것이다. 채러티네비게이터도 이 방법을 활용한다. 자선단체 평가기관 중 가장 역사가 길고 널리 알려진 채러티네비게이터는 15년간 이 접근법을 고수하고 있다. 단체에 따르면 "기부에 정통한 사람이라면 재무건정성이야말로 사업의 성과를 단적으로 보여 주는 지표임을 잘 알고 있다. 대다수 사업 분야에서 가장 효율적인 자선단체들은 예산의 75퍼센트 이상을 사업비로 쓰고 모금 경비나 운영비 비중은 25퍼센트도 채 안된다."[5]

채러티네비게이터의 기준에 따라 세 단체의 지출내역부터 살펴보자.

BFA의 간접비는 총지출(2013년 기준 2400만 달러)의 0.8퍼센트밖에 안된다. CEO 연봉은 11만6204달러로 총지출의 0.47퍼센트에 불과하다. 채러티네비게이터는 이 같은 비율과 단체의 전반적인 재정투명성을 감안해 BFA에 7년 연속으로 최고점인 별 4개를 주었다. 이 글을 쓰는 현재 BFA는 채러티네비게이터로부터 100점 만점에 99.93점이라는 높은 점수를 얻어 최상위 자선단체 10위 중 3위에 올라 있다.

기브디렉틀리는 채러티네비게이터의 평가 대상은 아니지만 동일한 기준을 적용할 경우 높은 점수가 예상된다. 기브디렉틀리가 받는 기부금 1달러당 87센트(우간다의 경우)~90센트(케냐의 경우)가 극빈층에 전달된다. 나머지는 회원모집, 사후관리, 이체에 드는 비용에 충당한다. 게다가 기브디렉틀리는 모금활동 비용 1달러당 100달러의 기부금을 모금해 자선단체 평균치인 4달러를 크게 웃도는 성과를 냈다. 총지출 220만 달러 중 운영비로 12만4000달러를 편성해 간접비 비율은 6퍼센트다. 운영비 중 대부분이 고정비용이어서 이체 금액이 늘어나면 간접비 비중은 더 줄어들 것으로 보인다.

반면 DMI는 총 예산에서 간접비가 차지하는 비중이 44퍼센트나 된다.[6] 재무 정보도 웹사이트에 공개돼 있지 않다. DMI는 영국에 근거지를 두고 있어 미국 자선단체만 평가하는 채러티네비게이터의 평가 대상은 아니다. 하지만 채러티네비게이터의 기준에 따르면 DMI가 다른 두 단체에 비해 효율 면에서 뒤지는 건 분명하다.

재무건전성을 기준으로 자선단체를 비교해야 한다는 발상이 큰 반향을 일으켜 채러티네비게이터는 큰 성공을 거뒀다. 2012년 이 단체의 웹사이트 누적 방문자 수는 620만 명에 달했고, 약 100억 달러의 기부금 향방에 영향을 끼쳤다.[7] 자선단체의 효율성을 가늠하는 표준이 된 채러티네비게이터의 기준은 직관적으로 봐도 꽤 설득력이 있다. 힘들게 벌어 기부한 돈이 실제로 좋은 뜻을 이루는 데 쓰이길 바라지 헛돈으로 낭비되길 바라는 사람은 없으니 말이다. 따라서 이 기준에 따라 기부할 단체를 선택한다면 BFA가 1위, 기브디렉틀리는 2위, DMI는 3위가 된다.

그런데 1부에서 설명했듯 재무건전성만으로 자선단체의 효율성을 평가하는 건 잘못된 방식이다.[8]

동일한 논리를 개인지출에 적용해 보면 단번에 알 수 있다. 예를 들어 당신이 맥Mac을 살지 PC를 살지 고민 중이라고 하자. 당신은 어떤 요소를 고려할까? 아마 디자인과 편리함, 하드웨어 및 소프트웨어의 가격을 비교해 볼 것이다. 애플과 마이크로소프트의 운영비는 얼마인지, CEO 연봉이 얼마인지는 따져 보지 않을 것이다. 왜 그럴까? 소비자 입장에서는 돈을 지불하고 구입할 상품만 눈에 들어오기 때문이다. 상품 제조사의 세세한 재무 정보는 아무래도 상관없다. 애플이 거액의 연봉을 지급해 유능한 관리자들을 경영진으로 영입한다면 애플 제품의 우수성을 보여주는 증거라며 오히려 이를 좋게 볼지도 모를 일이다.

자신을 위한 상품을 살 때도 기업의 재무건전성에 신경 쓰지 않으면서 다른 사람을 위한 상품을 살 때는 왜 그래야 할까? 다소 어이없는 예를 들어 보자. 내가 배고픈 경찰들에게 도넛을 나눠 주는 자선단체를 설립했다고 하자. 사명감에 불탄 나머지 사업 경비 중 0.1퍼센트만 간접비로 쓰고 나머지 비용은 나눠 줄 도넛을 사는 데 쓴다. 게다가 단체의 CEO인 나는 보수를 전혀 받지 않는다. 나는 훌륭한 단체를 설립한 걸까? 앞서 봤듯 가장 중요한 건 해당 자선단체가 가져올 '영향'이다. 당신의 기부금 100달러로 무엇을 하는지, 그 결과 사람들의 삶이 얼마나 나아졌는지를 살펴봐야 한다.

이제 이 세 단체에 기부했을 때 기대되는 구체적인 성과를 비교해 보자. BFA는 기부금 50센트당 책 1권을 보낸다. 기브디렉틀리는 기부금 1달러당 90센트를 전달한다. DMI는 대중매체를 통한 보건교육 캠페인에 한 국가당 150만 달러를 지출한다. 그런데 수치의 단위가 달라 정확한 파악이 어렵다. 150만 달러를 기준으로 교과서 300만 권 기증하기, 극빈층에 135만 달러 기부하기, 보건 관련 대중교육 실시하기 중 어떤 활동이 가장 효과적인지를 따져 보자. 이 질문에 답하려면 각 사업이 수혜자의 삶에 어떤 영향을 미치는지 평가해야 한다.

먼저 이 단체들의 사업 효과를 입증하는 명백한 증거가 있는지 살펴보자. 교재 배포는 겉보기엔 효과가 있는 것 같지만 의외로 증거가 미미하며 오히려 반대되는 증거들이 속속 드러나고 있다. 발전경제학자들이 교재 배포의 실효성을 검증한 결과(앞서 나온 크레머와 글레너스터의 사례) 교사 양성교육이 부재한 상황에서 교재만 제공한 경우 대체로 학생들의 성적은 눈에 띄게 향상되지 않았으며 일부 뛰어난 학생들에 한해서만 효과가 있었던 것으로 밝혀졌다.[9]

이렇게 보면 BFA에 기부하는 게 망설여진다. 운영비 비중이 낮다는 점에서는 '효율적으로' 보일지 모르지만 이보다 더 중요한 건 사업의 실질적인 효과다. BFA도 전 세계 극빈층에 초점을 맞추고 있다는 점, 효과가 예상되는 사업을 진행한다는 점에서는 유망하다. 하지만 객관적 증거 측면에서는 다른 두 단체에 뒤진다. BFA가 세 후보 중 가장 효율적이지 않은 자선단체라고 보는 이유다.

단체의 효율성을 평가하려면 재무건전성 외에도 다른 기준이 필요하다. 지난 8년간 기부금으로 수혜자의 삶을 가장 크게 개선시킨 자선단체를 평가해 온 기브웰의 기준을 바탕으로 정리한 아래 5가지 요소를 참고하면 효율적인 기부처를 가려낼 수 있다.

1 이 단체는 어떤 일을 하는가? 다양한 사업을 진행하고 있는가? 정확히 어떤 사업들인가? 한 가지 이상의 사업을 진행하고 있다면 그 배경은 무엇인가?

2 사업의 비용효율성이 높은가? 이 단체는 가장 중요한 명분에만 집중하고 있는가? 해당 사업의 비용효율성이 높다는 객관적인 증거가 있는가?

3 사업의 실효성이 객관적으로 검증되었는가? 이 단체가 시행한 사업의 성과를 입증하는 증거가 있는가? 사업의 실효성을 입증한 연구가 있는가? 사업 성과를 엄밀하게 감시하고 평가하는가?

4 사업이 제대로 실행되고 있는가? 타 분야에서 탁월한 역량을 발휘한 인물이 단체를 이끌고 있는가? 투명성이 높은가? 이 단체는 지난 과오를 인정하는가? 이 단체 말고 기부할 만한 곳이 있는가? 이 단체가 다른 단체보다 낫다고 생각하는 타당한 이유가 있는가?

5 이 단체는 추가 자금이 필요한가? 그렇다면 추가 기금은 어디에 쓰일 것인가? 추가 모금이 필요 없을 정도로 기부금을 충분히 마련하지 못한 이유는 무엇인가?

위 질문에 답하다 보면 맹점을 안고 있는 기준을 적용할 때보다 각 단체의 영향력을 더 정확히 비교할 수 있다. 이제 각 질문을 하나씩 검토하면서 남은 두 후보인 기브디렉틀리와 DMI를 비교해 보자.

## 이 단체는 어떤 일을 하는가?

답이 뻔한 질문 같지만 실제로 단체가 하는 일은 예상과 딴판인 경우가 허다하다. 나만 해도 선진국의 의료 자선단체 상당수가 마케팅과 웹사이트를 통해 연구 활동을 강조하면서도 실상 연구비로는 극히 일부만 할당하고 여타 사업에 나머지 기부금을 쏟아 붓는다는 사실을 알고 놀란 적이 있다. 가령 미국암학회American Cancer Society는 사업비의 43퍼센트를 환자 지원에, 21퍼센트를 예방에, 14퍼센트를 검진 및 치료에 사용하고 연구비로는 22퍼센트만 투입하고 있다.[10] 아이스버킷 릴레이로 유명한 ALS협회Amyotrophic Lateral Sclerosis Association(미국루게릭병협회)는 사업비의 41퍼센트를 대중 및 전문가 교육에, 24퍼센트를 환자 및 공동체 지원에 투입하고 연구비로는 35퍼센트만 집행한다.[11] 연구비 비중이 낮다고 해서 이들 단체에 기부하지 말라거나 해당 단체가 기만적인 마케팅 전략을 쓴다는 건 아니다. 하지만 당신의 기부금이 연구비가 아니라 기타 여러 사업에 분산된다는 걸 알면 이들 단체를 다르게 평가할지도 모른다.

기브디렉틀리와 DMI가 전개하는 사업에 대해서는 앞서 살펴봤으니 이제 이들 단체가 진행하는 사업의 성과를 알아볼 차례다.

## 사업의 비용효율성이 높은가?

제한된 돈으로 단체가 거둔 성과를 추정하려면 '효율성'이 아닌 '비용효율성'에 초점을 맞춰야 한다. A단체와 B단체 모두 구충제 보급

사업을 '효율적으로' 전개할 수는 있지만 B단체가 A단체의 절반 비용으로 동일한 성과를 낸다면 B단체에 기부할 때 2배의 효과를 거둔 셈이 된다.

비용효율성을 평가하는 첫 단계는 1인당 사업비를 알아보는 것이다. 가령 말라리아 살충 모기장 1개를 보급하는 데는 약 6달러가 든다. 평균적으로 모기장 1개당 어린이 2명을 2년간 보호할 수 있으므로 어린이 1명을 보호하는 데는 연간 1.5달러가 든다. 기브디렉틀리가 극빈자 1명에게 0.9달러를 전달하는 데는 1달러가 든다. DMI가 교육 캠페인에 지출하는 돈은 청취자 1명당 0.4~0.8달러다.[12] 그런데 단순히 비용이 아니라 수혜자에 끼친 영향도 비교해야 한다. 비용만 봐서는 기브디렉틀리와 DMI 중 어느 쪽이 더 효율적인지 알 수 없다. 성과를 가늠하려면 사람들의 삶에 실제로 어떤 영향을 미치는지 알아야 한다.

기브디렉틀리에 대해서는 '현금을 받은 사람들은 그 돈을 어디에 쓰는가?'[13]를 물어야 할 것이다. 교육비로 쓴다면 바람직하겠지만 마약이나 술에 쓴다면 우려할 만한 일이다. 조사 결과 수혜자들 대부분이 가축 등 자산을 매입하거나 초가지붕을 철지붕으로 교체하는 데 돈을 쓴 것으로 나타났다. 대개 받은 돈의 39퍼센트를 자산 매입에 썼다. 이런 매입 활동의 수익률은 상당히 높은 것으로 보이는데, 최소 수년에 걸쳐 연간 14퍼센트에 이를 것으로 추정된다.

현금 지급은 이외에도 눈에 보이지 않는 효과를 가져다준다. 수혜자들의 주관적 안녕감이 크게 높아졌는가 하면 온종일 굶는 날은 현저히 줄었고 여성들의 권한 강화 지수도 전보다 크게 높아졌다. 다만 건강 및 교육 면에서는 뚜렷한 성과가 나타나지 않았다.

이처럼 기브디렉틀리 사업의 추정 비용효율성은 매우 높다. 그런데 DMI의 비용효율성은 그보다 월등하다.

선진국 사람들은 알게 모르게 건강에 관한 지식이 풍부하다. 예컨 대 손 씻기가 중요하다는 건 누구나 알고 있는 상식이다. 비누를 써 야 된다는 것도 알고 있고 손이 깨끗하게 보여도 실제로는 깨끗하지 않다는 것도 안다. 이에 비해 가난한 나라 사람들은 손 씻기 교육을 제대로 받지 못한 데다 비누를 귀중품으로 여겨 손 씻는 데 쓰길 꺼 린다. 그러다 보니 심각한 결과가 빚어진다. 설사로 인한 탈수 증상 으로 사망하는 어린이가 매년 76만 명에 이르는 것이다.[14] 비누로 손 씻기 생활화 등을 통해 위생이 조금만 개선돼도 사망률을 크게 낮출 수 있다.[15]

DMI가 내보내는 광고는 촌스럽기 그지없지만[16](모유 수유로 예방 가능 한 질병들을 의인화해 아기가 질병과 대화를 나누는 광고도 있다) 출산 직후 모유 수 유가 중요한 이유나 모기장 사용법 등 필수 정보를 전달한다. 광고 비용은 노출자 1명당 몇 페니에 불과한 아주 적은 금액이다.

QALY를 기준으로 DMI의 성과를 평가하는 방법도 있다(1QALY는 완벽한 건강 상태로 지내는 1년이다). 대중매체 교육모델 및 여러 연구에 따르 면 DMI가 1QALY를 제공하는 데는 약 10달러가 든다고 한다. 3장 에서 살충 모기장을 보급할 경우 100달러로 1QALY를 제공할 수 있 으며(한 사람의 생명을 구하는 데 3400달러가 드는 셈이다) 이는 매우 놀라운 수치 라고 언급했는데, 10달러당 1QALY라는 추정치가 옳다면 고작 340 달러로 1명의 목숨을 구하는 셈이다.

QALY와는 달리 DMI가 제공하는 또 다른 혜택인 소득·주관적 안녕감·권한 증가에 대해서는 가치를 매기기 어렵다. 하지만 위 추정 치를 근거로 비교해 본다면 DMI의 손을 들어 줘야 할 듯하다.

앞서 기브디렉틀리가 1000달러를 전달하면 5인 가구의 연소득을 약 2배 증가시키는 효과가 있다고 했다. 이 가구 소득이 투자 수익금 덕에 이후 10년간 유지된다고 매우 낙관적으로 가정해 보자. DMI에 1000달러를 기부해 3명의 목숨을 구할 것인가, 기브디렉틀리에 1000 달러를 기부해 5인 가족의 연소득을 10년간 2배로 늘려 줄 것인가? 3 명의 목숨을 구하는 편이 더 큰 혜택을 준다는 건 분명하다.

비용효율성을 기준으로 보면 DMI가 앞서는 듯하다. 하지만 두 단체를 낱낱이 비교하려면 나머지 질문에도 답할 수 있어야 한다.

## 사업의 실효성이 객관적으로 검증되었는가?

비용효율성이 매우 높다고 주장하지만 이를 증명할 증거가 빈약한 단체와 비용효율성은 그보다 떨어져도 그 증거가 명백한 단체가 있다면 후자를 선택해야 한다. 증거가 미흡한 경우 추정치가 낙관적일 공산이 커 실제 비용효율성은 그보다 떨어질 수 있기 때문이다.

자선단체 웹사이트나 홍보물에 나온 내용은 부풀려진 게 많다. 때로는 완전히 허위일 때도 있다. 낫싱벗네츠Nothing But Nets의 웹사이트에는 "10달러짜리 모기장 하나가 삶과 죽음을 가를 수 있다"는 설명이 등장한다.[17] 일견 틀린 말은 아니다. 모기장이 사람의 생명을 구하는 건 사실이니 말이다. 하지만 모기장의 보호를 받는 모든 아이들이 모기장이 없다고 해서 죄다 말라리아로 죽게 될 것이라고 확신할 수는 없다. 따라서 모기장 배포에 10달러를 쓴다고 곧 한 사람의 생명을 구하는 건 아니다. 이 단체의 설명을 꼼꼼히 읽지 않으면 10달러의 기부금으로 한 사람의 생명을 살린다고 생각하기 쉽다. 가난한 나라에 사는 사람의 생명을 구하거나 삶의 질을 향상시키는 비용이 비싸진 않지만 그 정도로 저렴하진 않다(상식적으로 생각해 보자. 전 세계 최극빈층의 생계유지비는 하루 60센트다. 10달러짜리 모기장이 생명을 구한다면 아무리 가난하더라도 몇 주 허리띠를 졸라매 돈을 모으거나 일단은 돈을 빌려서라도 모기장을 구입할 것이다).

학문적 연구를 통해 사업효율성이 검증되면 더 신뢰할 수 있다. 메타분석 연구(기존 연구 결과들을 통합 또는 비교하는 연구)가 있으면 더 좋다. 하지만 이때도 주의해야 한다. 실제 시행되는 사업과 메타분석의 대상이 된 사업이 미세하게 다를 수 있기 때문이다. 단체에서 자체적으로 독립감사를 실시했거나 제3자에 의한 무작위 대조시험이 시행된 경우가 가장 믿을 만하다.

확실한 증거가 필요한 이유는 간단하다. 실효를 거두지 못하는 사업이 그만큼 많기 때문이다. 게다가 성과를 거둔 사업과 그러지 못한 사업을 구분하기도 쉽지 않다. 교도소 체험사업도 참여 직전과 직후의 범죄율만 살펴봤다면 큰 성과를 거둔 사업이라고 넘겨짚었을 것이다. 무작위 대조시험을 시행한 뒤에야 상관관계가 곧 인과관계는 아니라는 점, 즉 교도소 체험이 이롭기는커녕 해롭다는 점이 밝혀졌다.

빈약한 증거가 본질을 호도할 가능성이 크다는 사실을 여실히 보여 주는 사례가 바로 마이크로크레디트microcredit 다(빈민에게 소액을 융자해 자활을 돕는 제도로, 창안자는 무함마드 유누스Muhammad Yunus이며 시행기관으로는 그라민Grammeen 은행이 잘 알려져 있다). 마이크로크레디트는 일견 비용효율성이 매우 높아 보인다. 융자금으로 창업해 빈곤에서 탈출했다는 사람들의 일화도 부지기수다. 하지만 본격적인 연구가 이뤄지면서 실상이 뒤늦게 드러났다. 마이크로크레디트 사업은 수혜자들의 소득·소비·건강·교육 등에 거의 영향을 끼치지 않았거나 아예 효과가 없는 것으로 나타났다.[18] 융자금을 창업이 아닌 식품 구입, 의료 처치 등에 더 많이 쓴 것으로 드러난 데다 대출이자도 대체로 매우 높은 편이었다.[19] 일시적인 소득 증가가 오히려 장기적인 재정안정성을 해칠 수 있다는 우려도 제기됐다. 식품 구입이나 의료 서비스에 쓸 요량으로 돈을 빌린 사람들이 상환 능력이 없어 결국 빚더미에 앉기 때문이다. 최근 연구에 따르면 대체로 소액대출이 빈민의 삶에 미미하나마 긍정적인 영향을 끼치는 건 사실이지만 언론 등을 통해 보도된 일화들과는 달리 만병통치약은 아니라는 게 밝혀졌다.[20]

이제 이를 유념하면서 기브디렉틀리와 DMI를 비교해 보자. 효과를 입증하는 증거 면에서는 기브디렉틀리가 분명 앞선다. 현금전달은 개발사업 가운데 가장 널리 연구된 분야로, 세계 각국에서 빈민의 생활을 개선시켰다는 증거가 뚜렷하다.[21] 현금전달 사업의 효율성은 상식적으로도 납득이 간다. 가장 시급한 문제가 무엇인지는 수혜자들이 가장 잘 알 테니 추가로 얻은 자원을 급선무를 해결하는 데 요긴하게 쓸 수 있기 때문이다. 개발사업을 연구하는 독립 싱크탱크인 빈곤퇴치혁신기구에서 기브디렉틀리의 사업을 대상으로 무작위 대조시험을 시행했다는 점도 높은 점수를 줄 수 있는 이유다. 요컨대 현금전달 사

업 자체의 효율성뿐 아니라 기브디렉틀리에서 시행하는 현금전달 사업의 효율성도 확신할 수 있다.[22]

현금전달 사업은 단순한 데다 성과를 뒷받침하는 증거도 탄탄하기 때문에 기부의 '인덱스펀드Index fund'라 할 수 있다. 인덱스펀드는 투자금이 주식시장 수익률과 동일한 비율로 증가하거나 감소하므로 수수료를 최대한 아끼면서 주식에 투자하는 방법이다. 한편 공격적인 뮤추얼펀드는 운용 수수료가 매우 높기 때문에 펀드 수익률이 시장 수익률을 크게 웃돌아 추가 수익이 추가 관리수수료보다 높을 때만 투자할 가치가 있다. 마찬가지로 단순히 현금을 직접 전달하는 사업이 아닌 다른 사업에 기부하는 게 낫다는 주장이 설득력이 있으려면 사업 시행에 드는 비용보다 시행 결과 창출되는 혜택이 더 크다는 증거가 있어야 한다. 우리가 나서서 가난한 이들을 도와주는 것이 이들이 스스로 자활을 모색하도록 놔두는 것보다 낫다는 증거가 명백할 때만 그래야 한다는 말이다.

대중매체를 통한 교육이 그렇다. 이 사업이 현금 전달보다 효과적인 이유는 방송으로 내보내는 보건교육은 개인이 구입할 수 있는 재화가 아니며, 구입할 수 있다 해도 사람들이 교육의 가치를 실감하기 어렵기 때문이다. 자본주의 시장은 대중매체 보건교육을 제공하지 않기 때문에 정부나 비영리단체의 자금과 실행 의지가 더욱 필요한 일이다.

하지만 대중매체 교육이 현금 전달보다 비용효율성이 높다는 증거가 있다고 해서 실제 효과까지 증명되는 건 아니다. 대중매체 교육의 효과를 뒷받침하는 증거는 현금전달 사업의 효과를 뒷받침하는 증거보다 빈약하다.

대중매체 캠페인의 효율성에 대한 연구는 크게 세 가지 유형으로 나뉘는데, 세 유형 모두 대중매체 캠페인이 약 10달러당 1QALY의 성과를 거둔다고 추정하고 있다. 첫 번째는 대중매체 건강교육 사업에 대한 연구로, 현금전달 사업에 대한 연구보다 질적인 측면이나 적절성 측면에서 뒤처진다. 두 번째는 DMI가 사업 시행에 앞서 자체 개발한 수학적 모델이다. 이 모델은 DMI의 가정을 바탕으로 만들어낸 것이라 가정 자체가 낙관적일 수 있다.[23] 끝으로 DMI가 시행 사업에 대해 실시한 자체 무작위 대조시험이 있다. DMI는 지역 라디오 방송을 통해 사업을 시행하고 있는 7개 지역과 기타 7개 지역의 건강지표를 추출해 사망률 및 유병률有病率을 비교했다. 최종 보고를 앞둔 중간 결과가 매우 긍정적이긴 하지만 조사 대상자들의 응답에 기초한 결과여서 사망률처럼 정확한 지표라고 보긴 어렵다.

'1QALY당 10달러'라는 DMI의 추정치를 뒷받침하는 증거가 기브디렉틀리의 추정 비용효율성을 뒷받침하는 증거에 비해 빈약하다는 점에서 기브디렉틀리가 DMI보다 우위에 있다. 기브디렉틀리의 사업에 대한 증거가 더 명백하므로 이들이 제시한 추정치가 정확하다는 데 더 믿음이 가는 반면, DMI가 내놓은 '1QALY당 10달러'라는 수치는 다소 낙관적일 가능성이 있다.


## 사업이 제대로 시행되고 있는가?

해당 단체가 비용효율성이 매우 높은 사업을 선택했고 높은 비용효율성을 뒷받침하는 명백한 증거가 있다 하더라도 사업 실행 단계에서 문제가 생길 여지가 있다. 가령 말라리아 살충 모기장 배포 사업은 제대로 실행될 경우 비용효율성이 매우 높긴 하지만 정작 수혜자가 모기장이 별로 쓸모가 없다고 생각하거나 효과를 믿지 않으면 엉뚱한 용도로 사용할 수 있다. 케냐 정부가 주도한 조사에 따르면 물고기를 잡거나 말리는 데 모기장을 사용한 경우도 많았다.[24] 그래서 말라리아퇴치재단에서는 수혜자를 대상으로 올바른 사용법과 효과에 대한 교육을 실시하고 추후 현장을 방문해 사후관리가 제대로 이루어지고 있는지 사진을 찍어 확인한다.

하지만 사업 시행 중에 드러난 문제점을 파악하는 경우보다 사업자체가 효율적인지 파악할 수 없는 경우가 더 많다. 대다수 단체가 운영사업에 대한 정보를 제공하지 않기 때문에 사업의 효율성을 평가하기가 어렵다.

기브디렉틀리와 DMI 모두 사업 시행 측면에서는 우수해 보인다. 기브디렉틀리를 이끄는 인물은 손꼽히는 발전경제학자다. DMI는 라디오 교육 분야에서 폭넓은 경험과 성과를 일군 인재가 이끌고 있으며, 세계 유수의 역학자들과 발전경제학자들로 이루어진 자문단이 포진해 있다. 게다가 두 곳 모두 최고 수준의 투명성을 자랑한다. 기브디렉틀리는 현금이 전달되는 지역의 담당자들에게 뇌물을 상납했다고 밝힌 수혜자들이 몇 명인지 공개할 정도다(이 글을 쓰는 현재 그 비율은 0.4퍼센트다).[25] 단체가 문제를 은폐하지 않고 오히려 적극적으로 규명하고 과오를 바로잡는 모습을 보여 준다는 점에서 이런 자료는 상당히 고무적이다.

# 이 단체는 추가 자금이 필요한가?

비용효율성이 입증된 단체를 가려냈다 하더라도 당신의 기부금으로 효과를 거둘 수 있을지는 재차 따져 봐야 한다. 대다수의 효율적인 사업은 큰 성과를 내고 있는 만큼 사업자금 전액을 조달받는다. 가령 개발도상국에서는 주로 정부가 저렴한 예방접종 사업에 자금을 대고 있다. 기존 의료체계를 통해 결핵, 소아마비, 디프테리아, 파상풍, 백일해, 홍역 백신 등을 공급한다. 세계백신면역연합Global Vaccine Alliance, Gavi에서도 상당액을 지원한다.[26] 이 단체는 2011년부터 2015년까지 총 43억 달러의 기금을 조성해 목표치 37억 달러를 초과 달성했다. 이런 사업을 전 세계적으로 전개할 때 가장 큰 장애물은 자금 부족이 아닌 물류logistical 문제다.

사업이 아닌 단체로 초점을 옮겨도 사정은 마찬가지다. 더 많은 기금이 조성될 여지가 많은 사업이라 하더라도 한 단체가 사업 규모를 급격히 확장하는 건 쉽지 않다. 뜻밖에 거액의 기부금을 받으면 추가 수입을 효율적으로 쓰지 못할 수도 있다. 2013년에 말라리아퇴치재단에서 벌어진 일이 한 가지 사례다. 그 전년도에 기브웰이 이 재단을 1위로 추천한 덕분에 총 1000만 달러의 기부금이 쏟아지자 재단 측에서는 기부금을 신속히 집행하느라 애를 먹었는데, 이는 추가 기부금이 이전 기부금만큼 효율적으로 사용되지 못했을 가능성을 시사한다. 그래서 기브웰은 2013년에 이 재단을 추천하지 않았다(2013년에는 재단의 사업 역량이 회복돼 2014년도에 재추천받았다).

기브디렉틀리와 DMI 둘 다 추가 자금을 허투루 쓰는 일이 없긴 하지만 DMI보다 기브디렉틀리가 자금집행력 면에서는 우위에 있다. 기브디렉틀리는 2015 회계연도에 효율적으로 집행 가능한 예산을 2500만~3000만 달러, 모금액은 1000만 달러로 추정했다.[27] DMI는 효율적으로 사용 가능한 자금을 1000만 달러, 모금액은 200만~400만 달러로 예상했다.[28] 또한 현금전달에 드는 예산은 대중매체 교육에 드는 예산에 비해 집행 가용액이 훨씬 많다. 현금전달에는 최대 수천억 달러까지 집행할 수 있지만, 대중매체 건강교육 사업은 세계 모든 나라에서 전개한다 한들 비용이 그만큼 많이 들지는 않을 것이다.

현재로선 이런 차이점이 문제가 되지는 않는다. 하지만 각 단체의 모금 상황이 어떻게 전개되느냐에 따라 DMI에 기부하지 말아야 할 이유가 더 생길지도 모른다. 예컨대 당신의 기부금과 무관하게 DMI에 필요한 자금이 모두 마련된다면 당신의 전략적 기부는 큰 영향을 미치지 못할 것이다.

이제 앞서 던진 물음에 답해 보자. 100달러의 기부금으로 과연 어떤 단체가 더 큰 성과를 낼까? 짐작했겠지만 선뜻 답을 고르기가 쉽지 않도록 일부러 이 두 단체를 비교했다. 위에서 검토한 여러 조건 가운데 가장 중요한 쟁점은 추정 비용효율성 대 명확한 증거다. 추정 비용효율성은 DMI가 기브디렉틀리보다 높다. 하지만 추정을 뒷받침하는 증거는 기브디렉틀리보다 빈약하다. 공표된 비용효율성 추정치를 얼마나 신뢰할 수 있느냐에 따라 기부처가 결정되며, 이 신뢰도는 해당 사업에 대한 확신에 따라 달라진다. 이는 우리가 기부를 할 때 으레 당면하는 난제다. 효과는 제한적이지만 증거가 확실한 사업과 증거는 약하지만 더 큰 영향을 끼칠 가능성이 있는 사업 중 무엇을 선택해야 할까?

만일 오늘 내가 두 단체 중 하나를 선택해야 한다면 6장에서 설명한 '기대가치'를 근거로 DMI에 100달러를 기부할 것이다. DMI에 기부할 때의 기대가치가 기브디렉틀리에 기부할 때보다 높다고 보기 때문이다. DMI의 실제 비용효율성은 '1QALY당 10달러'보다 크게 낮겠지만 추정치에 가깝기만 해도 DMI가 기브디렉틀리보다 훨씬 비용효율성이 높다. 하지만 추정 비용효율성보다 확실한 증거를 우선시해 기브디렉틀리를 택한다고 해도 잘못된 판단이라고 생각하진 않는다. 단체의 효율성을 평가하는 일은 쉽지 않은 데다 이 두 단체의 사업 모두 극빈층에 큰 혜택을 준다.

지금까지 자선단체 3곳을 살펴보고 이중 비용효율성이 높은 2곳을 가려냈다. 하지만 자선단체가 어디 이뿐일까? 그렇다고 이 책에서 모든 단체를 낱낱이 살펴보기에는 지면이 부족하다. 그래서 기브웰의 자료를 바탕으로 비용효율성이 높은 단체를 소개하고 그 배경을 간략히 설명하려 한다. 하지만 몇 가지 전제 조건을 알아 둘 필요가 있다.

첫째, 월드비전WorldVision, 옥스팜Oxfam, 유니세프UNICEF 등 거대 자선단체들은 제외했다. 이들 단체는 매우 광범위한 사업을 전개하기 때문에 평가하기가 특히 까다롭다. 설령 엄밀한 평가가 가능하다 하더라도 여기에 제시된 단체들보다 효율성이 떨어지리라는 게 내 생각이다. 한 단체가 여러 사업을 진행하면 사업별로 효율성에서 차이가 나게 마련이다. 그럴 때는 성과가 가장 뛰어난 사업을 골라 기부하면 된다. 재해구호 사업은 일반적으로 효율성이 높지 않다고 앞서 지적한 바 있는데, 이들 단체 대다수는 재해구호에 전력을 기울이다시피 한다.

둘째, 제시된 단체의 수가 예상보다 적다는 데 놀랄 것이다. 기부할 만한 단체가 이렇게나 적단 말인가? 당연히 아니다. 하지만 훌륭한 단체들에 빠짐없이 기부할 수는 없는 노릇이다. 3장에서 봤듯 '그럭저럭' 성과를 거둔 단체와 '최고의' 성과를 거둔 단체의 간극은 꽤 크다. 기부할 수 있는 돈이 제한된 만큼 '그만하면 괜찮은' 단체가 아니라 '최고의' 단체를 찾아야 한다.

셋째, 빈국에서 보건사업을 펼치는 단체가 대다수다. 선진국보다 더 쉽게, 더 적은 비용으로 인명을 구할 수 있으므로 빈국에 집중해야 한다는 점은 앞서 설명했다. 그렇다면 교육, 식수 공급, 경제력 강화 등 여타 문제들은 어떻게 해야 할까? 이 역시 변화를 일으킬 수 있는 영역들이지만 두 가지 이유에서 유독 보건 분야가 돋보인다. 첫째, 검증된 성과다. 천연두 근절이 가장 대표적인 사례이긴 하지만 소아마비, 홍역, 설사병, 기니충병(메디나충증) 등 기타 보건 영역에서도 개발원조가 큰 기여를 했다.[29] 반면 원조와 경제 성장의 상관성은 그만큼 뚜렷하진 않다.[30] 둘째, 보건 개입 특성상 증거가 더 확실하다. 가령 미국에서 '알벤다졸'이라는 약이 회충 구제에 효과를 보였다면 케냐나 인도에서도 동일한 효과를 기대할 수 있다. 사람의 몸은 대체로 비슷하기 때문이다. 반면 인도에서 성과를 거둔 교육 사업이 케냐에서도 통할 거라고 장담하기는 어렵다. 문화와 교육 인프라의 간극이 크기 때문이다.

하지만 '국제보건 사업에 집중한다'는 원칙에도 예외는 있다. 예컨대 기브디렉틀리는 경제력 향상을 꾀하는 단체다. 보건사업에 비해 모험적인 성격이 강하다. 이에 관해서는 10장에서 다시 살펴볼 것이다.

이제 기브웰에서 추천한(2015년 1월 기준), 비용효율성이 매우 높은 단체들을 살펴보자. 나는 추정 비용효율성, 실효성 검증, 사업 실행력, 추가 재원 조달의 필요성을 기준으로 점수를 매겼다. 이 점수는 여기에 제시된 단체들을 서로 비교할 경우에만 유효하다. 예컨대 여기에서는 비용효율성이 '그럭저럭 높은' 단체라고 평가했지만 여기에 포함되지 않은 기타 단체들과 비교해 보면 비용효율성이 '최고로 높을' 수도 있기 때문이다. 또 비교 편의를 위해 기브디렉틀리, DMI, 세계기생충구제지원, 말라리아퇴치재단도 포함시켰다.

## 최고의 자선단체

### 기브디렉틀리GiveDirectly[31]

**실행 사업**

케냐와 우간다의 빈곤 가정에 무조건부 현금 이체.

**추정 비용효율성 ●●**

1달러를 기부하면 90센트를 케냐와 우간다의 빈곤 가정에 전달한다. 수혜자들의 투자·소비·교육 지출이 늘며 주관적 안녕감이 증가한다.

## 실효성 검증 ●●●●

현금전달 사업의 효과에 대한 연구가 다수 이루어진 상태다. 기브디렉틀리는 독립적인 평가기관과 공조해 무작위 대조시험을 실시하는 방식으로 자체 평가를 시행하고 있다.

## 사업 실행력 ●●●●

저명한 발전경제학자가 단체를 이끌고 있다. 매우 공개적이고 투명하며 사업을 현실적으로 평가한다.

## 추가 재원 조달의 필요성 ●●●●

기브디렉틀리는 2015 회계연도에 효율적으로 집행 가능한 신규 자금은 2000만~3000만 달러, 예상 기부금은 1000만 달러라고 내다봤다. 앞으로 수년 내에 사업 규모를 확장할 잠재력이 매우 크다.

# 디벨로프먼트미디어인터내셔널 Development Media International, DMI[32]

## 실행 사업

부르키나파소에서 라디오 보건교육 프로그램 제작 및 방송. 콩고민주공화국, 모잠비크, 카메룬, 아이보리코스트로 확대 방송 예정.

## 추정 비용효율성 ●●●●

기존 연구들을 바탕으로 한 DMI의 분석 및 자체 수학모델에 따르면 이 단체의 비용효율성은 대략 1QALY당 10달러다.

### 실효성 검증 ●●

외부 평가기관과 공조하여 자체적으로 실행 사업에 대한 무작위 대
조시험을 진행 중이나 최종 사망률은 집계되지 않은 상태다. 현재 보
유한 자료는 조사 대상자들이 밝힌 주관적 사견이다.

### 사업 실행력 ●●●

로이 헤드Roy Head CEO는 개발도상국에서 라디오 방송 프로그램을
운영하며 폭넓은 경험을 쌓았다. 직원들은 유수의 역학자들과 협업해
사업 효과를 감시한다. 공개적이고 투명하며 사업을 현실적으로 평
가한다.

### 추가 재원 조달의 필요성 ●●●

4개국으로 사업 영역을 확대하면서 2015년 사업비로 1000만 달러를
예상했다. 예상 모금액은 200만~400만 달러다.

## 세계기생충구제지원Deworm the World Initiative, DtWI[33]

### 실행 사업

학교 단위로 해충구제 사업을 실시할 수 있도록 케냐 및 인도 정부에
기술 지원.

### 추정 비용효율성 ●●●●

해충구제 사업을 직접 진행하는 것이 아니라 해당국 정부를 지원하

므로 아동 1명당 연간 해충구제 비용은 약 3센트로 매우 낮다.

## 실효성 검증 ●●

장기 추적조사 1건을 포함한 대규모 무작위 대조시험을 두 차례 실시한 결과 해충구제가 교육 및 경제에 상당히 긍정적인 영향을 미친 것으로 나타났다. 하지만 해당국 정부에 기술 지원을 제공하는 방식이므로 DtWI가 개입하지 않았을 경우 케냐 및 인도 정부가 해충구제 사업을 실행했을지 여부는 판단하기 어렵다.

## 사업 실행력 ●●●

사업 진행에 관한 정보를 매우 투명하게 공개하고 있다.

## 추가 재원 조달의 필요성 ●

이 단체는 2015년과 2016년 사업비로 각각 200만 달러를 예상했다. 최소한 그만한 액수는 모금할 것으로 보인다.

# 주혈흡충증박멸이니셔티브Schistosomiasis Control Initiative, SCI[34]

## 실행 사업

사하라 이남 아프리카 최빈국에서 학교 및 지역 단위로 해충구제 사업을 전개할 수 있도록 정부에 자금을 지원하고 자문 활동, 추적 관찰, 평가 서비스를 제공(주혈흡충증은 기생충 감염의 일종이다. 단체명대로 그간 주혈흡충증 구제에만 주력해 왔으나 현재는 여타 기생충 구제사업으로 영역을 넓히고 있다).

### 추정 비용효율성 ●●●

어린이 1명의 해충구제에 투입하는 연간 비용은 1달러 미만이다.

### 실효성 검증 ●●●

장기 추적조사 1건을 포함한 대규모 무작위 대조시험을 두 차례 실시한 결과 해충구제가 교육 및 경제에 상당히 긍정적인 영향을 미친 것으로 나타났다.

### 사업 실행력 ●●

기브웰은 SCI의 사업운영 투명성과 의사소통 역량에 대해 다소 우려를 표한다.

### 추가 재원 조달의 필요성 ●●

SCI는 2015년에 800만 달러를 추가 모금해 사업비로 집행할 수 있으리라고 내다보고 있다. 2015년 모금액 전망치는 없으나 필요 자금 전액을 마련할 수 있을 것으로 보인다.

## 말라리아퇴치재단Against Malaria Foundation, AMF[35]

### 실행 사업

내구성이 강한 살충 모기장을 구입해 사하라 이남 아프리카의 빈곤 가정에 배포하는 데 필요한 자금 지원.

## 추정 비용효율성 ●●●

어린이 2명을 2년간 보호하는 데 필요한 모기장 1개를 공급하는 비용은 5달러다. 1QALY당 추정 비용은 100달러.

## 실효성 검증 ●●●

모기장 배포 사업의 실효성을 입증하는 무작위 대조시험이 여러 차례 실시되었고 2건의 메타분석 연구도 시행되었다.

## 사업 실행력 ●●●●

투명성이 매우 높고 적극적으로 소통한다.

## 추가 재원 조달의 필요성 ●●●

AMF는 2015년에 사업을 효과적으로 시행하는 데 2000만 달러가 소요될 것이라고 밝혔다.

## 리빙굿즈 Living Goods [36]

## 실행 사업

우간다의 각 가정을 방문해 말라리아·설사병·폐렴 치료제 및 비누·생리대·피임용품·태양광 손전등 등의 보건용품을 저렴하게 판매하고 건강 상담을 제공하는 네트워크 운영.

### 추정 비용효율성 ●●●

자체 실시한 무작위 대조시험에 따르면 3000달러로 1명의 생명을 구할 뿐 아니라 그 밖의 다양한 혜택도 제공한다. 기브웰은 이 단체가 1명의 목숨을 구하는 데 1만1000달러가 드는 것으로 추정한다.

### 실효성 검증 ●●

독립 조사기관이 리빙굿즈가 전개하는 사업을 대상으로 시행한 수준 높은 연구가 1건 있지만 여기에 제시된 여타 단체들처럼 복수의 연구 결과에 따른 근거는 없다.

### 사업 실행력 ●●

정보 제공에 개방적이며 투명한 편이다. 하지만 추적 관찰 및 평가 작업은 제한적으로 이루어지고 있는 실정이다.

### 추가 재원 조달의 필요성 ●●

향후 3년간 리빙굿즈의 연간 예산은 약 1000만 달러다. 연 200만 ~300만 달러가 부족할 것으로 보인다.

## 요오드글로벌네트워크The Iodine Global Network, IGN [37]

### 실행 사업

소금에 요오드를 첨가하는 정부 사업을 지원. 해당 사업의 진행 상황을 관찰하고 국가별 지침을 제공.

## 추정 비용효율성 ●●●●

요오드 결핍은 개발도상국 국민의 신체적 지적 발달을 저해하는 주요인이다. 1인당 단 몇 페니의 적은 비용으로 소금에 요오드를 첨가함으로써 이 문제를 해결할 수 있다. 한 연구에 따르면 이 사업의 경제적 효과는 투입비 1달러당 27달러다.[38]

## 실효성 검증 ●●

요오드 첨가의 실효성은 여러 연구를 통해 검증된 바 있으며 생활도 크게 개선시키는 것으로 나타났다. 하지만 IGN이 자체 진행하는 사업이 아니므로 IGN의 개입을 통해 요오드 첨가 소금을 섭취하는 사람이 더 늘어났는지를 판단하는 게 결정적이다. 이 부분은 아직 명확히 규명되지 않았다.

## 사업 실행력 ●●●

미량영양소 결핍 분야의 일류 전문가들로 이루어져 있으며 정보를 투명하게 공개하고 있다.

## 추가 재원 조달의 필요성 ●

2014년 예산은 50만 달러에 불과했지만 기브웰은 이 단체가 2015년에 100만 달러를 효율적인 사업에 집행할 수 있을 것으로 추정했다. 현재까지 모금액은 40만 달러로 아직 60만 달러가 더 필요하다.

| | 추정 비용효율성 | 실효성 검증 | 사업 실행력 | 추가 재원 조달의 필요성 |
|---|---|---|---|---|
| 기브디렉틀리 | ●● | ●●●● | ●●●● | ●●●● |
| 디벨로프먼트미디어인터내셔널 | ●●●● | ●● | ●●● | ●●● |
| 세계기생충구제지원 | ●●●● | ●● | ●●● | ● |
| 주혈흡충증박멸이니셔티브 | ●●● | ●●● | ●● | ●● |
| 말라리아퇴치재단 | ●●● | ●●● | ●●●● | ●●● |
| 리빙굿즈 | ●●● | ●● | ●● | ●● |
| 요오드글로벌네트워크 | ●●●● | ●● | ●●● | ● |

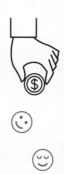

# Chapter 8

# 차라리 노동착취 공장 제품을 사라

## 착한 소비자가 되려면 어떻게 해야 할까?

진보와 보수를 막론하고 경제학자들은 노동착취 공장이 가난한 나라에 득이 된다는 데 의문을 달지 않는다. 노벨경제학상을 수상한 좌파 경제학자 폴 크루그먼은 "경제학자들 사이에서는 이 같은 고용 증대 방식이 전 세계 극빈층에게는 반가운 희소식이라는 게 압도적인 주류 견해"라고 말했다. 절대빈곤에 허덕이는 사람들을 더 적극적으로 도와야 한다고 강력히 주장하는 제프리 삭스 컬럼비아대 교수는 "내가 걱정하는 건 노동착취 공장이 너무 많다는 게 아니라 너무 적다는 것"이라고 말했다. 경제학자들이 이처럼 입을 모아 노동착취 공장을 옹호하는 건 노동집약적 제조업이 저임금 농업 위주 경제사회가 더 부유한 산업사회로 나아가는 데 징검다리 역할을 하기 때문이다.

아메리칸어패럴American Apparel은 '노동착취가 없는sweatshop-free 작업장'을 당당하게 표방하는 미 의류 소매업체다. 웹사이트의 '회사 소개'에는 아래와 같은 내용이 나와 있다.

**우리 회사의 생산근로자들은 경쟁업체에 비해 최고 50배 많은 임금을 받습니다**
방글라데시 의류 노동자들의 연평균 임금은 600달러입니다. 아메리칸어패럴 숙련 근로자의 임금은 3만 달러 이상이며 종합의료보험 등 기타 혜택도 보장됩니다. 우리 생산직 근로자들은 공정한 임금을 받으며 노동의욕을 키웁니다. 그저 노동하는 것이 아니라 경력을 쌓아 나갑니다. 아메리칸어패럴의 기업문화는 뛰어난 성과를 인정하고 내부 승진을 장려합니다. 가장 중요한 점은 직원들의 발언권을 보장하여 아메리칸어패럴의 행보를 결정하게 한다는 것입니다. 아메리칸어패럴은 '노동착취가 없는 작업장'이며, 이 용어는 저희가 2002년에 최초로 창안한 것입니다.[1]

아메리칸어패럴의 인기는 '윤리적 소비ethical consumerism' 물결을 보여 주는 수많은 사례 중 하나다. 윤리적 소비란 공정한 대우를 받는 노동자들이 생산한 상품을 웃돈을 지불하고 구입함으로써 구매력을 무기 삼아 세상을 바꾸려는 운동이다.

이 장에서는 효율적 이타주의라는 관점에서 윤리적 소비가 과연 효율적인지 살펴본다. 특히 노동착취 공장, 공정무역, 저탄소 친환경 생활, 채식주의의 실효성을 하나씩 짚어 볼 것이다. 결론부터 말하자면 윤리적 소비는 세간의 인식과는 달리 그리 바람직한 방법은 아니다. 먼저 노동착취 공장부터 살펴보자.


아시아와 남아메리카 등지에서 주로 찾아볼 수 있는 저임금 노동착취 공장은 섬유, 장난감, 전자기기 등 선진국 소비자를 위한 제품을 생산하는 열악한 작업장이다.[2] 노동자들이 하루 16시간씩 일주일에 6~7일 일하는 곳도 흔하다. 식사를 하거나 화장실에 갈 시간조차 허용되지 않는 경우도 있다. 에어컨이 가동되지 않아 찜통이나 다름없는 공장이 대다수다. 안전보건 수칙은 아무렇지도 않게 무시될 뿐만 아니라 고용주의 학대 행위도 종종 발생한다.

이처럼 열악한 노동환경을 그냥 두고 볼 수 없어 이곳에서 생산된 제품의 불매운동을 전개하는 단체들이 제법 있다. 노동착취 공장에 반대하는 학생연합United Students Against Sweatshops, 노동착취 공장에 반대하는 국민운동National Mobilization Against Sweatshops, 노동착취 공장 없는 커뮤니티SweatFree Communities 등 다수의 단체들이 저임금 노동착취를 근절하기 위해 열성적으로 활동하고 있으며 윤리적 의류 기업 노

스웨트어패럴No Sweat Apparel도 이에 동참하면서 폭발적인 반응을 얻고 있다. 노동착취 공장에서 제품을 생산하는 나이키, 애플, 디즈니 등 대기업에 대한 반감도 덩달아 고조되고 있다.

반대 운동은 고매한 의도에서 출발했다. 열악한 노동조건에 경악을 금치 못해 반대 운동에 나서는 건 충분히 이해할 만하다. 하지만 노동착취 공장 제품을 사지 않는 건 잘못이다. 5장에서 살펴봤듯 '그렇게 하지 않았다면 어떻게 됐을까?'를 생각해 보지 않기 때문이다. 노동착취 공장이 경제적 압력에 굴복해 문을 닫으면 기존 노동자들이 더 나은 일자리를 얻을 것이라 짐작하기 쉽다. 과연 그럴까?

현실은 반대다. 가난한 나라에서는 노동착취 공장이 좋은 일자리다. 대안이라고 해 봐야 저임금 중노동에 시달리는 농장 일꾼, 넝마주이 등 더 형편없는 일자리뿐이고 심지어 실직자가 되는 경우도 부지기수다. 재활용 플라스틱을 찾아 쓰레기 더미를 뒤지던 캄보디아 여성 핌 스레이 라스Pim Srey Rath는 『뉴욕타임스』 칼럼니스트 니컬러스 D. 크리스토프Nicholas D. Kristof와의 인터뷰 중 "공장에서 일하면 정말 좋겠어요. 거기선 그래도 그늘에서 일할 수 있잖아요. 여긴 너무 더워요"라고 말했다.[3]

기꺼이 일하려는 사람들이 많다는 건 노동착취 공장이 상대적으로 좋은 일자리라는 사실을 방증한다. 이들 대부분은 자발적으로 노동착취 공장을 택한 노동자들이며, 갖은 애를 쓴 끝에 겨우 일자리를 얻은 사람들도 있다. 21세기 초반에 라오스·캄보디아·버마에서는 400만 명이 노동착취 공장 일자리를 얻기 위해 태국으로 이주했다.[4] 볼리비아에서도 많은 이들이 노동착취 공장에 취업하기 위해 추방 위험을 무릅쓰고 국경을 넘어 브라질로 불법 입국했다.[5] 브라질 노동착취 공장 노동자들의 연평균 임금은 2000달러다. 많다고 할 순 없지만 농업과 광업이 주된 산업인 볼리비아의 평균 임금에 비하면 600달러 더 많다.[6] 한편 방글라데시 노동착취 공장 노동자들의 하루 임금은 2달러, 캄보디아는 5.5달러, 아이티는 7달러, 인도는 8달러다.[7] 터무니없는 저임금이지만 현지 하청공장 일당이 1.25달러임을 감안하면 노동착취 공장으로 몰리는 것도 당연하다. 선진국 사람들은 이런 현실을 이해하지 못한다. 왜 추방 위험을 무릅쓰면서까지 열악한 노동착취 공장에서 일하려는 걸까? 1장에서 설명했듯 부유한 나라 사람들은 절대빈곤을 상상조차 하지 못한다.

진보와 보수를 막론하고 경제학자들은 노동착취 공장이 가난한 나라에 득이 된다는 데 의문을 달지 않는다. 노벨경제학상을 수상한 좌파 경제학자 폴 크루그먼Paul Krugman은 "경제학자들 사이에서는 이 같은 고용 증대 방식이 전 세계 극빈층에게는 반가운 희소식이라는 게 압도적인 주류 견해"라고 말했다.[8] 절대빈곤에 허덕이는 사람들을 더 적극적으로 도와야 한다고 강력히 주장하는 제프리 삭스Jeffrey Sachs 컬럼비아대 교수는 "내가 걱정하는 건 노동착취 공장이 너무 많다는 게 아니라 너무 적다는 것"이라고 말했다.[9] 경제학자들이 이처럼 입을 모아 노동착취 공장을 옹호하는 건 노동집약적 제조업이 저임금 농업 위주 경제사회가 더 부유한 산업사회로 나아가는 데 징검다리 역할을 하기 때문이다.[10] 산업혁명기의 유럽과 미국이 100년도 넘게 노동착취 공장의 저임 노동력을 활용했으며 그 결과 생활수준이 훨씬 개선된 게 사실이다. 산업화로 나아가기 위한 기술이 막 도입되던 시대에는 이 단계를 거치는 데 수십 년이 걸렸지만 기술이 정착된 21세기에는 이 발전 단계를 단기간에 통과할 수 있다. 동아시아 '호랑이 경제권' 국가인 홍콩, 싱가포르, 한국, 대만이 대표적인 고속성장 사례다. 이 국가들은 20세기 초만 해도 농업사회였지만 20세기 중반 들어 제조업 위주 노동착취 공장으로 변모했고 이후 수십 년 만에 산업화된 경제 강국으로 부상했다.

가난한 나라들은 오히려 노동착취 공장이 절실하다. 선진국에서 불매운동을 벌인다면 가난한 나라에 사는 빈곤층의 삶은 더 궁핍해진다. 이는 단순한 가설이 아니다. 1993년 아이오와 주 신진 상원의원 톰 하킨Tom Harkin이 아동 노동착취 제품 수입을 금지하는 내용의 아동노동억제법을 발의할 당시 방글라데시에는 수많은 아동이 기성복 제조 공장에 고용돼 있었다. 법안 통과를 우려한 공장 측에서 5만 명에 달하는 아동 노동자들을 발 빠르게 해고했는데, 알고 보니 이 아동들은 학교로 돌아가거나 더 좋은 일자리를 찾아 떠난 것이 아니었다. 미 노동부에 따르면 "대다수 아동이 더 영세한 미등록 하청 의류공장이나 기타 업종으로 옮긴 것으로 보인다."[11] 다국적 기업의 하청공장이 현지 하청업체에 비해 임금이 높은 게 현실이다 보니 이들 아동의 생활고는 더 극심해졌다. 유니세프 조사 결과 해고당한 미성년 의류 노동자 다수가 생존을 위한 궁여지책으로 길거리 사기단, 성매매 등에 내몰린 사례까지 있었다.[12]

이들 노동자들이 처한 가혹한 노동환경은 가히 공분을 살 만하다.[13] 그렇다고 노동착취 공장에서 생산한 제품 대신 국내 생산 제품을 구입하는 건 해결책이 아니다.[14] 애초에 착취공장을 선망의 직장으로 만든 절대빈곤을 해결하려 더 노력하는 게 올바른 대응이다.

가난한 나라의 극빈 노동자들을 고용한 기업 제품은 변함없이 구입하되 해당 기업에 피플트리People Tree, 인디저너스Indigenous, 쿠이치Kuyich(모두 윤리적 패션을 표방하는 브랜드들이다. ─편집자 주)처럼 공정한 근로기준을 적용하라고 요구하면 어떨까? 그렇게 하면 노동착취를 막으면서 극빈층에게 더 좋은 일자리를 제공할 수 있다.

소비자가 압력을 행사해 가난한 나라의 극빈층에게 효율적으로 혜택을 되돌려 줄 방법이 있다면 최선이다. 하지만 윤리적 소비가 의도한 결과를 낳는지는 의문이다. 가난한 사람들에게 더 나은 노동조건을 제공하려는 노력의 일환으로 가장 널리 확산된 운동인 '공정무역fair-trade'을 통해 이 문제를 좀 더 들여다보자.

공정무역 인증은 가난한 나라의 노동자에게 더 높은 임금을 보장해 주는 것을 목적으로 하며, 주로 바나나, 초콜릿, 커피, 설탕, 차 등 개발도상국 생산 작물에 적용된다. 공정무역 인증서는 최저임금 지급, 구체적인 안전요건 준수 등 일정한 기준을 충족시킨 생산자에게만 부여된다. 공정무역 인증에는 두 가지 혜택이 따른다. 첫째, 생산자는 생산 제품에 대해 최저가격을 보장받는다. 가령 원래 1파운드당 1.4달러였던 커피의 시장가격이 추후 그보다 떨어지더라도 커피 생산자는 1.4달러를 보장받는다. 둘째, 생산자들은 시장가격에 붙는 웃돈인 '소셜 프리미엄social premium'을 받는다. 커피 시장가격이 1.4달러 이상 오르면 생산자들은 파운드당 20센트를 추가로 받는 식이다. 이 소셜 프리미엄은 민주적 절차를 거쳐 선정된 지역 공동체사업 기금으로 쓰인다.

공정무역 인증상표가 처음 등장한 1988년 이후로 공정무역 상품 수요는 급격히 증가하고 있다. 2014년에는 전 세계 공정무역 인증상품 매출이 69억 달러에 육박했다.[15] 타국의 농부가 공정한 보수를 받을 수 있도록 웃돈을 얹어주면서까지 상품을 구입하는 사람들이 그렇게나 많다는 사실은 감동적이다. 그런데 일반 커피보다 몇 달러 더 주고 공정무역 커피를 사면 가난한 나라 사람들에게 얼마나 도움이 될까? 객관적 증거에 따르면 '실망스러운 수준'이다.

첫째, 공정무역 제품을 구입한다고 해서 무조건 가난한 나라의 빈곤층에 수익이 돌아가는 건 아니다. 공정무역 인증 기준은 상당히 까다롭다. 가난한 나라의 농부들은 이 기준을 충족시키기 어렵다. 공정무역 커피 산지 대부분은 상대적으로 부유한 멕시코, 코스타리카 등이다.[16] 에티오피아 같은 최빈국과 비교하면 10배나 부유한 나라들이다. 설령 공정무역 제품 구입이 농부들에게 더 많은 몫을 되돌려 주는 방법이라 하더라도 상대적으로 부유한 나라의 공정무역 제품을 구입하는 것보다 최빈국의 비非공정무역 상품을 사는 게 더 효율적일 수 있다. 소득 수준에 따라 돈의 가치가 어떻게 달라지는지, 전 세계 경제 불평등이 얼마나 심각한 수준인지 살펴본 1장을 떠올려 보자. 코스타리카는 에티오피아에 비해 10배 부유하기 때문에 평균적인 코스타리카인이 체감하는 몇 달러의 가치보다 평균적인 에티오피아인이 체감하는 1달러의 가치가 더 크다.

둘째, 공정무역 제품이라는 이유로 소비자가 추가로 지불한 돈 중 실제로 농부들의 수중에 떨어지는 건 극히 일부다. 나머지는 중개인이 갖는다. 공정무역재단Fairtrade Foundation은 소비자가 추가로 지불한 금액 중 얼마가 커피 생산자에게 돌아가는지 알려 주는 자료를 제공하지 않으므로 외부에서 독립적으로 진행한 연구를 참고해야 한다. 세계은행 경제 자문관인 피터 그리피스Peter Griffiths가 영국 카페 체인점의 의뢰로 수행한 용역연구에 따르면 추가 금액 중 가난한 나라의 커피 생산자에게 돌아가는 몫은 1퍼센트 미만이다.[17] 핀란드의 요니 발킬라Joni Valkila, 페르티 하파란다Pertti Haparanda, 니나 니에미Niina Niemi 교수가 공동으로 수행한 연구에서는 핀란드에서 판매된 공정무역 커피의 추가 금액 중 11퍼센트만 커피 생산국으로 돌아간 것으로 나타났다.[18] 중앙아메리카경영관리대학원INCAE의 버나드 킬리안Bernard Kilian 교수가 이끈 연구팀은 미국에서 공정무역 커피가 일반 커피보다 파운드당 5달러 더 비싸게 팔리고 있지만 커피 생산자가 추가로 받는 돈은 파운드당 (추가 금액의 8퍼센트인) 40센트라고 밝혔다.[19] 기브디렉틀리에 1달러를 기부하면 90센트가 수혜자의 수중으로 들어가는 것과는 큰 차이다.

셋째, 생산자에게 돌아가는 그 적은 몫마저 더 많은 임금으로 바뀐다는 보장이 없다. 공정무역 인증은 인증받은 단체가 생산한 제품에 더 높은 가격을 쳐주는 절차이지 해당 단체에 소속된 생산자들에게 더 높은 임금을 보장해 주는 것이 아니다. 런던대 동양아프리카연구소의 크리스토퍼 크래머Christopher Cramer 교수가 이끈 연구팀이 4년에 걸쳐 에티오피아와 우간다의 공정무역 노동자 임금을 조사한 결과, 공정무역 노동자들은 비공정무역 노동자들에 비해 임금이 더 낮고 노동조건도 열악한 것으로 나타났다.[20] 또 공정무역이 큰 성과로 내세우는 지역공동체 사업에서도 정작 극빈층이 소외되는 경우가 많았다. 크래머 교수는 "영국인들은 좀 더 비싸더라도 공정무역 인증을 받은 커피, 차, 꽃 등을 구입하면 가난한 아프리카 사람들의 생활이 개선될 거라는 인식을 주입받는다. 하지만 4년 동안 면밀한 현장조사를 시행한 결과 연구대상 지역에서는 공정무역이 임금노동자, 즉 농촌 극빈층의 생활을 개선시키는 데 효과적이지 않다는 사실이 드러났다"고 밝혔다.[21]

기존 연구들을 종합 검토한 보고서에서도 결론은 다르지 않았다. 객관적 자료가 많지는 않지만(이 자체도 문제다) 공정무역 인증이 농촌 노동자들의 삶을 개선시키지 못한다는 결과가 여러 연구에서 일관되게 나타났다.[22] 공정무역재단의 연구용역 보고서조차 "참여 노동자들에게 공정무역이 어떤 영향을 끼쳤는지 보여 주는 증거는 부족하다"고 밝혔다.[23]

이쯤 되면 공정무역 제품을 살 이유가 없다. 기껏해야 상대적으로 부유한 나라의 노동자에게 아주 미미한 금액을 보태 줄 따름이다. 차라리 더 저렴한 상품을 사고 그렇게 절약한 돈을 비용효율성이 높은 자선단체에 기부하는 게 낫다.


또 다른 윤리적 소비 형태가 바로 '친환경적 생활green living'이다. 미국인은 1인 기준으로 온실가스를 세계에서 가장 많이 배출한다. 미 성인의 연간 온실가스 배출량은 21톤$CO_2eq$다. 기후변화가 매우 심각한 문제다 보니 '저탄소 생활' 방식으로 온실가스 배출량을 줄이려는 사람들이 늘고 있다.

안타깝게도 온실가스 감축을 위해 널리 보급된 방법 중 대다수는 그다지 효과가 없다.[24] 그중에서도 잘 알려진 방법이 전자제품을 쓰지 않을 때 전원을 꺼 두라는 지침인데 실제 효과는 미미하다. 휴대폰 충전기를 1년 내내 꽂아 두는 것보다 뜨거운 물로 목욕 한 번 더 하는 게 탄소발자국을 더 늘린다. 대기전력 소비의 주범인 TV 플러그를 1년 내내 꽂아 두는 것보다 자동차로 2시간 달리는 편이 온실가스를 더 많이 배출한다. 방에서 나갈 때 전등을 끄라는 조언도 효과가 없기는 마찬가지다. 전등이 가정용 에너지 사용량에서 차지하는 비중은 겨우 3퍼센트다. 집에 아예 불을 켜지 않고 살아도 탄소배출량을 감축시키는 효과는 미미하다.[25] 비닐봉지 사용은 어떨까? 비닐봉지를 전혀 쓰지 않아도 연간 감축되는 온실가스 배출량은 100킬로그램$CO_2eq$에 지나지 않는다.[26] 이것도 크게 부풀려 잡은 수치이지만 이마저도 당신의 연간 탄소배출량 중 0.4퍼센트에 불과하다. 현지 생산 제품을 구매하면 탄소 배출을 줄일 수 있다는 것도 과장된 얘기다. 식품 생산으로 생겨나는 탄소발자국 중 10퍼센트만 운송 과정에서 발생하고 80퍼센트는 생산 과정에서 발생하기 때문이다.[27] 사실 국내산인지 수입산인지를 따지는 것보다 구매하는 식품 종류가 더 중요하다. 수입 식품을 전혀 사지 않는 것보다 일주일 중 하루는 붉은색 육류 및 유제품을 먹지 않는 것이 탄소발자국을 줄이는 데 더 효과적이다.[28] 수입 식품보다 국내산 식품의 탄소발자국이 더 큰 경우도 있다. 한 연구에 따르면 북유럽인들이 자국에서 생산한 토마토를 먹으면 스페인에서 수입한 토마토를 먹을 때보다 탄소발자국이 5배 커진다.[29] 온실재배에 필요한 난방 및 조명 시설 가동으로 배출되는 온실가스량이 수송에 따른 배출량보다 훨씬 많기 때문이다.

개인이 온실가스 배출을 줄일 수 있는 가장 효과적인 방법은 고기 섭취 줄이기(소고기를 먹지 않으면 연간 배출량을 약 1톤$CO_2eq$ 줄일 수 있다[30]), 장거리 이동 줄이기(자동차 이동을 절반으로 줄이면 2톤$CO_2eq$[31], 런던에서 뉴욕까지 편도 항공 이용을 한 회 줄이면 1톤$CO_2eq$을 줄일 수 있다[32]), 가정에서 전기 및 가스 사용 줄이기(상층 단열재를 설치한 가정은 배출량을 1톤$CO_2eq$ 감축한다[33]) 등이다.

그런데 이보다 더 효과적인 방법이 있다. 바로 탄소상쇄offsetting다. 다른 곳의 온실가스 배출량을 감축하거나 온실가스 배출을 막는 사업에 기금을 내는 탄소상쇄는 개인 차원에서 온실가스 배출을 줄이려는 노력보다 효과가 더 크다.

대체로 환경론자들은 탄소상쇄를 부정적으로 본다. 영국 저널리스트 조지 몬비오George Monbiot도 그중 한 명이다.


비행기나 자동차를 운행할 때 탄소가 배출된다는 건 분명한 사실이고 입증도 가능하지만 탄소상쇄 사업으로 흡수되는 탄소가 얼마나 되는지는 입증하기 어렵다. 대다수 상쇄사업은 성공을 거둬 효과를 보일 것이다. 반면 실패하는 사업도 속속 생겨날 것이다. 일부 기업들이 주도하는 성과 없는 식목사업이 특히 그렇다. 탄소상쇄 사업의 정당성을 주장하기 위해서는 객관적 증거를 들 수 있어야 한다. 예컨대 탄소상쇄 운동이 아니었다면 멕시코가 돼지 농장의 메탄 가스 배출량을 감축하지 않았을 것이고, 인도사람들이 자진해 가스레인지를 마련하지 않았을 것임을 입증해야 한다는 말이다.(인도 등 개발도상국에서는 현대식 가스레인지가 아닌 가마나 화덕 등을 사용하는 경우가 많아 이로 인한 유독성 가스 배출 및 연료 조달을 위한 삼림벌채가 온난화의 원인으로 꼽히고 있다—편집자 주). 다시 말해, 이미 일어난 사실과 반대되는 상황을 통해 미래를 가늠해 봐야 한다. 그런 초자연적 능력을 소유한 탄소상쇄 기업이 어디 있던가? 나는 아직 들어본 적이 없다.

트래블케어Travelcare 여행사나 BP 주유소에서 돈을 내고 현실 안주, 정치적 무관심, 자기만족을 살 수 있을지는 몰라도 지구를 살 수는 없다.[34]

다소 극적인 어조이긴 해도 타당한 우려다. 기업이 주도하는 대다수 상쇄사업의 실효성이 미심쩍을 수도 있다. 요즘 많은 항공사들이 시행하고 있는 탄소상쇄비만 해도 그렇다. 탄소상쇄비는 비행기 운행시 배출되는 온실가스를 상쇄하기 위한 일종의 환경개선 부담금으로, 항공권을 구매할 때 선택사항으로 제공된다. 고객 입장에서 이에 동의하려면 항공사가 성공적으로 탄소를 상쇄할 거라고 확신할 수 있어야 한다. 정말 효율적으로 상쇄될까? 군이 개입하지 않더라도 어차피 예정돼 있던 상쇄사업에 이 돈이 쓰일지 모르는 일이다. 또는 기업이 상쇄사업의 감축 효과를 부풀려 추정하고 있을지도 모른다. 그 경우 추가 요금은 배출량 전체가 아닌 일부만 상쇄시키는 셈이다.

하지만 몬비오의 우려가 탄소상쇄 전반에 대한 타당한 반론이라고 보기는 어렵다. 효율적인 상쇄 방법은 무엇일지 면밀한 조사를 통해 알아볼 필요가 있다는 점을 부각시킬 뿐이다. 그게 바로 기빙왓위캔에서 하는 일이다. 우리는 기부금으로 온실가스 감축 사업을 실시하는 단체를 100곳 이상 추려 1톤$CO_2eq$을 줄이는 데 가장 비용효율성이 높은 곳만 가려냈다. 조사 결과 비용효율성이 가장 뛰어난 단체는 쿨어스Cool Earth였다.

쿨어스는 사업가 요한 엘리아쉬Johan Eliasch와 하원의원 프랭크 필드Frank Field가 2007년 영국에서 공동 설립한 단체다. 열대우림 보호와 환경을 파괴하는 삼림벌채 방지가 이들의 주 관심사다.[35] 특히 아마존 지역의 삼림파괴를 막아 온난화를 방지하는 데 목표를 두고 있으며, 열대우림 지대 원주민들이 벌목꾼에게 땅을 팔지 않아도 될 만큼 마을이 경제력을 키울 수 있도록 기부금으로 지원한다. 쿨어스는 삼림지대를 직접 매입하지 않는다. 우림지대 주민들이 목재 판매보다 수익성이 높은 사업을 발굴할 수 있도록 현지 공동체를 경제적으로 지원한다. 주민 재산권 확보, 공동체 기반시설 개선, 현지 생산 제품 판매시장 모색 등과 관련된 사업을 진행하고 있다. 기후변화 방지 사업을 시행하는 과정에서 우림지대 주민들의 삶도 향상시키는 부수적인 효과까지 거두고 있는 것이다.[36]

개발원조와 유사해 보이는 이 같은 간접적인 방식이 삼림을 보호하는 데 정말 효과적일까? 주민들이 삼림지대 보호를 원하지만 목재를 팔지 않으면 달리 생계를 유지할 방법이 없을 경우, 해당 공동체가 대안을 찾을 수 있게 돕는다면 비교적 적은 비용으로 큰 변화를 일으킬 수 있다. 쿨어스가 개입한 지역의 삼림벌채가 주변 지역에 비해 크게 줄었다는 객관적 증거도 상쇄사업이 효과적이라는 걸 입증한다.[37] 쿨어스는 지원 지역도 전략적으로 선정한다. 덕분에 열대우림 중심지와 이를 둘러싼 주변 지역까지 보호하는 일종의 '차단벽'을 쌓는 결과가 나타나 불법 벌목꾼들로부터 삼림을 보호하는 효과를 거둘 수 있다.

쿨어스에 따르면 열대우림 1에이커를 보호하는 데 드는 비용은 약 100달러로[38], 열대우림 1에이커는 260톤$CO_2$eq의 온실가스 배출을 상쇄한다.[39] 1톤$CO_2$eq의 배출을 상쇄하는 데 드는 비용이 고작 36센트인 셈이다.

기빙왓위캔은 쿨어스의 자체 평가에 기대지 않고 별도로 보수적인 추정치를 산출했다. 우리는 그간의 자료들을 검토한 후 쿨어스가 우림 1에이커를 보호하는 데 드는 비용이 154달러 선이라고 추정했다. 이렇게 1에이커를 보호하면 자연스럽게 차단벽이 형성돼 주변의 4에이커까지 보호할 수 있다. 한편 쿨어스가 보호하지 않은 기타 삼림지대가 30퍼센트 벌목됐다는 점을 감안하면 쿨어스가 숲 1에이커를 보호하는 데 드는 비용은 103달러다.[40] 그런데 쿨어스에서 일정 지역을 보호하면 벌목꾼들이 장소를 옮겨 다른 삼림지대를 파괴할 가능성도 염두에 둘 필요가 있다. 우리는 경제 통계치를 참고해 쿨어스가 보호한 1에이커당 실제로 지켜 낸 삼림지대의 넓이를 0.5에이커로 줄였다. 그러면 1에이커당 보호 비용은 206달러다.

사실 쿨어스의 추정치인 260톤$CO_2$eq는 애초에 낮춰 잡은 수치다. 흙에 함유된 이산화탄소 양을 포함시키지 않았고 이산화탄소 이외의 온실가스 배출도 고려하지 않았기 때문이다. 하지만 앞으로도 벌목될 위험이 있다는 점을 참작해 우리는 쿨어스의 추정치를 에이커당 153톤$CO_2$eq으로 낮춰 잡았다.

153톤$CO_2$eq의 배출을 막는 비용이 206달러이므로 1톤$CO_2$eq의 배출 방지 비용은 1.34달러다. 최대한 보수적으로 잡은 수치이긴 하지만 그래도 지나치게 낙관적일 수 있다는 생각에 오차범위를 300퍼센트로 추정해 1톤$CO_2eq$ 배출 감축 비용을 5달러로 높였다.

결국 미국의 평균 성인이 배출한 탄소 전량을 상쇄하려면 1년에 105달러를 들여야 한다는 계산이 나온다. 꽤 많은 돈이지만 항공 여행을 하지 않는 등 생활방식을 크게 바꾸는 것에 비하면 그리 비싼 대가는 아니다. 이렇게 보면 개개인의 탄소발자국을 줄이는 가장 쉽고 효과적인 방법은 쿨어스에 기부하는 것이다.

탄소상쇄에 반대하는 여타 논리들도 있지만 대개는 설득력이 부족하다. 조지 몬비오는 앞서 인용한 글에서 탄소상쇄를 중세시대의 관행에 빗대 '면죄부 판매'라고 비판하기도 했다.[41] 이를 인터넷 풍자 사이트 CheatNeutral.com의 불륜상쇄 서비스와 비교해 보자. 이 웹사이트는 "당신이 파트너 몰래 바람을 피우면 대기 중에 상심, 고통, 질투를 배출하는 셈입니다. 불륜상쇄는 파트너를 속이지 않고 가정에 충실한 분에게 자금을 지원함으로써 당신의 불륜을 상쇄하는 것입니다. 그렇게 하면 고통과 불행이 상쇄되므로 당신은 떳떳하게 살 수 있습니다"라고 주장한다.[42]

두 경우 모두 비유에 결함이 있다. 면죄부를 사더라도 타인에게 끼친 피해나 당신이 저지른 죄를 '없던 일'로 할 수는 없다. 하지만 효율적인 탄소상쇄는 다르다. 당신의 탄소배출로 다른 누군가가 피해를 입는 일이 발생하지 않도록 할 수 있다는 말이다. 평생 탄소를 배출하면서도 동시에 효과적으로 상쇄한다면 평생에 걸친 총량으로 따져 볼 때 당신은 기후변화에 아무 영향도 끼치지 않는 셈이다. 불륜의 경우 정신적 충격의 여파가 피해를 입은 상대에게 여전히 남아 있다. 상쇄를 통해 불륜 행위의 총량을 그대로 유지한다 해도 그렇다.

반면 탄소상쇄는 당신의 배출량으로 다른 사람이 피해를 입는 일 자체를 막는다. 애초에 불륜을 저지르지 않은 상태와 '동격'인 것이다.

더 나은 세상을 만들기 위한 노력의 일환으로 확산되고 있는 또다른 소비 형태가 바로 채식주의다. 앞서 말했듯 육식(특히 소고기)을 줄이면 탄소배출 감축에 효과적이다. 그런데 쿨어스에 5달러를 기부하면 탄소배출 1톤을 상쇄할 수 있다고 했으니 여기에도 동일한 논리를 적용하면 5달러 기부로 채식주의자가 되지 않고도 같은 효과를 거둘 수 있다. 이 경우 환경을 위해 채식을 하자는 주장은 설득력이 다소 약화된다.

반면 동물복지를 위해 채식을 하자는 주장은 근거가 더 탄탄하다. 가축의 절대다수가 공장식 축산 시설에서 사육되는데, 이들 농가에서는 생산단가를 약간 낮출 수 있다는 이유만으로 동물에 무자비한 학대를 가한다. 공장식 사육장의 가축이 어떤 환경에 놓여 있는지는 이미 다양한 매체를 통해 두루 소개되었으므로 그 끔찍한 환경을 여기서 군이 언급하지는 않겠다.[43] 개인적으로 나는 동물을 인도적으로 대해야 한다고 생각하기 때문에 수년간 채식을 실천하는 중이다.

동물복지 옹호는 특정 동물과 더 밀접한 관련이 있다는 점을 고려해야 한다. 일부 식용동물에 극심한 학대가 자행되고 있기 때문이다. 가령 닭고기와 달걀을 먹지 않는 것만으로도 동물이 겪는 고통을 상당량 줄일 수 있다. 닭의 사육 환경이 특히나 더 열악한 탓도 있지만 일정 칼로리를 얻기 위해 도살되는 개체 수가 많기 때문이다.

식용동물 중에서도 육계(肉鷄) 및 산란계, 돼지는 가히 최악이라 할 만한 환경에서 사육된다.[44] 내가 알아본 바로는 경제학자이자 농업 전문가인 베일리 노우드Bailey Norwood의 연구가 가축의 복지를 계량화한 자료로는 유일하다.[45] 그는 다양한 동물의 복지 수준을 −10에서 10까지 점수로 매겨 나타냈는데, 여기서 마이너스 점수는 해당 동물의 입장에서 보면 차라리 도살되는 게 낫다는 의미를 나타낸다. 노우드에 따르면 육우는 6점, 젖소는 4점이다. 반면 육계는 −1, 돼지와 닭장사육 암탉은 −5다. 닭과 돼지는 끔찍한 고통에 시달리고 있으며 식육용 소는 그나마 나은 환경에서 사육되고 있다는 의미다.

식용으로 사육되는 동물의 수도 고려 사항이다. 미국인은 연간 평균 육계 28.5마리, 산란용 암탉 0.8마리, 칠면조 0.8마리, 돼지 0.37마리, 육우 0.1마리, 젖소 0.007마리를 먹는다. 이것만 봐도 닭고기를 안 먹어야 가장 큰 영향을 미칠 수 있다는 걸 알 수 있다.

그런데 육계 사육기간은 보통 6주에 불과하다. 따라서 동물이 공장식 축산 농장이라는 열악한 환경에서 얼마 동안 사는지를 알아보려면 동물의 실질 수명이 아닌 사육기간을 따져 봐야 한다. 미국인의 평균 식사를 기준으로 식용동물의 사육기간을 계산하면 육계가 3.3년(1인당 닭 28.5마리 소비. 닭 1마리는 6주간 사육되므로 28.5마리×6주 = 171주 = 3.3년), 산란용 암탉은 1년, 칠면조는 0.3년, 돼지는 0.2년, 육우는 0.1년, 젖소는 0.03년이다.

이 두 가지 사항을 종합하면 동물의 고통을 줄이는 가장 효과적인 방법은 닭고기, 달걀, 돼지고기 순으로 먹지 않는 것이다. 그렇게 하면 대다수 동물이 겪는 최악의 고통을 가장 긴 시간 동안 덜어 주게 된다.

동물복지 옹호론자 중에는 채식이 환경과 건강에 미치는 이점을 내세우는 이들이 많은데, 이는 어찌 보면 자가당착에 빠질 수 있는 논리다. 주로 소고기를 먹지 말자고 강조하기 때문이다. 소 사육 과정에서 온실가스가 다량 배출되고 적색육이 심장병 등 건강 문제를 유발한다는 이유로 소고기를 줄이고 일부를 닭고기로 대체한다고 생각해 보자. 동물복지 옹호론자들의 의도와는 달리 동물의 고통을 덜어 주기는커녕 오히려 악화시킬지도 모른다.

앞서 개인 차원에서 탄소발자국을 줄이려면 생활방식을 크게 바꾸는 것보다 탄소상쇄가 더 쉽고 효율적인 방법이라고 강조했는데, 같은 논리가 이 경우에도 적용될 수 있을까? 육류 섭취를 줄이는 대신 동물복지단체에 기부하면 육류 소비를 '상쇄'할 수 있을까? 해당 단체가 개입해 사람들을 채식주의로 유도하면 되는 걸까? 나는 아니라고 본다. 온실가스 배출과 육류 소비에는 결정적인 차이가 있다. 온실가스 배출을 상쇄시키면 당신의 배출량 때문에 다른 사람들이 피해를 입는 일은 없다. 하지만 육류 소비를 상쇄시키면 공장식 사육장에서 고통받는 동물의 종류만 바뀔 뿐 동물의 수는 줄지 않는다. 따라서 변함없이 육식을 즐기면서 이를 상쇄하려는 것은 온실가스 배출 상쇄가 아니라 오히려 불륜을 상쇄하려는 행위, 즉 누가 봐도 비도덕적이라고 지탄하는 행동에 더 가깝다.

동물의 고통을 덜어 주고 싶다면 식단을 바꾸는 수밖에 없다. 동물에 가장 많이 해를 끼치는 식품(최소한 달걀, 닭고기, 돼지고기만이라도)을 먹지 않거나 채식주의자가 되어야 한다. 하지만 그쯤에서 멈출 이유는 없다. 동물의 삶을 더 행복하게 해 준다는 관점에서 보면 식습관을 바꾸는 것보다 기부가 더 큰 영향력을 발휘할 수 있다. 동물구호 평가회Animal Charity Evaluators에 따르면(나도 설립을 도운 바 있다) 채식주의 전단을 배포하는 머시포애니멀스Mercy For Animals나 휴메인리그Humane League 등에 100달러를 기부하면 한 사람이 1년간 육식을 중단하게 할 수 있다.[46] 동물복지 단체에 매년 100달러 '이상' 기부할 수 있다면 채식주의자가 되는 것보다 기부금 액수로 더 큰 영향을 끼칠 수도 있다.

지금까지 살펴본 것처럼 소비습관을 바꾸는 건 여타 방법들에 비해 세상을 바꾸는 데는 그다지 효과가 없다(기대가치를 감안해 소비를 바꾸는 게 더 나은 경우도 있다는 점도 아울러 설명했다). 가난한 나라의 절대빈곤층, 기후변화, 동물복지 등 다양한 사안에 따라 어느 단체에 얼마를 기부하는지가 무엇을 구매하느냐보다 더 큰 영향을 끼칠 수 있다는 점도 확인했다.

요약하면 이렇다. 기부를 하면 당신의 돈을 가장 효율적인 사업에만 집중시킬 수 있다. '최선'의 활동과 '그럭저럭 좋은' 활동의 결과가 다르다는 점만 봐도 효율적인 기부가 얼마나 큰 영향을 미치는지 알 수 있다. 이에 비해 윤리적 상품을 더 많이 구입하는 데 더 많은 돈을 쓰는 건 목표를 정확히 공략하는 방식이 아니다.

그런데 윤리적 소비와 기부의 차이는 이게 다가 아니다. 윤리적 소비 물결이 오히려 해로울 수도 있다고 생각할 만한 까닭이 있다. 바로 심리학자들이 말하는 '도덕적 허가moral licensing' 효과 때문이다.[47] 이는 착한 일을 한 번 하고 나면 이후에 선행을 덜 실천하는 것으로 보상받으려 하는 경향을 말한다.

최근에 실시한 실험을 보자.[48] 연구팀은 피험자들에게 에너지절약 전구 등 '친환경' 상품과 일반 상품 중에서 하나를 택하게 한 뒤 그와 무관해 보이는 시지각 과제를 제시했다. 대각선으로 분할된 네모 도형 위에 20개의 점이 찍힌 컴퓨터 화면을 보면서 대각선의 왼쪽이나 오른쪽 중 어느 한쪽에 더 많은 점이 반짝일 때 엔터키를 누르라고 지시했다. 단번에 답을 알 수 있는 과제였지만 연구자들은 실험 결과가 앞으로 다른 실험을 설계하는 데 활용될 예정이므로 최대한 정확하게 답해 달라고 강조했다. 그러면서 한 가지 조건을 더 내걸었다. 정답과는 상관없이 대각선 양쪽에 나타난 점의 수가 동일하지 않고 어느 한편에 더 많다고 답할 때마다 5센트를 준다는 것이었다. 피험자들에게 거짓말에 대한 금전적 인센티브가 주어진 셈이다. 실험은 연구자들의 참관 없이 진행됐기에 거짓말을 해도 들킬 염려는 없었다. 더욱이 피험자들이 알아서 봉투에 든 돈을 꺼내 가면 그만이라 돈을 훔칠 기회까지 있었다.

어떤 결과가 나왔을까? 친환경 상품을 고른 피험자들의 거짓 대답 횟수와 돈을 훔친 건수가 일반 상품을 고른 사람들에 비해 훨씬 많았다. 기회가 생기자 이전에 착한 일을 했다는 이유로 스스로의 비윤리적인 행동을 무의식적으로 용납한 것이다.

놀랍게도 착한 일을 했다고 말하는 것만으로도 도덕적 허가 효과가 나타날 수 있다. 피험자들에게 강의를 알아듣지 못해 수업에 따라가지 못하는 외국인 학생을 도와주는 상상을 해 보라고 한 후 자선단체에 기부하도록 한 실험 결과가 이를 증명한다. 남을 돕는 상상을 한 피험자 절반은 그렇지 않은 나머지 피험자들에 비해 내놓은 기부금이 훨씬 적었다.

도덕적 허가 효과는 사람들이 실제로 착한 일을 하는 것보다 착해 보이는 것, 착한 행동을 했다고 인식하는 것을 더 중요하게 여긴다는 점을 보여 준다. 에너지절약 전구를 구입하는 행위로 '내 몫을 했다' 고 생각하면 조금 뒤에 잔돈 몇 푼을 훔쳐도 '나는 좋은 사람'이라는 자기 인식이 흔들리지 않는다.

도덕적 허가 효과는 결심을 비틀 수 있다. 다른 사람이 효율적인 선행을 할 수 있도록 이끌었다 하더라도 그들이 향후 남을 돕는 횟수를 줄이는 방식으로 이타적 행위에 대한 보상을 받으려고 한다면 의미가 없다. 작은 선행에서 출발해 이를 발판 삼아 앞으로 더 효율적인 선행을 실천할 수 있도록 틀을 마련해야 도덕적 허가 효과를 방지할 수 있다.[49] 비효율적인 이타적 행동이 문제가 되는 건 이 때문이다. 착한 일을 했다는 생각에 취하면 이후에 효율적인 이타적 행동을 할 여지가 줄어들 수 있다. 가령 다른 사람에게 공정무역 제품을 구입하라고 권했더니 그보다 효율적인 선행에는 정작 시간과 돈을 덜 쓰게 만드는 결과로 이어진다면 공정무역 제품 구매를 장려하는 일 자체가 해로울 수 있다.

지금까지 우리는 목표가 분명한 여타 선행에 비해 윤리적 소비가 이점이 적다는 사실을 살펴봤다. 이제는 당신이 실로 막대한 변화를 가져올 수 있는 영역을 들여다볼 차례다. 바로 직업이다.

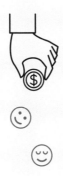

# Chapter 9

# 열정을 따르지 마라

### 세상을 가장 크게 변화시키는 직업은 무엇일까?

진로와 관련된 조언을 할 때는 '하고 싶은 일을 하라', '열정이 이끄는 대로 하라'와 같은 슬로건이 단골로 등장한다. 직업 선택과 진정한 사랑 찾기를 동일선상에 놓기도 한다. 자기한테 딱 맞는 일을 만나면 저절로 알게 될 거라는 식이다. 열정을 따르라는 말을 문자 그대로 받아들이면 안 된다. '어이없는' 조언이기 때문이다. '적성에 꼭 맞는' 직업을 찾아야 된다는 건 틀린 말이 아니지만 이미 가슴속에 품고 있던 '열정을 발견하고 그에 맞는' 직업을 찾으라는 건 전적으로 틀린말이다. 한번 자문해 보자. 열정을 따르면 좋아하는 일을 하면서 만족감을 느낄 수 있을까? 최대 관심사를 찾고 그 관심사에 부합하는 직업을 골라 그저 밀어붙이기만 하면 되는 걸까? 객관적인 증거를 두고 본다면 답은 그 반대다.

데니슨대학교에서 정치학과 심리학을 전공한 피터 허포드Peter Hurford는 졸업반이 되자 진로에 대한 고민이 커졌다.[1] 그는 세상에 큰 보탬이 되면서 보람도 느낄 수 있는 직업을 찾고 싶었다. 관심사를 고려하면 대학원에 진학하는 게 옳은 길 같았지만 그 밖의 다른 길은 없는지, 있다면 어떤 진로를 택해야 할지 알고 싶었다.

피터처럼 직업 활동으로 세상을 바꾸고 싶은 젊은이들은 어떻게 해야 될까? 세상에 보탬이 되는 일을 하기 위해 이직이나 전직을 고민하는 사람들은 어떻게 해야 될까? 5장에서 살펴봤듯 기부를 위한 돈벌이는 세상을 바꾸는 데 매우 효과적이긴 하지만 유일한 방법은 아니다. 세상에는 수많은 직업이 있고 저마다 장단점이 있다. 또한 직업 선택은 인생을 좌우하는 중요한 일이기도 하다. 일생의 평균 노동시간인 8만 시간을 어디에 쓸지 정하는 일이기 때문이다. 이중 1퍼센트만 이 고민에 투자하면 어떨까? 이는 800시간(일일 8시간 주 5일 노동으로 치면 총 20주)을 직업 선택에 할애한다는 뜻이다. 직업 선택에 이만큼 시간을 쏟는 사람은 의외로 적지만 그만한 시간을 들여 심사숙고할 가치는 충분하다.

우리는 지난 수년간 진로코칭 단체인 '8만 시간'을 통해 피터처럼 진로를 고민하는 사람들과 이직을 고려하는 사람들을 위한 진로 상담을 수백 차례 진행했고, 그중 대다수가 아래 세 가지 요소를 참고하여 직업을 찾는 데 큰 도움을 받았다. 자신에게 딱 맞는 직업을 찾으려면 고려해야 할 사항이 많은데, 다음 질문에 답하다 보면 어떤 요소에 가장 중점을 두어야 할지 판단할 수 있다.

이 일이 내 적성에 맞는가? 나는 이 일에 얼마나 만족하는가? 즐겁게 일할 수 있는가? 금세 관두지 않고 오래 일할 수 있는가? 이런 유형의 일을 (다른 사람이나 다른 일과 비교해 볼 때) 얼마나 잘하는가?

이 일을 하면서 얼마나 영향을 미칠 수 있는가? 내 노동력, 부하 직원, 예산, 수입, 사회적 지위 등 영향력을 발휘할 수 있는 자원은 충분한가? 내가 이 자원들을 동원해 힘을 보태려는 명분은 과연 효율적인가?

이 일이 내 영향력을 키우는 데 얼마나 보탬이 되는가? 이 일을 하면 역량, 인맥, 자격을 갖추는 데 얼마나 도움이 되는가? 이 일이 다른 기회를 열어 줄 것인가? 이 일을 하면서 이다음에 하고 싶은 일에 대해 배울 수 있는가?

이제 이 세 가지 요소들을 차례로 살펴보자.

## 적성

적성은 특정 직무를 수행해 낼 수 있는 능력을 말한다. 여기서 중요한 건 그 일을 즐겁게 할 수 있느냐이다. 이 직무만족job satisfaction 자체를 목표로 하는 사람들이 많은데, 직무만족은 영향력을 가늠할 때도 중요하다. 즐겁게 일하지 못하면 생산성이 떨어지고 에너지도 쉽게 소진돼 장기적으로는 영향력이 줄어들 수밖에 없기 때문이다.[2] 즐기면서 할 수 있는 일을 찾을 때는 신중해야 한다. 그럴듯해 보이지만 실제로는 정확하지 않은 정보들이 도처에 널려 있고 자신에게 알맞은 직업으로 이어지는 길은 정작 마음이 끌리는 진로와 다를 수 있다.

2005년 6월 12일 스티브 잡스Steve Jobs는 스탠퍼드대학교 졸업 연설에서 이렇게 조언했다.

여러분은 믿음을 가져야 합니다. 직감이든 운명이든 삶이든 업보業報든, 뭐든 믿어야 해요. 인생의 전환점들이 모여 길을 만들어 줄 것이라는 믿음이 있어야 열정에 따를 자신감도 생깁니다. 그게 평범한 삶의 행로에서 벗어나는 길이라 하더라도 거기서부터 삶은 완전히 달라질 것입니다.

여러분이 애정을 쏟을 수 있는 대상을 찾아야 합니다. 직업을 찾는 건 사랑하는 사람을 찾는 것과 다르지 않습니다. 직업은 여러분의 삶에서 큰 비중을 차지합니다. 진정한 만족을 얻을 수 있는 단 하나의 길은 훌륭하다고 생각하는 일을 하는 것이고, 훌륭한 일을 할 수 있는 단

하나의 길은 자기 일을 사랑하는 것입니다. 아직 그런 일을 발견하지 못했다면 계속 찾아보세요. 안주하지 마세요. 가슴이 시키는 대로 하는 일들이 으레 그렇듯, 그런 일은 발견하면 저절로 알 수 있습니다. 훌륭한 관계들이 으레 그렇듯, 그런 일은 세월이 갈수록 점점 더 좋아지기 마련입니다. 그러니 계속 찾으세요. 안주하면 안 됩니다.[3]

잡스의 메시지는 정서적 공감을 불러일으키는 데다 호소력도 짙다. 이처럼 진로와 관련된 조언을 할 때는 '하고 싶은 일을 하라', '열정이 이끄는 대로 하라'와 같은 슬로건이 단골로 등장한다. 잘 알려져 있는 자기계발서인 『직업 선택Career Ahead』도 "좋아하는 일을 하는 건 스스로에 대한 의무다. 이 책이 그 방법을 알려줄 것이다"라는 말로 시작한다.[4] 영국 철학자 앨런 왓츠Alan Watts의 내레이션으로 유명한 유튜브 영상 〈돈이 전부가 아니라면What If Money Was No Object?〉의 메시지도 이와 유사하다.[5] 이 영상은 '하고 싶어서 몸이 근질거리는 일'이 무엇인지 자문하고 답을 구하지 않으면 "당신은 인생을 헛되이 낭비하게 될 것이다. 그저 먹고살려고 하고 싶지 않은 일을 하게 될 것이다. 평생 좋아하지도 않는 일을 한다는 건 어리석은 짓이다"라고 일침을 날린다. 극단적인 경우에는 직업 선택과 진정한 사랑 찾기를 동일선상에 놓기도 한다. 자기한테 딱 맞는 일을 만나면 저절로 알게 될 거라는 식이다.

열정을 따르라는 말을 문자 그대로 받아들이면 안 된다. '어이없는' 조언이기 때문이다. '적성에 꼭 맞는' 직업을 찾아야 된다는 건 틀린 말이 아니지만 이미 가슴속에 품고 있던 '열정을 발견하고 그에 맞는' 직업을 찾으라는 건 전적으로 틀린 말이다. 한번 자문해 보자. 열정을 따르면 좋아하는 일을 하면서 만족감을 느낄 수 있을까? 최대 관심사를 찾고 그 관심사에 부합하는 직업을 골라 그저 밀어붙이기만 하면 되는 걸까? 객관적인 증거를 두고 본다면 답은 그 반대다.

우선 대다수 사람들이 열정을 보이는 분야는 직업 세계에 들어맞지 않는다. 캐나다 대학생들을 대상으로 실시한 조사에 따르면 열정을 쏟는 분야가 있다고 답한 84퍼센트의 학생 중 90퍼센트가 스포츠, 음악, 예술 분야에 관심을 두고 있었다.[6] 그런데 통계 자료를 보면 스포츠, 음악, 예술 산업과 관련된 일자리는 3퍼센트에 불과하다. 이 학생들 중 절반만 열정을 따른다 해도 대다수가 일자리를 얻지 못한다. 이 경우 '열정을 가진 분야에서 일하라'는 조언은 오히려 해가 된다.

열정을 갖고 있는 분야가 있다는 바로 그 사실 때문에 해당 분야에서 일자리를 찾기 어려울 때도 많다. 같은 분야에 열정을 가진 수많은 사람들과 경쟁해야 하기 때문이다. 유달리 뛰어난 재능을 지닌 (또는 운이 좋은) 소수만 안정적으로 생계를 꾸려 갈 수 있는 스포츠 및 음악 분야가 그렇다. 미국 고등학교 운동선수 중 프로로 진출하는 사람은 1000명 중 1명꼴도 안된다.[7] 대다수 사람들은 직업에 대한 열정이 없다. '열정을 따르라'는 조언은 그런 사람들을 어설픈 자기성찰로 내몰아 잘못된 길로 빠지게 할 수도 있다.

둘째, 관심사는 변하기 마련이다. 심리학자 조르디 쿠아드박Jordi Quoidbach, 대니얼 길버트Daniel T. Gilbert, 티모시 윌슨Timothy Wilson은 사람들의 관심사가 생각보다 훨씬 자주 변하며, 따라서 관심사를 과대 평가해선 안 된다는 연구 결과를 내놓은 바 있다.[8] 10년 전 최대 관심사가 무엇이었는지 떠올려 보면 금세 알 수 있다. 모르긴 몰라도 현 관심사와는 전혀 다를 것이다. 지금 열정을 갖고 있는 분야에만 초점을 맞추면 곧 열정이 식어 버릴 분야로 뛰어들 위험이 있다.

이는 열정에만 이끌리는 것을 경계해야 하는 세 번째 이유와 직결된다. 직무만족도를 가늠하기 위한 최선의 예측지표는 직무 자체의 성격이지 개인의 열정과 관련된 사항들이 아니다. 어쩌다 보니 현재 관심을 갖게 된 분야에 연연하지 말고 직업의 주된 특성에 주목해야 한다. 그런 일을 찾으면 열정은 저절로 솟아나게 마련이다.

관련 연구에 따르면 직무만족도를 가장 일관성 있게 보여 주는 지표는 일 자체의 매력이며, 이는 아래 다섯 가지 요소로 이루어진다(심리학에서는 이를 직무특성이론job characteristics theory이라고 한다).[9]


1 **자율성**  업무에 대한 주도권을 얼마나 갖고 있는가?

2 **완결성**  맡은 업무가 전체 업무의 완결성에 얼마나 기여하는가? 최종 결과에 대한 기여도가 단순한 부품 역할에 그치는 게 아니라 눈에 띌 정도로 큰가?

3 **다양성**  다양한 역량과 재능이 필요한 폭넓은 활동이 요구되는가?

4 **평가**  업무를 잘 수행하고 있는지 쉽게 파악할 수 있는가?

5 **기여도**  얼마나 영향을 미칠 수 있는가? 타인의 행복에 긍정적인 영향을 미치는가?


이 요소들은 직업만족도뿐 아니라 의욕, 생산성, 헌신과도 밀접하게 연관돼 있다.[10] 게다가 몰입에 필요한 요소들과 유사한 측면도 있다. 일부 심리학자들이 시간 가는 줄 모르고 특정 활동에 열중하는 몰입 상태가 진정 만족스러운 경험의 핵심이라고 주장하는 것도 같은 맥락이다.[11]

그 밖의 요소들도 직무만족도에 영향을 끼친다.[12] 일을 통한 성취감 및 동료들의 지원도 그중 하나다. 직무불만족을 야기하는 부당한 보수, 지나치게 긴 통근시간 등 '위생hygiene' 요인(동기를 저하시키는 요인—편집자 주)도 문제다. 다시 말하지만 이 다섯 가지 요소는 해당 직업에 당신이 '열정'을 갖고 있는지 유무와는 거의 관련이 없으며, 관심사와 무관한 직업 활동을 하면서 열정을 뒤늦게 발견할 수도 있다.

이상의 객관적 증거들로 볼 때 열정에 맞는 직업이 당신을 행복하게 해 줄 거라 넘겨짚고 진로를 선택하는 건 현명하지 못한 일이다. 일 자체에 대한 만족도가 높으면 열정은 자연히 뒤따라온다. 스티브 잡스도 마찬가지였다. 잡스는 젊었을 때 선불교에 열성적이었다. 인도를 여행했고 LSD(마약성 환각제)를 자주 복용했으며 삭발을 한 채 법복을 입고 다니는가 하면 승려가 되려고 일본행을 진지하게 고민한 적도 있다.[13] 잡스가 기술 분야에 발을 들인 건 열정 때문이 아니었다. 올원팜All-One Farm이라는 공동체 농장에서 시간을 보내던 중 기술에 밝은 친구 스티브 워즈니악Steve Wozniak의 사업을 부업으로 도운 게 계기가 됐다. 애플컴퓨터조차 우연의 산물이었다. 잡스와 워즈니악은 도락가들에게 서킷 보드circuit board를 판매하다 어느 컴퓨터 상점 주인이 완전 조립된 컴퓨터를 사겠다고 하자 돈을 벌려고 그 일에 뛰어들었다.[14] 애플사와 컴퓨터 기술에 대한 잡스의 열정이 불타오른 것도 사업이 관심을 끌고 성공을 거둔 뒤부터다.

좋아하는 일을 추구하려는 사람에게 마음이 내키는 대로 하라든지 직관을 따르라든지 욕망에 충실하라고 조언하는 건 어떨까? 연구에 따르면 우리는 무엇이 우리를 행복하게 해 줄지 정확하게 예측하지 못하므로 이 역시 틀린 처방이다.

우리는 특정 사건이 정서적으로 어떤 영향을 끼칠지 예측할 때 머릿속에 그 상황을 상상해 본다. 가령 시험을 칠 때 어떤 감정을 느낄지 가늠해 보려고 시험을 치는 상황을 상상해 보는 식이다. 그러면 희한하게 초조해진다. 이 초조함은 실제로 시험장에서 느끼게 될 감정을 알려 주는 정서적 지표다. 심리학적 관점에서 보면 이처럼 아직 일어나지 않은 일이 끼칠 영향을 미리 그려 보는 인간의 능력은 여타 동물과 비교도 안 될 만큼 앞서 있는 매우 효율적인 기술이다. 그런데 머릿속 시뮬레이션은 편견을 심어 준다. 우리의 취향과 기호는 시간이 흐르면 크게 변하지만 시뮬레이션을 하는 시점에서는 이를 예측하기가 어렵다. 가령 아이를 갖는 일은 없을 거라 확신하고 인생을 계획하다가도 30세가 되면서 생각이 바뀌어 아이를 갖고 싶어질 수도 있다.

게다가 이런 식으로 미래를 예측하는 데는 한계가 있다. 장차 일어날 일을 미리 그려 보는 건 쉬운 일이 아니다. 세세한 부분까지 빠짐없이 고려하기가 어렵다 보니 우리의 뇌는 가장 중요한 사항만으로 앞일을 그려 볼 수밖에 없다. 정서적 반응에 큰 영향을 끼칠지도 모르는 세부사항을 놓칠 수 있다는 얘기다. 가령 교수라면 누구나 종신 교수직을 원하지만 막상 종신 교수가 되면 예상과 달리 행복도가 크게 떨어진다고 한다.[15] 성취감, 인정 등 종신 교수직에 따른 긍정적인 면에만 관심이 쏠려 지루한 학과회의 등 부정적인 측면은 무시한 탓이다. 직업을 선택할 때도 마찬가지다. 연봉, 근무시간 등 퍼뜩 떠오르는 요소들에만 관심을 집중하기 때문에 실제로 행복도 예측에 결정적인 여타 요인들을 놓친다. 이처럼 직무만족도를 예측하는 데 중요한 요소들을 따져보지 않은 채 그저 '가슴이 시키는 대로' 하면 길을 잃고 헤매기 쉽다.

'8만 시간'에서도 열정보다 적성을 중시한다. 내 적성에 꼭 맞는 일을 찾으려면 어떻게 해야 할까? 머릿속으로 생각만 해서는 어디에서 일해야 가장 만족할지, 또 가장 큰 성과를 거둘지 예측하기 힘들다.[16] 자신이 가장 잘 해낼 일이 무엇인지는 전문가라도 알기 어렵다.[17] 기업의 인사 담당자조차 종종 실수할 때가 있으니 말이다. 적임자를 가려내는 데 필요한 방대한 자원을 보유했다는 이들마저 그렇다면 일반인이야 오죽하겠는가.

이는 다양한 일을 해 본 후 그 경험을 토대로 미래를 예측하는 경험적 접근이 최선임을 시사한다. 직장생활을 막 시작한 단계에서는 자신이 어떤 일을 가장 잘 할 수 있을지에 대해 편견 없이 열린 마음으로 판단할 수 있어야 한다.

경험칙을 논외로 할 경우 그 일이 적성에 맞을지 가늠하는 첫 번째 방법은 정보를 최대한 수집하는 것이다. 현업에 종사하는 사람들과 이야기를 나눠 보라. 그 분야에서 성공하는 데 가장 중요한 자질이 무엇인지 묻고 그에 부합하는 자질을 갖고 있는지 생각해 보라. 사람들이 그 일을 그만두는 주된 이유를 물어보고 당신과 비슷한 자격을 갖춘 사람이 과거에 어떤 성과를 올렸는지 조사해 보라. 이상의 요소들을 바탕으로 당신이 그 일에 만족할 수 있을지를 따져 봐야 한다. '열정을 따르라'는 조언은 자기 내면을 들여다보기만 하면 자신에게 맞는 일을 쉽게 찾을 수 있다고 가정한다. 반면 적성에 맞는 직업을 찾으려면 그 직업에 대해 최대한 알아봐야 한다. 성공과 만족도를 좌우하는 것은 그 직업이 열정과 일치하는지 여부가 아니라 일자리 자체의 특성이다.

피터 허포드도 이런 사항들을 고려해 진로를 결정했다. 대학 시절에 그는 정치학에 관심이 많았다. 교수를 도와 몇 가지 프로젝트를 즐겁게 수행했고 대학원에 진학해 정치학을 공부하는 게 자기 길이라고 늘 생각하던 차였다. 하지만 허포드는 기빙왓위캔이 작성한 적성 관련 자료를 검토한 후 진로 탐색 범위를 크게 넓혔다. 현재의 열정에 맞는 진로를 찾는 게 아니라 다양한 분야에 걸친 15개 직종을 선정해 하나씩 검토했다. 해당 직업에 대해 알고 있는 사람들을 만나 이야기를 나누고 자신의 역량과 경험이면 어느 분야에서 가장 큰 성과를 올릴 수 있을지를 가늠했다. 얼마간의 조사만 했을 뿐인데도 몇 가지 직종이 제외됐다. 돌아다니며 여행하는 것을 싫어하는 그에게 컨설팅 일은 맞지 않았다. 의사가 되려면 장시간 교육을 받아야 하는데 그만한 가치는 없어 보였다. 결국 후보가 5개로 좁혀졌다. 대학원 진학은 여전히 후보에 올라 있었지만 나머지 4개인 로스쿨 진학, 비영리 단체 취업, 컴퓨터 프로그래머, 시장조사 분석가는 별로 생각해 보지 않았던 터였다.

그는 5개 직종 모두 적성에 부합하는 듯해 이번에는 장기적으로 얼마나 영향을 끼칠 수 있을지에 초점을 맞췄다. 직업효율성을 따질 때 두 번째로 살펴봐야 할 측면이 바로 영향력이다.

## 현재의 영향력

진로 선택 시 고려해야 할 두 번째는 그 일을 하면서 행사하게 될 영향력이다. 세상을 변화시킬 수 있는 진로를 고민할 때 흔히 듣는 조언들은 특히 이 요소를 강조한다. 세상을 바꾸는 데 직접적인 영향을 끼치고 싶다면 공익 분야만한 게 없다. 그래서 사회적 영향력에 중점을 두는 취업 사이트들도 공익단체나 기업의 사회공헌 일자리들을 주로 소개한다. 하지만 '열정을 따르라'는 말처럼 이 또한 당신을 엉뚱한 방향으로 이끌 수 있다.

첫째, 공익 분야에서 일하며 사회에 기여하고 싶다면 해당 단체가 효율적이어야 한다. 당신이 플레이펌프스인터내셔널의 직원이었다면 열성을 다해 효율적으로 일했다 한들 긍정적인 영향을 끼칠 리 만무하다. 단체의 효율성을 평가하는 일이 쉽지 않다면 앞서 제시한 효과적인 단체 및 명분과 1부에 소개한 질문을 참고해 판단하는 것도 권할 만하다.

둘째, 당신이 아닌 다른 사람이 고용됐을 때보다 기여도가 더 높아야 한다. 당신을 대신해 그 자리를 채울지도 모를 사람과 비교할 때 당신이 더 특별한 역량을 갖추고 있다거나 일을 뛰어나게 잘해야만 유의미한 가치를 보탤 수 있다. 대체자보다 더 많은 가치를 창출하지 못한다면 당신의 영향력은 크다고 볼 수 없다. 극단적인 예로 당신이 그럭저럭 면접을 잘 봐 채용됐지만 막상 실무 능력이 별 볼 일 없다면 더 유능한 사람이 그곳에서 일할 기회를 빼앗아 결과적으로 그 단체에 해를 끼치는 셈이 된다.

셋째, 세상을 바꿀 수 있는 방법은 이 밖에도 많다. 직접적으로 노동력을 제공하는 방식 말고도 기부로 남을 돕는 방법이나 기부를 위한 돈벌이가 있다는 점은 앞서 살펴봤다. 이외에도 창업, 연구, 언론, 정치 등 공익단체에서 일하지 않고도 세상을 크게 변화시킬 수 있는 방법은 많다.

'8만 시간'에서는 직업을 통해 영향을 미칠 수 있는 세 가지 경로를 권한다. 첫 번째는 당신의 노동력이다. 효율적인 단체의 직원이라면 업무를 통해, 연구원이라면 연구활동을 통해 세상을 바꿀 수 있다. 두 번째는 당신의 기부금이고, 세 번째는 다른 사람에 대한 당신의 영향력이다. 이 세 가지를 모두 따져 봐야 당신의 총 영향력을 가늠할 수 있다. 공익 분야에서 일하라는 조언은 첫 번째 방식에만 초점을 둔다.

당신이 가진 자원을 제공할 명분이나 단체가 얼마나 효율적인지도 따져 봐야 한다. 명분이나 단체가 효율적일수록 주어진 자원으로 더 큰 성과를 거둘 수 있다. 노동력을 제공하는 경우라면 당신이 일하는 단체의 효율성이 핵심이다. 기부를 하는 경우라면 당신이 기부하는 단체의 효율성이 핵심이다. 당신이 어떤 영향을 끼칠 수 있을지는 개인적인 조건에 따라 크게 달라진다. 몸담은 단체의 자금 집행에 영향을 미칠 수도 있고 동료들의 기부에 영향을 미칠 수도 있다. 대중적 플랫폼을 통해 일반인들에게 영향을 끼칠 수도 있다. 어떤 경우든 당신이 지지하는 명분이 효율적일수록 당신의 영향력도 커진다.

'공익 분야에서 일하라'는 조언이 적절하지 않은 네 번째 이유이자 가장 중요한 이유는, 이제 막 사회생활에 첫발을 뗀 사람인 경우 당장 영향력을 갖기보다 역량과 자격을 쌓는 게 우선이기 때문이다. 역량 개발은 투자 대비 효용이 높아 훗날 당신의 영향력을 크게 키워 줄 수 있는 길을 넓혀 준다.[18] 고급 학위를 따거나 MBA 과정을 밟거나 프로그래밍을 배우거나 인맥을 구축하는 등 여러 경로가 역량 개발에 해당된다. 첫 직장에서 일하는 기간은 짧을지 몰라도 경력은 그 이후에도 수십 년간 이어진다. 따라서 첫 직장에서 몇 년간 역량을 갈고 닦다 보면 향후 더 지속적으로 발휘할 수 있는 막대한 영향력을 키울 수 있다. 더군다나 한 분야의 고위직은 해당 분야 내에서의 영향력을 독식하다시피 한다. 더 큰 영향력을 발휘할 수 있는 고위직으로 올라갈 기회를 최대화하는 것이 영향력을 최대화하는 데도 결정적이다.

이런 이유로 특히 사회생활 초년병이라면 즉각적인 영향력이 아닌 역량, 인맥, 자격을 갖추는 데 주력해야 한다. 앞서 언급한 대다수의 효율적인 단체들도 이런 방식으로 설립되었다. 기브디렉틀리, 주혈흡충증박멸이니셔티브, 세계기생충구제지원, 디벨로프먼트미디어인터내셔널은 극빈층을 돕는 혁신적인 방법을 개발해 낸 학자 출신들이 설립을 주도한 곳이다. 말라리아퇴치재단의 창립자 롭 매더Rob Mather는 공익 분야로 뛰어들기 전 수년간 전략 컨설팅 분야에서 일하며 역량을 쌓았다. 그 덕에 조직운영 기법을 두루 익힐 수 있었고 재단 설립 후에 무보수로 일해도 될 만큼 많은 돈도 벌어 두었다.

어떤 명분에 투신해야 할지 당장 확신이 서지 않는다면 훗날을 위해 역량, 인맥, 자격 등 경력자본career capital을 축적해 두는 게 중요하다. 즉각적인 영향력에 연연하지 않으면서 어떤 명분이 가장 중요한지 알아보고 자신에 대한 투자를 아끼지 않으면서 미래에 더 큰 영향을 끼칠 수 있도록 준비하는 것도 방법이 될 수 있다는 말이다.

이를 염두에 둔 허포트는 즉각 영향력을 갖는 데 큰 비중을 두지 않았다. 그가 당장의 영향력만 고려했더라면 기부를 위한 돈벌이나 비영리 단체 취업이 최선의 길이고 대학원과 로스쿨은 뒷전으로 밀렸을지도 모른다. 그런데 이 대안들은 그가 훗날 지니게 될 영향력이라는 측면에서 큰 격차가 있었다. 허포드에게는 바로 그 대목이 중요했고, 이는 우리가 마지막으로 살펴볼 사고틀이기도 하다.

## 미래의 영향력

지금 하는 일을 발판 삼아 영향력을 더 키울 수 있는 방법은 많다. 첫 직장에서 경력자본을 쌓아 놓으면 향후 더 큰 영향을 끼칠 수 있는 직장으로 옮기는 데 도움이 된다. 첫 직장에서 조직운영 역량을 키웠다면 두 번째 직장에서는 (다른 모든 조건이 동일할 경우) 더 효율적으로 일할 수 있다. 첫 직장에서 근무하면서 많은 사람을 알아 두면 다른 일자리로 연결될 가능성도 더 높아진다. 더욱이 구글, 맥킨지 등 일류 기업에서 근무한 경력이 있다면 이력서가 잠재적 고용주의 눈에 단연 돋보일 것이다.

첫 직장은 경력자본 외에도 두 가지 측면에서 이후의 경력에 영향을 미친다. 첫째는 이직 기회다. 가령 영리 분야에서 비영리 분야로 옮기는 건 반대의 경우보다 쉽다. 마찬가지로 학계에서 산업계로 옮기는 게 반대의 경우보다 쉽다. 박사학위를 딴 뒤 학계에 남을지 말지 마음을 정하지 못했다면 확실한 정보를 손에 넣기 전까지는 학계에 있는 게 낫다. 여러 가능성을 열어 두기 위해서는 피아노 조율이나 선박산업에 대한 전문지식처럼 특정 영역에 제한된 기술이 아니라 판매 및 마케팅, 리더십, 프로젝트 관리, 비즈니스 지식, 대인관계 기술, 주도력, 직업의식 등 어느 영역에서나 발휘될 수 있는 역량을 연마해야 한다.

둘째는 '탐색 가치exploration value'다. 즉 '이 일을 하다 보면 향후 다른 진로를 모색할 수 있을까?'를 자문하는 것이다. 특히 사회 초년생은 자신에게 어떤 기회가 펼쳐져 있는지, 어떤 직업이 가장 적합할지 잘 알지 못한다. 사회생활 초기에 거치는 몇몇 일자리는 훗날 이직을 결정할 때 도움이 될 귀한 정보를 제공해 준다. 따라서 사회생활 초반에는 잘 알지 못하는 일도 시험 삼아 해 볼 필요가 있다. 대학을 갓 졸업했다면 석사 및 박사과정에 대해서는 훤히 알고 있겠지만 학계 바깥의 영리 세계에 대해서는 거의 모를 것이다. 즐겁게 일할 수 있을지, 자신에게 딱 맞는 일인지 파악하기 어렵다. 따라서 탐색 가치를 염두에 두고 한두 해는 영리 분야에서 일해 볼 필요도 있다. 뜻밖에 그 분야가 적성에 맞을지도 모르는 일이다.

하지만 직장생활을 막 시작한 사람은 여기까지 미처 생각하지 못한다. 사생결단의 각오로 진로를 선택하려 한다. 20대 초반에 평생단 한 번, 돌이킬 수 없는 결정을 내려야 한다고 생각하는 것이다. 이런 실책을 막으려면 창업을 준비하는 기업가처럼 사고해야 한다.[19] 직업 선택과 창업 모두 한 줌의 정보에서 출발하고, 그 정보를 활용해 무수한 변수들에 대처해야 한다는 공통점이 있다. 게다가 상황의 추이에 따라 변수들이 계속 변하기 때문에 끊임없이 새로운 정보를 얻어야 할 뿐만 아니라 그 과정에서 전혀 예상하지 못한 새로운 기회와 문제 들에 직면한다. 앞으로 벌어질 일을 머릿속으로만 생각하는 탁상공론식 사고가 그다지 도움이 되지 않는 건 이 때문이다.

에릭 리스Eric Ries도 이를 지적하며 유명한 '린스타트업Lean Startup' 운동을 전개했다.[20] 린스타트업은 많은 기업가들이 시험 제품이나 아이디어에 혹해서 해당 시장이 있는지 검증하지도 않고 무조건 달려드는 오류를 저지른다는 데 착안한 결과다. 기업이 이런 우를 범하면 대개의 경우 제품은 실패한다. 제품을 시험해야 할 시간에 머리만 굴리는 탁상공론에 매몰되기 때문이다. 리스는 아이디어나 제품을 하나의 가설로 보고 끊임없이 검증하되 최종 제품은 잠재 고객이 결정하도록 해야 한다고 주장한다.

직업을 선택할 때도 이와 유사한 오류에 빠지는 사람들이 많다. 일찌감치 결정을 내리고는 악착같이 거기에만 매달린다. 다른 가능성을 무시한 채 그 일이 자신에게 적합하지 않을 수도 있다는 생각은 하지 않는다(세상에 정말 필요한 일인지 따져 보지 않은 채 막무가내로 밀어붙이는 '소명의식' 때문에 이런 일이 생기기도 한다). 소명을 찾아 융통성 없이 계획을 세울 게 아니라 과학자가 된 것처럼 여러 가설을 검증해야 한다. 이를 위해서는 다음 세 가지 사항을 염두에 두어야 한다.

첫째, 경력을 진행 중인 사안으로 봐야 한다. 진로를 정해 두기보다 하나의 경력 '모델', 즉 새로운 증거나 기회가 나타날 때마다 끊임없이 수정하는 임시적인 목표'들'과 가설'들'을 세워야 한다. 계획이 아예 없는 것보다야 형편없는 계획이라도 있는 게 낫지만 그것도 계획을 기꺼이 수정할 의향이 있을 때나 통하는 얘기다.

둘째, 진로 선택을 할 때 확신이 서지 않는 부분을 파악해 불확실성을 줄여야 한다. 이를 위해서는 지금 눈에 보이는 장단점만 저울질하면 안 된다(물론 그것도 필요하다). 그보다는 이렇게 자문하자. '내가 직업을 결정하는 데 가장 유용한, 결정적인 한 가지 정보는 무엇인가? 그 정보를 얻으려면 어떻게 해야 하는가?'

셋째, 다양한 경로를 시험해 봐야 한다. 과학자들이 가설을 검증하듯 가능하면 다양한 진로 계획을 두고 실험을 해 보자. 어떤 직업이 적합한지 사전에 예측하기가 매우 어려운 만큼 이는 중요한 문제다. 일례로 '8만 시간'에 진로 상담을 의뢰한 어떤 사람은 자산관리회사의 인턴으로 사회생활에 첫발을 뗐다. 그 분야에 경험이 없었던 그녀는 자기한테 맞지 않는 일일 거라고 막연히 생각하던 터였다. 막상 일해 보니 역시나 그 일이 마음에 차지 않았다. 어떤 의미에서는 '실패'였다. 하지만 그 실패 덕분에 오히려 자신감을 갖고 다른 경로(학계)로 뛰어들 수 있었다. 실패가 도리어 매우 값진 경험이 된 것이다.

## 피터의 결정

이상의 이유로 피터는 직업을 선택할 때 가장 중요한 기준이 훗날 지니게 될 영향력이라고 생각했다. 그렇게 보니 로스쿨은 애초에 생각했던 것보다 매력이 훨씬 떨어졌다. 한 가지 경로에 모든 공력을 집중시켜야 할뿐더러 매우 제한적인 전문기술을 익히는 일이기 때문이다. 더욱이 3년 후에는 엄청난 빚을 떠안게 될 터였다.

같은 기준으로 보면 소프트웨어 개발자나 시장조사 분석가가 비영리 단체보다 더 유망해 보였다. 즉각적인 영향을 미칠 수 있고(비영리 단체에서 일하며 직접 노동력을 제공하는 것보다 소프트웨어 개발자나 시장조사 분석가로 일하며 많은 돈을 기부하는 쪽이 영향력은 더 컸다) 졸업하자마자 바로 비영리 단체에 들어가는 것보다 우선은 영리기업에 취직하는 게 장기적으로 유용한 기술들을 익히면서 더 많이 배울 수 있는 길인 듯했다.

그래서 피터는 대학 4학년 때 컴퓨터 프로그래밍 기술을 익히는데 전념했다. 덕분에 그는 신용이 준우량near-prime 등급인 사람들에게 온라인 대출을 제공하는 시카고의 한 신생업체에 소프트웨어 개발자로 취직할 수 있었다. 자신이 몸담고 있는 회사가 세상을 이롭게 하는 데 앞장서는 곳이긴 했지만 그에게 열려 있는 진로 가운데 가장 효율적인 경로라고는 할 수 없었다. 하지만 그곳에서 프로그래밍 및 통계 기술을 익히고 사업 수완과 금융 경험을 쌓아 두면 훗날 그에게 다른 기회가 열릴지도 모르는 일이었다. 게다가 자유시간도 넉넉해 비영리 분야도 계속해서 탐색해 볼 수 있었다. 그러다 보면 향후 비영리 단체로 아예 전직할지, 현업에 종사하면서 기부를 위한 돈벌이에 집중할지 결정하는 데 큰 도움이 될 터였다.

지금까지 살펴본 사고틀을 적용하면 여러 진로를 비교해 볼 수는 있지만 '최선의' 직업이 무엇인지는 알 수 없다. 이처럼 가능한 경로가 너무 많을 때는 선을 그을 필요가 있다. 이 경우 최선의 대안들을 추려 비교하는 방법을 제안한다. '8만 시간'에서도 특히 유망한 진로를 선별해 '진로 전략'을 제시하고 있다(조사가 더 진척되면 다소 바뀔 가능성이 있다. 자세한 정보는 '8만 시간' 웹사이트에서 확인하라). 우리가 추천하는 직종은 긍정적 영향을 미칠 가능성이 매우 높은 '확실한 경로'와 성공할 가능성은 그보다 낮지만 성공할 경우 큰 영향을 미칠 수 있는 '모험적 경로'로 나뉜다.

## 확실한 경로

### 효율적인 단체에서 일하기

'8만 시간'에서는 대학 졸업 후 곧바로 비영리 단체에 취직하는 건 권하지 않는 편이다. 훈련에 투자할 자원이 풍부한 민간 기업에서 일하는 게 역량과 자격 등을 쌓기에 더 유리하기 때문이다. 하지만 곧바로 비영리 단체에 들어가는 편이 나을 때도 있다. 비영리 단체 취업을 고려하고 있다면 스스로에게 다음 질문을 던져 보자.

- 이 단체는 매우 효율적인가?
- 이곳에서 일하면 많은 것을 배울 수 있는가?
- 이 단체는 자금이 풍부한 반면 인재는 부족한가?
- 비영리 영역에서 장기적으로 일하기를 바라는가?

이상의 조건을 고려할 때 비영리 단체 중 일하기 좋은 곳으로 기브웰을 추천한다. 기브웰은 매우 효율적인 조직이다. 내실 있게 운영되고 있으며 직원들에게 수준 높은 훈련을 제공한다. 또 자금보다는 인재를 더 필요로 한다. 특정 단체가 자금과 인재 중 무엇이 필요한지 파악하려면 기부를 원하는지 노동력을 원하는지 직접 문의하는 것도 방법이다. 2011년 스탠퍼드대학교에서 정책·조직·리더십 전공으로 석사학위를 받은 알렉산더 버거Alexander Berger도 다르지 않았다. 기부를 위한 돈벌이를 할지 기브웰에 들어갈지 선뜻 결정할 수 없었던 그는 자신이 직원이 될 경우 보수를 얼마나 줄 수 있는지 기브웰에 직접 문의하고 나서야 기부를 위한 돈벌이를 택할 때보다 훨씬 많은 보수를 받을 수 있다는 사실을 알게 됐다.

개인적인 이유로 비영리 단체에 곧바로 취업하는 게 나은 경우도 있다. 가령 특정 명분에 대한 열의에 차 있다면 해당 활동이 한창 진행 중일 때 동참하는 게 중요하다고 생각할 수도 있다. 또 기부를 위한 돈벌이처럼 간접적인 방식을 취하거나 역량을 쌓으면서 훗날을 기약하면 그사이에 가치관이 바뀔까 봐 걱정될 수도 있다. 아무래도 뜻을 같이하는 사람들을 늘 곁에 두는 게 유익하고 고무적이며 가치를 공유하는 곳에서 일하는 게 최종 목표에 전념하기에도 좋다. 이런 개인적인 사항들도 사전에 진지하게 고려해 봐야 한다.

끝으로 비영리 단체가 당신에게 열려 있는 유일한 효율적 조직은 아니라는 점을 유념해야 한다. 인류가 지난 수백 년 동안 이룩한 비약적인 발전은 대부분 비영리 단체가 아닌 영리기업 및 정부가 주도한 기술과 혁신 덕분이었다. 사회 전체에 혜택을 가져다준다거나 시장의 실패를 교정하는 기업(예컨대 화석연료 대체기술 개발기업)이 있다면 그 또한 세상을 바꾸는 데 효율적인 수단이 될 수도 있다. 이 같은 영리 조직의 잠재력에 대해서는 뒤에서 다시 살펴보자.

## 기부를 위한 돈벌이

기부를 위한 돈벌이에 뛰어들어 벌어들인 수입을 비용효율성이 높은 단체에 기부한다면 직장생활을 시작한 시점부터 매우 긍정적인 영향을 끼칠 수 있다. 또 훗날 유용하게 활용될 값진 역량과 인맥을 쌓는 데도 도움이 된다.

장기간에 걸쳐 기부를 위한 돈벌이에 매진할 생각이라면 직업별로 장기적 소득이 얼마나 될지 조사해 봐야 한다. 인터넷 검색으로 직종과 경력에 따른 수입을 알아볼 수 있긴 하지만 그만한 경력을 쌓는 과정이 얼마나 지난한지, 다른 분야로 이직할 경우 얼마나 받을 수 있을지는 알기 어렵다. 더욱이 한 가지 직업 경로 내에서도 하위 업종별, 기업별로 소득 격차가 크다.

'8만 시간'에는 진로 결정에 도움이 될 수 있도록 이를 조사해 둔 자료가 있다. 예상대로 금융권 경영진의 연봉이 가장 높고 컨설팅 분야가 그 뒤를 잇는다. 당연히 두 분야 모두 경쟁이 치열하고 낙오될 위험도 높다. 승진에 실패하면 연봉이 더 낮은 직장으로 옮겨야 할지도 모른다. 이런 약점에도 불구하고 금융 및 컨설팅 부문은 예상 연봉이 가장 높은 직종이다. 기술기업 창업과 헤지펀드 부문은 예상 연봉이 더 높지만 기술기업 경영에는 높은 위험이 따르고(이익을 내는 기업도 경영자의 주식매각 기회는 10퍼센트 미만이다)[21] 투자운용에는 탁월한 수학 능력이 필요하다.

이보다 위험이 덜한 직종 중에서는 의사가 특히나 미국에서 (금융 부문에는 못 미쳐도) 수입이 높다. 법조계는 생각보다 연봉이 높지 않다. 하버드 등 명문 로스쿨을 졸업하지 않는 이상 컨설팅이나 금융 부문만큼 높은 연봉을 받을 가능성은 없다. 로스쿨을 다니는 동안에는 수입을 기대하기 어렵고 막대한 빚을 떠안은 채 졸업해야 한다는 것도 부담이다.

이처럼 경쟁이 치열한 직종이 아니라도 진로는 얼마든지 열려 있다. 소프트웨어 개발은 진입장벽이 낮고 연봉도 높아서 '8만 시간'을 통해 진로 상담을 받은 많은 사람들이 이 분야로 진출했다. 위스콘신대학교에서 철학을 전공한 크리스 홀퀴스트Chris Hallquist도 그중 한 명이다.[22] 전공과 직결되는 직종이 거의 없었던 그는 다양한 대안을 검토했다. 로스쿨 진학도 생각했지만 변호사는 공급과잉 상태인 듯했다. 홀퀴스트는 프로그래밍 분야가 유망하다고 보고 '앱 아카데미'에 등록해 3개월 집중 훈련을 받은 뒤 10만 단위의 연봉을 받는 조건으로 샌프란시스코의 신생 기업에 취업했다.[23]

판매 및 마케팅도 좋은 대안이 될 수 있다. 경쟁에 비해 연봉이 꽤 높을 뿐만 아니라 향후 사회복지 분야로 이직할 예정이라면 특히나 유용한 기술을 익힐 수 있다. 회계와 보험계리 분야도 경쟁에 비해 연봉이 높다.

대학 학위가 없다면 전기기사, 엘리베이터 기사, 경찰 등 숙련직이 보수가 좋다. 발전소 운전원 등 에너지 분야 직종이나 조종사도 대안이다. 전문대학 졸업자가 높은 연봉을 받을 수 있는 직종으로는 방사선 기사, 핵의학 기술자, 치위생사 등의 의학 부문 직업이나 항공관제사가 있다.

어느 직업이나 마찬가지지만 특히 기부를 위한 돈벌이로 숙련직을 생각 중이라면 향후 전망을 고려해야 한다.[24] 해당 직종이 머지않아 아웃소싱될 가능성이 크다거나(일부 IT 직군) 신기술의 등장으로 자동화될 수도 있기 때문이다. 알람시계가 등장하기 전에는 직장인들이 제시간에 출근할 수 있도록 아침에 창문을 두드려 잠을 깨워 주는 일을 하는 사람들도 있었다. 컴퓨터가 보급되면서 기본적인 계산을 도맡아 하던 사람들도 사라졌다. 냉장고의 등장으로 우유배달부가 줄었고 자동조립기의 등장으로 조립라인 노동자가 밀려났다. 이제 무인자동차 기술까지 등장했으니 택시기사나 트럭기사도 재고해야 한다. 수십 년 내로 자동화될 가능성이 상당히 높기 때문이다. 기술 진보로 점원과 비서 수요도 줄고 있다. 대체로 사회적 기술(홍보 등), 창의력(패션디자인 등), 정확한 감지력 및 조정력이 요구되는 분야(압력용기나 저장탱크 등을 만드는 제관기능사 등)가 자동화될 가능성이 가장 낮다. 물리적인 접촉이나 고도의 훈련이 요구되는 직종도 아웃소싱될 가능성이 낮다.

기부를 위한 돈벌이를 생각 중이라면 고려해야 될 요소가 하나 더 있다. 이타적인 성향이 당신만큼 강하지 않은 사람들과 어울려 일하다 보면 자기 본연의 가치를 잃을 수 있다는 점이다. 금융업에 몸담으며 기부를 위한 돈벌이를 하는 제이슨 트리그Jason Trigg를 다룬 기사를 읽고 『뉴욕타임스』 칼럼니스트 데이비드 브룩스David Brooks가

제기한 반론이 단적인 예다.

> 당신이 헌신하고자 하는 명분, 이를테면 말라리아를 박멸하기 위한 편리한 수단이 금융업이라는 생각으로 그 일을 시작했을지도 모른다. 하지만 뇌는 외부의 영향에 취약한 기관이다. 어떤 활동을 할 때마다 어떤 생각을 할 때마다 당신은 조금씩 개조된다. 타인과 어울리는 시간이 늘어날수록 당신은 그들을 닮아 간다.
> 당신은 서서히 다른 사람으로 변한다. 일상적인 행동과 뼛속 깊이 품은 뜻의 간극이 넓어지다 보면 당신은 차츰 일상 속 당신의 모습을 닮아 갈 테고 초심과는 차츰 멀어질 것이다.[25]

생각해 볼 만한 대목이다. 특정 직종에 몸담을 경우 이타적인 동기가 쉽게 저하되리라고 생각한다면 그 일은 하지 않는 게 맞다. 하지만 대개의 경우 이는 큰 문제가 되지 않는다. 우선, 기부를 위한 돈벌이를 하면서 이타적 동기가 시들해지더라도 언제든 그 일을 그만두고 비영리 단체로 옮길 수 있는 길은 열려 있다. 이 경우에도 최소한 직장 경험은 남는다. 둘째, 효율적 이타주의 커뮤니티에서 활동하면 이런 우려를 누그러뜨릴 수 있다. 유사한 경로를 택한 친구들을 많이 만날 수 있고, 공개적인 기부 의사를 밝히면 이타적인 목표에 부합하는 삶을 살도록 응원해 주는 강력한 우군도 얻을 수 있다. 셋째, 초심을 잃지 않고 기부를 위한 돈벌이에 충실한 사람도 많다. 빌 게이츠Bill Gates를 비롯한 '기부 서약Giving Pledge'(수익의 50퍼센트 이상을 기부하기로 천명한 거부들의 모임) 회원들이 가장 두드러진 경우지만 이와 유사한 사례는 많다. 짐 그린바움Jim Greenbaum도 1980년대 초 버지니아대학교를 졸업할 당시 돈을 최대한 많이 벌어 세상을 더 나은 곳으로 만드는 데 쓰겠다는 목표를 세웠다. 그는 1985년 이동통신업체 액세스 롱디스턴스Access Long Distance를 설립하고 14년 뒤에 회사를 매각했다. 현재 56세인 그린바움은 여전히 자신의 철학을 고수하면서 자산의 50퍼센트 이상을 기부하고 있다. 기부를 위한 돈벌이에 초심을 잃을 위험이 늘 내재돼 있다는 점은 진로 선택 시 특히 유념해야 할 사항이다. 하지만 어떤 진로를 택하든 자신이 선택한 길에 환멸을 느끼게 될 가능성은 상존한다. 게다가 당신이 기부한 돈이 세상에 어떻게 보탬이 될지 지켜보는 것만큼 가슴 벅찬 일은 없을 것이다.

## 역량쌓기

역량을 쌓는 건 단기 전략이다. 하고 싶은 일을 아직 결정하지 못한 경우라면 좋은 대안이 될 수 있다. 최대한 많은 가능성을 열어 두려면 어느 직종에서나 두루 활용 가능한 경력자본을 쌓아야 한다. 그러면 장기 전략을 구체화할 때까지 시간을 벌면서 향후 유용하게 쓰일 기술을 익혀 둘 수 있다.

이 경우 첫 직장으로는 컨설팅 분야가 적합하다. 2011년 옥스퍼드대학교에서 정치·철학·경제학 학사 학위를 받은 하비바 이슬람Habiba Islam은 정계 진출을 장기적 목표로 삼고 컨설팅 업체에서 직장생활을 시작했다. 컨설팅 분야에서 몇 년 근무하다 보면 비즈니스 전반에 대해 배울 수 있고 다양한 분야의 사람들을 만날 수 있을 뿐만 아니라 근면함과 시간을 엄수하는 업무 태도도 저절로 증명되니 현명한 결정이라 할 만했다. 그러는 동안에도 기부를 위한 돈벌이로 영향을 끼칠 수 있다.

판매 및 마케팅 부문도 역량 쌓기에 유리한 분야다. 이 부문에서 쌓은 경험은 특히 비영리 분야로 전직할 때 쓸모가 있다. 공익 부문에서는 메시지를 설득력 있게 전달하는 능력이 중요하기 때문이다. 유용한 분야의 박사 학위를 취득하는 것도 대안이다. 제스 위틀스톤Jess Whittlestone도 이 경로를 택했다. 수학과 철학을 전공했던 그녀는 워릭 경영대학원에 진학해 행동과학 박사과정을 밟아 리서치 업계로 진출할 길을 텄다. 꼭 리서치 분야가 아니더라도 박사라는 자격과 통계학 및 조직 의사결정에 대한 전문지식은 향후 유용하게 활용될 터다. 게다가 박사과정을 밟는 동안에는 직장생활을 할 때보다 시간을 더 유연하게 조정할 수 있으니 다른 프로젝트를 병행할 기회도 많아진다. 제스 역시 자투리 시간 틈틈이 대중과학 기사를 기고하는 객원기자 활동을 병행한 덕분에 박사과정 이후 전업작가가 될 수 있는 길도 열린 셈이다.


## 모험적 경로

효율적인 단체에서 일하기, 기부를 위한 돈벌이, 역량 쌓기는 안전한 경로다. 이 경로를 택하면 지금 당장 영향을 끼칠 수도 있고 훗날 영향력을 행사할 입지도 확보할 수 있다. 하지만 기대가치 개념을 통해 살펴봤듯 성공할 가능성은 그보다 낮지만 성공할 경우 보상이 막대한 경로도 있다. 여기에는 어떤 유망 직종이 있는지 한번 살펴보자.

## 창업

창업은 전망이 매우 밝은 경로다. 큰 변화를 일으킬 잠재력을 키울 수 있고 귀한 경력자본도 축적할 수 있다. 영리에 목적을 둔 창업이라면 수익을 거둬 효율적인 자선사업에 기부할 수도 있다. 창업은 진입장벽도 비교적 낮아 대학 학위 없이도 성공을 거둔 이들이 많다. 하지만 신생 기업의 대다수가 낙오하는 실정이다 보니 실패를 각오할 필요가 있다. 게다가 창업가는 온종일 일에 매달리며 극심한 스트레스에 시달리기 쉽다. 사업가 체질은 따로 있다는 말이다.

비영리 창업의 가치를 잘 보여 주는 사례가 앞서 언급한 기브디렉틀리다. 기브디렉틀리를 공동 설립한 폴 니하우스Paul Niehaus와 마이클 페이Michael Faye는 하버드대학교 경제학 박사 출신으로 기부를 위한 돈벌이에 특히 유리한 입장이었다. 하지만 이들이 기브디렉틀리를 설립한 건 탁월한 선택이었다. 기브디렉틀리는 2011년에 공식 출범한 이후 현재까지 2000만 달러 이상을 모금했으며 모금액은 지금도 빠르게 늘고 있다.[26] 기브디렉틀리가 아닌 다른 단체(아마 효율성은 더 떨어지는 단체)에 기부될 수도 있었던 돈이라는 걸 감안하더라도 이 두 사람은 기부를 위한 돈벌이를 택했을 때보다 기브디렉틀리를 설립함으로써 더 큰 선행을 한 건 분명하다.

비영리 단체 창립을 준비 중이라면 가장 중요한 명분에 집중하는 것도 한 가지 전략이 될 수 있다(명분에 대해서는 다음 장에서 다룬다). 이 경우 창립하려는 단체가 착수할 문제가 여태 해결되지 않은 이유는 무엇인지, 앞으로도 해결되지 못할 것인지 답할 수 있어야 한다. 스스로에게 다음 질문을 던져 보라.

- 왜 시장은 이 문제를 해결하지 못했는가?
- 왜 정부는 이 문제를 해결하지 못했는가?
- 왜 자선단체에서는 일찍이 이 문제를 해결하지 못했는가?

대개의 경우 위 질문들에 대한 답은 해당 문제가 매우 해결하기 어렵다는 사실을 시사할 것이다. 다시 말해 힘을 집중시켜야 할 효율적인 명분이 아니라는 의미다. 반대로, 위 질문에 답하다 보면 당신이 나설 경우 해당 문제를 해결하는 데 큰 보탬이 될 수 있다는 결론이 나올 수도 있다. 잠재 수혜자들이 시장에 전면적으로 참여하지 않은 상태이고 정부 정책의 효율성도 의심스러워 자선단체의 개입이 요구되는 명분이 이에 해당한다. 가령 미래 세대의 이해관계와 관련된 문제가 그렇다. 미래 세대는 현재 시장이나 선거에 참여하지 않아 그들의 이해관계를 조직적으로 대리할 사람이 없기 때문이다.

영리기업 창업은 비영리 단체 설립보다 더 강력한 대안이 될 수 있다. 영리기업은 가장 중요한 사회 문제에 총력을 기울이기 어렵긴 해도 더 빠르게 성장할 수 있는 잠재력이 크고 더 많은 돈을 벌어 훗날 좋은 뜻에 쓸 수도 있다. 경제학자들도 자본주의 시장경제하에서는 혁신적인 기업이 충분히 공급되지 못한다고 보고 있다. 예일대학교의 윌리엄 노드하우스William Nordhaus 교수에 따르면 혁신가들은 자신들이 창출한 가치의 단 2퍼센트만 가져간다.[27] 즉, 혁신적 기업은 창출한 이익 1달러당 50달러의 혜택을 사회에 환원한다. 일반적으로 혁신적인 기업가는 자신이 버는 돈보다 훨씬 더 큰 혜택을 사회에 제공한다.

링컨 쿼크Lincoln Quirk도 이 경로를 선택해 대학원을 그만두고 '웨이브Wave'라는 회사를 차렸다. 웨이브는 이주민들이 고향으로 더 쉽고 저렴하게 송금할 수 있는 서비스를 제공한다. 보통 이주민들은 웨스턴유니언Western Union이나 머니그램MoneyGram의 창구를 직접 찾아 10퍼센트의 수수료를 내고 송금한다. 링컨 쿼크와 동업자 드루 더빈Drew Durbin은 미국에서 케냐까지 휴대폰으로 쉽게 송금할 수 있는 소프트웨어를 개발했다. 이들의 수중에 들어오는 수익은 송금 수수료의 3퍼센트에 불과하다. 지금은 사업에 필요한 기반시설을 갖춘 케냐에 주력하고 있지만 앞으로 더 확장해 나갈 계획이다.

이 발상에 잠재된 긍정적인 영향은 어마어마하다. 국가 간 자금이체 규모는 연간 4000억 달러 이상으로, 해외원조금의 몇 배에 달한다.[28] 링컨이 이끄는 신생 기업은 송금 수수료를 단 몇 퍼센트 낮추는 것만으로 부유한 나라에서 가난한 나라로 유입되는 자금을 연간 수백억 달러 늘릴 수 있다. 미 메릴랜드 주에서 케냐로 이체되는 금액만도 연간 3억5000만 달러 이상이다. 미국의 한 주에서 케냐로 이체되는 금액을 연간 2400만 달러 더 늘릴 수 있는 것이다.[29] 이 회사는 서비스 개시 후 채 몇 달이 지나지 않아 수천 명의 이용자를 확보했고 벌써 수백만 달러의 이체 실적을 올렸다.

## 연구활동

1970년 노벨평화상 수상자는 노먼 볼로그Norman Borlaug였다. 당시 노벨상위원회는 노먼이 10억 명의 생명을 구한 것이나 다름없다고 선정 이유를 밝혔다. 그는 정치가였을까? 군사지도자였을까? 영웅이었을까? 노먼은 미국 아이오와 출신의 평범한 인물이었다. 농학자였지만 전형적인 학자는 아니었다. 공식적인 자격요건을 제대로 갖추지 못한 데다 빅토리아 시대에나 쓰던 영농 기법을 고수했다. 그의 이름을 떨치게 한 혁신적인 기술의 명칭도 평범한 '신형 병해저항성 단간밀new type of short-stem disease-resistant wheat'이었다. 하지만 이 품종의 개발로 가난한 나라들의 밀 수확량이 비약적으로 늘어나면서 '녹색혁명'에 불이 붙었다. 그가 아닌 다른 사람에 의해 유사한 혁신이 일어났을지도 모를 가능성을 감안하더라도 볼로그가 수억 명이 기아로 사망하는 사태를 막은 건 분명하다.

연구자들의 막강한 영향력을 보여 주는 사례는 볼로그 외에도 많다. 과학자와 연구자 들은 '가장 영향력 있는 인물' 목록에서 늘 큰 비중을 차지한다. 인공비료를 발명한 프리츠 하버Fritz Haber와 카를 보슈Carl Bosch, 혈액형을 발견해 수혈을 가능하게 한 카를 란트슈타이너Karl Landsteiner, 최초의 백일해 백신을 개발한 그레이스 엘더링Grace Eldering과 펄 켄드릭Pearl Kendrick, 인간면역결핍바이러스HIV를 발견한 프랑수아즈 바레시누시Francoise Barre-Sinoussi, 뤼크 몽타니에Luc Montagnier 등이 대표적이다.

다른 사람에 의해 언젠가는 나타났을지 모를 성과였다는 걸 감안하더라도 이들 각자의 연구가 수백만 명의 목숨을 구한 건 명백하다. 구체적으로 정량화하긴 어렵지만 아이작 뉴턴Isaac Newton부터 대니얼 카너먼Daniel Kahneman에 이르는 많은 연구자들 역시 인류의 진보에 크게 기여했다.

혁신적 기업이 그러하듯 연구 분야 또한 시장에 의한 공급이 부족한 실정이다. 사회 전체에 혜택이 돌아가는 데다, 대부분의 혜택이 수십 년 뒤에나 실현되기 때문이다. 정부가 이 문제를 바로잡으려 연구 기금 지원을 통해 얼마간 개입하고 있긴 하지만 학계의 연구 성과가 막대한 영향력으로 직결되는 경우는 그리 많지 않다. 학자들은 사회적으로 중요한 문제보다 이론 작업에 매달리는 경향이 있기 때문이다. 따라서 영향력이 큰 연구 주제를 신중하게 택하면 다른 방식으로는 기대하기 힘든 영향을 끼칠 수 있다.

하지만 연구 성과(출판물, 수상 실적, 인용 횟수 기준)가 두꺼운 꼬리 분포를 보인다는 데서 알 수 있듯 극소수의 과학자들이 대다수의 공적을 차지한다.[30] 과학 분야에 매우 탁월한 능력을 갖췄다면 이 경로가 최선이지만 그렇지 않다면 분야를 더 신중하게 선택할 필요가 있다.

연구 분야별 직업 전망도 무시할 수 없다. 박사학위를 취득한 후 학계에서 자리를 얻을 가능성과 학계 이외의 분야에서 자리를 얻을 가능성은 학문별로 편차가 크다.[31] 가령 철학 분야에서는 종신 교수직보다 박사과정생이 4배나 많아[32] 철학자 지망생들이 학계에서 자리를 얻기가 어렵다. 이에 반해 경제학 분야에서는 교수 자리와 지원자 수가 엇비슷하다.[33] 학계 외부에서 얼마나 영향을 미칠 수 있는지를 고려해 정부나 기업에서 선호하는 경제학 박사학위를 따는 게 유리하다.

'8만 시간'에서는 연구활동으로 큰 영향력을 행사할 잠재력이 가장 높으면서도 다양한 진로와 직결되는 경력자본을 쌓기에 좋은 분야로 경제학, 통계학, 컴퓨터과학, 일부 심리학 분야를 추천한다. 물론 우선순위가 높은 명분과 연계된 특정 연구 분야에 관심을 두고 있었거나 이미 전문성을 갖춘 사람이라면 그 분야의 연구에 계속 매진하면 된다.

연구자가 연구활동을 하며 영향력을 키울 수 있는 방법으로는 학제간 연구가 있다. 개별 분야 연구보다 여러 학문 분야가 결합된 학제간 연구가 양적으로도 우세하다. 또 학제를 구분하는 전통 탓에 두 학문 분야의 접점이 간과되는 경우가 많아 오히려 유리하다. 경제학 분야에서 혁명을 일으킨 심리학자 대니얼 카너먼과 아모스 트버스키Amos Tversky가 대표적인 예다.[34] 이들은 당시 경제학에서 유행하던 '합리적 선택'을 검증하는 데 심리학적 방법론을 적용하여 '행동경제학'이라는 새로운 분야를 개척했다. 행동경제학은 인간 행동에 대한 이해의 폭을 넓혀 바람직한 행동 변화를 이끌어 내는 데 기여했다.[35] 마찬가지로 효율적 이타주의도 도덕철학과 경제학 개념들이 결합돼 발전한 운동이다.

분야를 결합한 연구활동은 이론 영역에서 실용 영역으로 전직하는 경우에 특히 유용하다. 학계에서 선호하는 분야, 즉 최고의 연구자들이 몰리는 분야는 실생활과는 무관한 경우가 많다(한 친구는 수학 분야의 노벨상 격인 '필드상Fields Medal'이 수상자에 대해 두 가지를 알려 준다고 농담 삼아 말한 적이 있다. 하나는 수상자가 정말 중요한 업적을 이룰 능력이 있었다는 점이고, 다른 하나는 사실상 아무 업적도 이루지 못했다는 점이다). 뛰어난 연구자이면서 어느 정도 학계의 지위를 포기할 수 있는 사람은 응용 분야로 옮기면 큰 영향력을 키울 수 있다.

## 정계 진출 및 정책옹호 활동

정치도 성공 가능성은 낮지만 막대한 영향력을 끼칠 수 있는 영역이다. 영국의 경우 정계에 진출한 사람의 영향력은 대체로 장관이나 총리가 될 때나 기대할 수 있다. 장관이나 총리가 되기는 어렵지만 될 수만 있다면 잠재력 영향력은 매우 크다. 앞서 사례로 든 로라 브라운도 이런 이유로 정계 진출을 선택했다. 영국 정치에 국한된 사례긴 하지만 어느 나라나 이런 사정은 크게 다르지 않다.

정책옹호 활동advocacy도 잠재적 보상이 매우 크다. 영향력을 정량화하기가 까다롭긴 하지만 불특정 다수의 행동을 변화시킬 수 있고 특정 정책을 둘러싼 논쟁에서도 입김을 행사할 수 있기 때문이다. 처음엔 학계나 언론계에 몸담으며 옹호 활동을 펼치다가 나중에 '사회 참여 지식인'으로 변모할 수도 있다. 이런 경로를 밟아 효율적 이타주의의 주창자가 된 사람이 딜런 매튜스Dylan Matthews다. 하버드대학교에서 도덕철학과 정치철학을 전공한 그는 원래 대학원에 진학해 학업을 이어 갈 생각이었지만 결국 언론을 택했다. 중요한 명분을 위해 싸울 언단이 마련된다는 게 그 이유였다. 『워싱턴포스트』를 기쳐 현재 복스닷컴Vox.com에서 일하고 있는 그는 언론이라는 무대를 활용해 자신이 중시하는 사안들, 즉 자유주의적 이민 정책, 보편적 기본

소득, 기부를 위한 돈벌이 등을 주창하며 지지활동을 전개하고 있다.

정책옹호 영역에서도 영향력은 두꺼운 꼬리 분포를 보인다. 승자독식 환경이다 보니 소수의 사상적 지도자들만 관심을 독차지한다. 정책옹호 활동 전반의 영향력에 대한 자료는 없지만 대체지표라 할 수 있는 책 판매량을 보면 매우 두꺼운 꼬리 분포를 확인할 수 있다.[36] 트위터 팔로어 분포도 마찬가지다.[37] 따라서 이 분야 역시 이례적으로 성공할 가능성이 있다고 판단할 때만 선택하는 게 좋다.

## 자원봉사

지금까지는 세상에 보탬이 되는 진로를 선택하는 방법에 대해 살펴봤는데, 자원봉사 영역도 크게 다르지 않다. 단, 자원봉사의 경우 고려해야 할 요인이 한 가지 더 있다. 자원봉사자는 해당 분야에 대한 전문 훈련을 받지 않은 경우가 많기 때문에 도움을 줄 수 있는 범위가 제한적이라는 점이다. 때로는 단체의 귀중한 관리 역량을 소모하기도 한다. 그렇다 보니 자원봉사 활동이 도리어 해당 단체에 해를 끼칠 때도 있는 게 사실이다. 일부 비영리 단체들이 자원봉사자를 모집하는 이유가 정기 기부를 확보하기 위해서라는 얘기까지 들릴 정도다.[38]

자원봉사를 할 때는 해당 단체에 비용 부담을 초래하지 않도록 해야 한다. 가령 '위키피디아'에 수준 높은 정보를 제공하면 다른 사람에게 비용 부담을 초래하지 않으면서도 많은 사람들에게 혜택을 줄 수 있다. 그래서 일부 단체들도 거의 비용이 들지 않는 게시판 자원봉사자를 활용한다. 채식주의를 주창하는 머시포애니멀스가 그 예다. 이 단체의 자원봉사자들은 페이스북에 공장식 축산의 실태를 고발하고 채식주의를 실천하는 방법을 소개한다. 이런 활동은 단체의 관리 역량을 소모시키지 않는다. 직접 자원봉사를 하기보다 야근 등 시간외근무를 통해 받은 수당을 기부하는 것도 단체에 비용 부담을 초래하지 않는 방법이 될 수 있다.

그렇다고 자원봉사 활동에 선을 그을 필요는 없다. 오히려 자원봉사를 기술과 경험 습득의 연장선에서 생각해 보면 어떨까. 훗날 더 큰 영향을 끼칠 수 있게 해 줄 자원을 확보하는 의미가 있기 때문이다. 자원봉사에 투입하는 시간은 직장생활에 비하면 새 발의 피다. 자원봉사가 다른 사람에게 미치는 영향보다 직장생활 외의 본인 삶에 미치는 영향이 훨씬 크다는 말이다.

대학시절 나는 에티오피아에서 아이들을 가르친 적이 있다. 그 일을 하면서 내가 끼친 영향은 미미했지만(교사에게 휴식시간을 조금 더 확보해 주는 게 전부였다. 그것도 도움이라면 도움일 테지만 비싼 항공권을 비롯해 내가 투자한 돈과 시간에 비하면 보잘것없었다) 극빈층의 실상을 직접 목격하고 겪어 본 경험이 내게 끼친 영향은 매우 컸다. 그 경험은 이후 수년간 내 결정을 좌우했고 아이들을 가르치는 현실적인 활동보다 더 관념적인 활동을 할 때도 그때를 생각하면 마음을 다잡을 수 있었다. 에티오피아 여행은 내가 도움을 주려고 했던 그 누구도 아닌 바로 나에게 가장 큰 영향을 끼친 셈이었다.

자원봉사자 자신이야말로 자원봉사의 수혜자라는 말이 이상하게 들릴지도 모르지만, 자원봉사를 더 나은 세상을 만들기 위한 첫 발걸음이라고 생각한다면 전혀 이상할 게 없다. 만사가 그렇듯 다른 사람을 도우려 할 때도 훈련이 필요하다. 그런 의미에서 자원봉사는 경험을 쌓을 수 있는 좋은 경로다.

## 이직과 전직

직업이 이미 있는 상태에서 남을 돕고 싶다면 어떻게 해야 할까? 여기서도 앞서 소개한 사고틀을 적용할 수 있다. 다만 경력자본의 중요성은 훨씬 떨어지고 구체적인 상황과 관련된 사항들(습득 기술 및 경험)의 중요성은 더 커진다. 남을 돕는 데 유용한 기술을 익히지 못했다면 기부를 위한 돈벌이가 특히 좋은 방법이다. 고소득 직장을 버리고 남을 돕는 일에 직접 뛰어드는 사람들도 있는데, 해당 분야에 대한 전문성이 없다면 계속 고소득 직종에 종사하면서 기부를 많이 하는 편이 낫다.

1970년대에 브라운대학에서 박사학위를 취득한 후 학계를 떠나 미술상art dealer으로 변신한 프레더릭 물더Frederick Mulder가 그 예다. 그는 미술상으로 명성을 쌓으면서도 자신의 경력을 활용해 세상에 보탬이 되고 싶은 마음은 변치 않았다. 미술상이라는 직업이 도덕적으로 가치중립적인 일이라(항공여행을 자주 해서 다소 부정적인 측면도 있다는 의견을 밝힌 적은 있다) 마음에 차진 않았지만 미술계를 떠나 비영리 단체로 전직하는 건 자기 재능을 제대로 쓰는 방법이 아니라는 결론에 닿았다. "실현되길 바라는 일들은 많지요. 하지만 제겐 그만한 역량이 없어서 혼자 힘으로는 해낼 수 없는 일들이죠. 그러니 좋아하는 일을 하면서 번 돈을 다른 사람들이 정말 중요한 일을 하도록 돕는 데 쓰는 게 가장 좋은 방법 아닐까요?"[39] 그는 여전히 미술상으로 활동하며 해마다 소득의 10~80퍼센트를 기부하고 있다.

유용한 기술이 있다면 효율적인 자선사업에 직접 그 재능을 기부하는 것도 좋은 방법이다. 말라리아퇴치재단의 롭 매더가 그랬다. 그는 비즈니스 및 판매 부문에서 두루 경험을 쌓아온 터라 조직을 운영하고 아이디어를 창출하는 방법을 꿰뚫고 있었던 데다 뛰어난 기획력과 실행력도 갖추고 있었다(매더가 시행한 최초의 이타적 사업은 수영 관련 모금활동이었는데 그 행사에만도 10만 명이 참가했다). 또 벌어 둔 돈이 많아 무보수 근무를 자청했다는 점도 재단 설립 초기에 기부자들의 호감을 사기에 충분했다. 매더는 뛰어난 영업력을 활용해 다양한 기업들로부터 사회공헌 지원을 이끌어 냈다. 그 결과 기브웰로부터 최고 등급을 받았고 3000만 달러 이상을 모금했으며 내구성이 뛰어난 살충 처리 모기장을 1000만 개 이상 보급해 수천 명의 목숨을 구했다.[40]

직업 선택은 일생일대의 결정이다. 이 장에서 소개한 사고들이 당신이 현명한 선택을 하는 데 도움이 되길 바란다.

직업 활동을 통해 세상을 바꾸려면 그만한 가치가 있는 명분에 집중하는 게 중요하다. 지금까지는 세계 빈곤 퇴치를 집중적으로 살펴봤으니 이제 빈곤 외에 어떤 문제들이 있는지, 이 문제들의 우선순위는 어떻게 결정해야 하는지를 살펴보자.

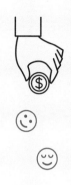

# Chapter 10

# 빈곤 대 기후변화

어떤 문제가 더 중요할까?

다른 조건들이 동일하다면 문제가 심각할수록 우선순위가 높아야 한다. 행위의 결과는 문제의 규모에 비례해 영향을 미치기 때문이다. 만약 당신이 암과 말라리아를 퇴치할 저렴한 신약을 개발할 수 있다면 당연히 암 치료제를 먼저 개발해야 한다. 말라리아보다 암 환자가 더 많고 사망률도 높기 때문에 암 치료제가 출시될 경우 말라리아 치료제보다 기대되는 총 편익이 더 크기 때문이다. 정치 변혁도 규모에 비례하는 영향을 기대할 수 있는 분야다. 당신이 뉴저지의 보건 정책과 미국 전체의 보건 정책 중 하나에 영향력을 행사할 수 있다면 당연히 더 많은 사람들에게 영향을 미치는 중앙정부의 정책을 택해야 한다.

2013년 여름, 버락 오바마Barack Obama 미 대통령은 기후변화를 '우리 시대가 직면한 위협'이라고 표현했다. 많은 이들이 이에 동의한다. 존 케리John Kerry 미 국무장관도 기후변화를 '우리 세대의 최대 과제'라고 말했고, 해리 리드Harry Reid 전 상원의장은 '기후변화는 현재 세계가 직면한 가장 심각한 문제'라고 지적했다. '기후변화에 관한 정부 간 패널'의 토머스 F. 스토커Thomas F. Stocker 공동의장은 '우리 시대의 최대 난제'로 꼽았다.[1]

오바마를 비롯한 이들의 인식이 과연 옳은 걸까? 기후변화가 현재 인류에게 가장 중요한 문제일까? 빈곤보다 더 시급한 문제일까? 기후변화와 빈곤 중 무엇을 먼저 해결해야 할까?

이는 대다수가 궁금해하는 질문이다. 하지만 자선단체 및 사회사업가 들은 자신들이 헌신하는 명분(빈곤, 교육, 기후변화 등) 내의 영향력을 키우는 데만 주력할 뿐, 집중해야 할 명분 자체를 전략적으로 선택하지 않는 경향이 있다. 어떤 명분을 선택하느냐에 따라 제공할 수 있는 혜택의 크기와 수혜자 규모가 극적으로 달라지는데도 말이다. 혜택을 극대화하고 싶다면 어떤 명분에 집중할지 심사숙고하는 단계가 반드시 선행되어야 한다.

높은 비용효율성을 근거로 앞서 추천한 단체들은 전부 세계 빈곤에 초점을 두고 있고 해당 분야에서 매우 큰 성과를 내고 있다. 그런데 자연스레 의문이 생길 것이다. 빈곤퇴치가 최선의 명분이라고 단언할 수 있을까? 세계 빈곤에 대응하는 최선의 방법은 이들 단체의 활동이 아니라 성과 측정이 어려워 잘 드러나지 않는 다른 활동은 아닐까? 기부금이 아니라 시간을 투자해(자원봉사나 직업을 통해) 착한 일을 하는 방법은 없을까? 특히 세 번째 경우는 당사자의 경험, 기회, 구체적인 기술이 더 중요하게 작용하는데, 이런 요인들이 정작 빈곤퇴치 활동에는 적합하지 않을 때도 있다. 명분을 선택할 때 고심해 봐야 하는 이유다.

이 장에서 '가장 중요한 명분은 무엇인가?'라는 질문에 대한 답을 구할 생각은 없다. 책 한 권 분량으로는 어림없는 주제다. 여기서는 이 질문의 답을 찾는 데 참고할 사고틀을 제시하고, 이 사고틀과 기브웰 및 효율적이타주의센터Centre for Effective Altruism의 조사 내용을 바탕으로 각 명분의 우선순위를 제안하려고 한다.[2] 재차 강조하지만 명분의 우선순위를 판단할 때는 개인적인 가치 판단이 개입될 여지가 많다. 따라서 내 결론과 당신의 결론은 얼마든지 다를 수 있다. 효율적 이타주의가 과학적 접근 방식을 내세우고 있긴 하지만 물리학처럼 정확한 결론을 제시해 주는 건 아니다. 그렇다고 해도 다양한 명분을 비교하는 과정은 여전히 중요하다.

각 명분들을 비교 평가할 때는 아래 세 가지 요소를 살펴봐야 한다.

첫째는 '규모'다. 문제의 규모가 큰가? 단기적으로나 장기적으로 삶에 얼마나 큰 영향을 미치는가?

둘째는 '방치 정도'다. 이 문제를 해결하는 데 지금껏 얼마나 많은 자원이 투입되었는가? 현재 투입된 자원들은 얼마나 잘 배분되고 있는가? 시장이나 정부가 이 문제를 해결하지 못할 거라고 판단하는 근거는 무엇인가?

셋째, '해결 용이성'이다. 이 문제는 쉽게 개선될 수 있는가? 문제가 개선되는 과정이 눈에 보이는가? 이 문제에 이미 착수한 곳이 있는가? 있다면 해당 단체의 개입을 통한 성과가 분명하게 나타났는가? 이 문제에 지금 개입해도 성과를 낼 수 있는가?

돈이 아닌 시간을 들여 문제 해결에 기여하고 싶다면 네 번째 요소, 즉 '적성'을 고려해야 한다. 이는 나의 '역량, 자원, 지식, 인맥, 열정을 고려할 때 이 분야에서 내가 큰 변화를 불러일으킬 가능성이 있는가?'를 자문하는 것이다.

적성에 관해서는 8장에서 설명한 내용이 거의 동일하게 적용되므로 이 장에서는 이를 제외한 세 가지 요소를 중심으로 살펴볼 것이다.

'규모'는 문제의 크기, 즉 타인의 행복에 미치는 실제적 또는 잠재적 영향의 총합을 말한다. 한 가지 예를 들어 보자. 앞서 살펴봤듯 암은 말라리아보다 더 큰 문제다. 암은 전 세계적으로 (QALY 손실을 기준으로) 질병의 7.3퍼센트를 차지하지만 말라리아의 비중은 3.3퍼센트다.

다른 조건들이 동일하다면 문제가 심각할수록 우선순위가 높아야 한다. 여기에는 두 가지 이유가 있다. 첫째, 대개의 경우 행위의 결과는 문제의 규모에 비례해 영향을 미친다. 만약 당신이 암과 말라리아를 퇴치할 저렴한 신약을 개발할 수 있다면 당연히 암 치료제를 먼저 개발해야 한다. 말라리아보다 암 환자가 더 많고 사망률도 높기 때문에 암 치료제가 출시될 경우 말라리아 치료제보다 기대되는 총 편익이 더 크기 때문이다. 정치 변혁도 규모에 비례하는 영향을 기대할 수 있는 분야다. 당신이 뉴저지의 보건 정책과 미국 전체의 보건 정책 중 하나에 영향력을 행사할 수 있다면 당연히 더 많은 사람들에게 영향을 미치는 중앙정부의 정책을 택해야 한다.

둘째, 문제의 규모를 알면 해결하는 데 시간이 얼마나 걸릴지 예상할 수 있다. 수년 내로 해결될 규모의 문제라는 걸 알면서 돈과 시간을 투자하는 건 무의미하다. 반대로 문제의 규모가 상당히 크다면 많은 자원을 투입하면서 가장 효과적인 기회를 노릴 수 있다.

'방치 정도'는 문제의 규모에 따라 자원이 얼마나 투입되고 있는지를 생각해 보는 것이다. 수확체감의 법칙을 감안하면 다른 조건들이 같을 경우 그간 투입된 자원이 더 많을수록 이후에 투입될 자원으로 성과를 거둘 가능성은 더 적어진다. 비용효율성이 높은 기회들은 대부분 소진된 상태이기 때문이다.

이 요소는 자칫 놓치기 쉽다. 어떤 문제를 전 세계에서 가장 심각한 문제라고 판단하면 거기에만 힘을 모아야 한다는 생각이 들게 마련이기 때문이다. 하지만 그 문제를 해결하는 데 이미 상당한 자본이 투입되었다면 추가 자원은 다른 데 쓰는 게 낫다. 가령 HIV/에이즈, 결핵, 말라리아는 장내 기생충 감염보다 훨씬 많은 관심을 받았다. 기생충 감염보다 훨씬 많은 피해(사망자 수와 QALY 손실 기준)를 입힌다는 게 한 가지 이유로 보인다. 그런데 기생충 감염은 관심 밖으로 밀려나 있기 때문에 가장 저렴하고 효율적으로 문제를 해결할 방법들이 남아 있다. 실제로 장내 기생충 감염은 주혈흡충증박멸이니셔티브의 앨런 펜윅Alan Fenwick 이사가 '방치된 열대병'neglected tropical diseases이라는 용어를 만들고 나서야 국제보건 논쟁에서 그나마 한 자리를 차지하게 되었다. 이 조어는 두 가지 측면에서 뛰어난 발상이었다. 첫째, 광범위한 질병을 하나의 범주로 묶어 문제의 규모를 강조했다. 주혈흡충병 한 가지로 인한 세계질병부담global burden of disease은 HIV/에이즈보다 낮지만 방치된 열대병 전체를 하나로 아우르면 엇비슷해진다. 둘째, 관련 질병들이 방치되고 있다는 사실을 부각시켰다.

이 장에서 내가 최우선 순위로 꼽은 명분 대다수는 아마 금시초문일 것이다. 그 사실 자체가 명분을 선택할 때 인지도를 고려하는 게 중요하다는 걸 방증한다. 자주 들어 본 명분은 큰 변화를 도모하기가 대체로 더 어렵다. 관심을 덜 쏟았던 명분들이야말로 우리가 큰 변화를 꾀할 수 있는 영역이다.

세 번째 요소인 '해결 용이성'은 문제를 해결하는 데 투입해야 할 자원의 장기적인 평균치를 말한다. 중요성이 높고 오랫동안 방치돼 있다고 해서 무조건 집중해야 할 명분은 아니다. 아무리 애를 써도 우리 능력을 벗어나는 문제도 있다. 가령 노화는 규모가 매우 큰 문제다. 인류 건강을 위협하는 질병 중 약 3분의 2가 노화에서 비롯되는 데다 오랫동안 방치되고 있다는 게 그 이유다. 그런데도 (암, 뇌졸중, 알츠하이머병 등 노화로 인한 증상 치료가 아닌) 노화의 원인 예방에 초점을 맞춘 연구기관은 극소수다. 대다수 과학자들이 노화 질환은 치료가 어렵다고 보기 때문이다. 노화 예방은 웬만해선 해결되지 않는 문제라는 것이다.[3]

앞서 설명한 비용-효율성 지표들(가령 1QALY 높이는 데는 100달러의 비용이 든다)은 사안을 단기적인 관점으로 접근하는 경우에 유용하다. 특정 사업을 통한 개입으로 효과를 거둔 증거가 있으면 비용효율성을 추정해 직접 비교해 볼 수 있다. 하지만 구체적인 사업인 경우에만 추정이 가능하고 이렇게 추정한 비용효율성도 시간이 흐름에 따라 바뀐다. 따라서 하나의 명분에 시간과 노력을 투자할 생각이라면 현 시점에서 가장 그럴듯한 추정치는 물론이고 장기적인 해결 용이성에 대한 추정치도 가늠해야 한다.

이제 규모, 방치 정도, 해결 용이성이라는 틀에서 국내 빈곤이 아닌 세계 빈곤에 초점을 맞춰야 하는 이유를 살펴보자. 세계 빈곤은 심각성이나 그 수로 볼 때 선진국 내의 빈곤보다 문제의 규모가 크다. 미국에는 연수입 1만1000달러 미만으로 생활하는 상대적 빈곤층이 4650만 명이다.[4] 반면 연간 550달러가 안 되는 돈으로 생활하는 극빈층이 전 세계적으로 12억2000만 명에 육박한다. 둘째, 세계 빈곤은 국내 빈곤에 비해 충분한 관심을 받지 못하고 있다. 2014년 미국의 복지 지출은 5000억 달러인 데 반해 저개발국 원조 및 기부 총액은 2500억 달러에 불과했다. 셋째, 세계 빈곤은 국내 빈곤에 비해 더 손쉽게 해결 가능하다. 비용효율성 추정치에 따르면 국내의 극빈자 1

명을 도울 돈으로 해외 극빈자 100명을 도울 수 있다.

　이처럼 세 가지 틀에 비춰 보면 세계 빈곤과 국내 빈곤은 상대적으로 비교가 쉽고 결과적으로 세계 빈곤이 해결할 가능성이 더 높아 보인다. 하지만 비교가 쉽지 않은 때도 많다. 한 가지 측면에서는 이 명분이 앞서지만 다른 측면에서는 저 명분이 우선할 때도 있다. 자선단체를 다룬 7장과 마찬가지로 해결 가능성이 높아 보이는 명분을 이 장에서도 규모, 방치 정도, 해결 용이성에 따라 ●에서부터 ●●●●까지 등급을 매겨 제시했다. 세 부문 모두 골고루 높은 점수를 받은 명분은 많지 않다. 일례로 형사정책 개혁은 해결이 용이하지만 문제 규모는 상대적으로 작다. 국제 노동력 이동 증가 문제는 규모는 크지만 해결이 쉽지 않다. 그렇다 보니 집중해야 할 명분을 선택할 때는 개인적 판단이 개입될 수밖에 없다. 각각에 가중치를 얼마나 둬야 할지 명확하지 않은 데다 그 방법에 대한 의견도 엇갈리기 때문이다.

　본격적인 비교에 앞서 몇 가지 알아 두어야 할 점이 있다. 첫째, 여기서는 명분을 소개하면서 개인적으로 유망하다고 생각하는 이유만 제시할 것이다(관심 있는 독자를 위해 관련 자료를 주에 소개한다). 이 명분들이 가장 중요한 이유가 무엇인지 규명하기보다 세계 빈곤 문제 이외에 어떤 명분들이 있는지 소개하는 데 의의를 두기 때문이다. 둘째, 이중 몇 가지는 7장에서 소개한 단체에 기부할 때와는 달리 일반 기부자들이 큰 변화를 일으키기가 어렵다. 돈보다 선의善意가 더 절실하기 때문이다.

　이에 유념하면서 우선순위가 높은 명분들을 살펴보자.

# 미국 형사정책 개혁[5]

## 무엇이 문제인가?
- - - - - - - - - - - - - - - -

미국의 수감자 수는 220만 명으로, 전체 인구의 0.7퍼센트를 차지한다. 영국 0.14퍼센트, 캐나다 0.1퍼센트, 일본 0.05퍼센트에 비하면 전 세계에서 수감률이 매우 높은 편이다. 전반적인 범죄율을 보여 주는 지표인 고의 살인 비율도 한 해 10만 명당 4.7명으로 선진국 가운데 가장 높다. 영국은 10만 명당 1명, 캐나다는 1.6명, 일본은 0.3명인 데 비하면 훨씬 많은 숫자다. 높은 수감률이 범죄를 억제하지 못하며 오히려 증가시킬 수 있다는 점을 방증하는 수치다. 미국은 1990년대 이후 강력범죄 발생 건수가 줄었지만 수감률은 비약적으로 높아졌다. 범죄학자들에 따르면 범죄율을 그대로 유지하거나 심지어 낮추면서도 수감률을 (특히 경범죄자의 경우) 10퍼센트 떨어트릴 수 있다고 한다.

부유한 나라에 사는 사람들에게 혜택을 제공하는 게 최대의 선을 실현하는 방법이 아니라는 평소 지론에 비춰 보면 미국의 형사개혁이 의외의 명분처럼 보일 것이다. 하지만 큰 변화를 일으킬 수 있는 기회가 국내보다 해외에 더 많기는 해도 아예 없진 않다. 형사정책 개혁은 여타 국내 문제들과 달리 규모가 매우 크면서도 방치된 분야이고 또 제때 해결하기도 비교적 쉽다.

## 규모 ●●
- - - - - - - - - -

재소자 수를 10퍼센트 줄이면 긍정적인 효과를 기대할 수 있다. 우선 군이 형을 살지 않아도 되는 (강력범죄처럼 사회에 큰 위협이 되지 않는 약물소지 등의 범죄를 저지른) 사람들 모두(연간 20만 명 이상)에게 혜택이 돌아간다. 수감 생활은 그 자체로 비참할 뿐 아니라 소득 상실, 향후 수입 감소, 수감자의 가족(특히 자녀)이 입는 피해 등의 손실이 따른다.

　정부 입장에서도 수감자 1인당 연 2만5000달러의 재정 부담을 감수해야 한다.[6] 가석방 비용은 2000달러에 불과하므로 수감자를 10퍼센트 줄이면 매년 수십억 달러를 절감할 수 있다. 그보다 더 큰 폭으로 줄인다 해도 문제의 규모는 현저히 줄지 않는다(수감률을 50퍼센트 낮춰도 캐나다의 현 수감률보다 3.5배 높다).

## 방치 정도 ●●

기브웰의 추정에 따르면 정부 이외의 단체들이 수감률을 줄일 목적으로 매년 교도소 개혁에 집행하는 비용은 2000만 달러에 불과하다 (이외에도 연간 4000만 달러가 사형제 폐지 등 여타 교도소 개혁에 투입되고 있다).[7]

## 해결 용이성 ●●●●

범죄율 감소와 경기침체 이후의 불황이 결합되면서 교도소 개혁에 대한 초당적 지지가 부쩍 높아진 듯하다. 퓨자선기금Pew Charitable Trusts Pulic Safety Performance Project의 사례는 본보기로 삼을 만하다. 이 단체는 2007년부터 2014년 여름까지 2500만 달러를 들여 27개 주에서 29가지 개혁안을 지원했다. 이로써 해당 주에서는 재소자가 11퍼센트 감소할 것으로 예상된다. 이 예상이 정확히 들어맞는다고 가정하고 퓨자선기금이 개입하지 않았다면 개혁이 이루어지지 않았을 거라고 상정할 경우 수감 기간을 1년 줄이는 비용은 단 29달러인 셈이다.[8]

## 이 분야의 유망한 단체는?

퓨자선기금. 형사정책 효율 극대화 및 근거가 뒷받침된 객관성 확보가 목표다. 정책 평가, 효과적인 정책을 수립하기 위한 관련 정보 제공, 특정 정책에 대한 폭넓은 정치적 지지기반 조성 등 주정부에 기술 지원을 제공한다.

베타가브 BetaGov. 페퍼다인대학교의 앤절라 호켄Angela Hawken 교수가 이끄는 신생 단체다. 전문가들이 정책 모의실험을 하는 데 필요한 도구를 제공한다(기브웰을 통해 기부금 받음).

시카고대학교 범죄연구소University of Chicago Crime Lab. 무작위 대조시험을 거친 객관적 자료를 제공하여 정부 형사 정책에 대해 자문한다(기부금 받음).


# 국제 노동력 이동

## 무엇이 문제인가?

가난한 나라에서 부유한 나라로 이주가 증가하면 세계 극빈층이 큰 혜택을 입을 뿐만 아니라 세계 경제생산도 급증한다. 하지만 거의 모든 선진국이 자국으로 유입되는 노동자에 대해 엄격한 제한을 가하고 있는 실정이다.

## 규모 ●●●

세계 소득분포의 85퍼센트는 다름 아닌 지정학적 위치에 따라 결정된다.[9] 극빈층은 생산적인 활동에 제약이 많은 환경에 살고 있다는 이유 때문에 가난한 것이다. 경제학자 마이클 클레먼스Michael Clemens,

클라우디오 몬테네그로Claudio Montenegro, 랜트 프리쳇Lant Pritchett이 미국으로 이주한 외국인 노동자들의 임금 증가폭, 즉 '장소 프리미엄place premium'을 추정했다.[10] 이들에 따르면 아이티인이 미국으로 이주하는 경우 소득이 평균 680퍼센트 정도 증가하고 나이지리아인은 1000퍼센트 증가한다. 이보다 장소 프리미엄이 낮은 곳도 있지만 그래도 이주자들의 소득은 현저히 증가하는 것으로 나타났다. 대다수 이주민들은 소득을 가족이 있는 본국으로 송금하기 때문에 직접 이주하지 않은 사람도 혜택을 누린다. 기회가 주어진다면 전 세계에서 6억 명이 다른 나라로 이주할 의향이 있다고 추정한 자료도 있다.

일부 경제학자들은 노동력이 자유롭게 국경을 넘을 수 있다면 세계 GDP가 50퍼센트 이상 증가할 것으로 보고 있다.[11] 이 추정치가 부풀려졌다 하더라도 노동력의 국가 간 이동에 따라 연 수조 달러에 이르는 경제적 효과가 창출될 것으로 전망된다(이에 대한 반론은 주에 제시돼 있다).

## 방치 정도 ●●●

여러 단체들이 이주 문제에 매진하고 있으나 이민정책 완화로 잠재적 이주민들에게 돌아갈 혜택에 초점을 두고 활동을 전개하는 곳은 거의 없다. 대다수는 현재 미국에 거주하는 이주민들에 초점을 맞추고 있다.

## 해결 용이성 ●

선진국 사람들은 유입 이주민 증가에 우호적이지 않다. 독일, 이탈리아, 네덜란드, 노르웨이, 스웨덴, 영국 국민들 다수가 이민 억제에 찬성하는 상황이다. 선진국 가운데 캐나다가 가장 개방적인 입장을 취하고 있지만 캐나다 국민 중 이민 확대에 찬성하는 비율은 20퍼센트에 불과하며 42퍼센트가 축소를 지지한다.[12] 이 문제에 대한 정치적 입장은 당분간 변하지 않을 것으로 보인다.

## 이 분야의 유망한 단체는?

이미그레이션워크스 ImmigrationWorks. 미숙련 이주노동자들의 유입 확대에 호의적인 소규모 기업인들을 조직화하고 대표하며 옹호한다. '미국으로 연간 유입되는 합법적 외국인노동자 수를 인력 수요에 맞춰 현실적으로 높이는 것'[13]을 목표로 내걸고 있다(기부금 받음).

세계개발센터 Center for Global Development. 이주개혁 등 전 세계 빈곤층의 생활개선 관련 조사 및 정책 분석을 시행해 정책 입안자들에게 제안한다(기부금 받음).


# 공장식 축산

## 무엇이 문제인가?

공장식 축산 농가에서 사육되고 도살당하는 가축이 연 500억 마리에 달한다. 사육 방식을 조금만 바꿔도 동물 복지는 크게 개선된다. 식용동물의 사육 과정에서 대량 배출되는 온실가스도 문제다.

## 규모 (가치 판단에 따라 최대) ●●●

동물의 권리를 얼마나 중요하게 여기느냐에 따라 문제의 규모에 대한 인식도 달라진다. 대다수 사람들은 동물이 겪는 고통이 윤리적으로 매우 중요한 문제라고 인식한다. 이 같은 가치 판단에 따르면 공장식 사육은 심각한 문제다. 게다가 식육산업은 기후변화를 초래하는 주요인 중 하나로, 전 세계 온실가스 배출량의 14.5퍼센트를 차지한다.[14]

## 방치 정도 ●●●●

비영리 부문에서 공장식 축산 농가의 사육관행 개선을 위해 집행하는 총 비용은 연간 2000만 달러에 못 미친다.[15]

## 해결 용이성 ●●

육류 소비가 감소하는 추세인 데다 채식을 확산시키는 효과적인 방법도 속속 등장하고 있다. 유럽에서는 산란닭을 가둬 두는 비좁은 철장 우리를 금지하는 등 공장식 사육환경 개선을 위한 운동을 펼치고 있다. 반면 미국에서는 농업계의 강력한 로비가 이 사안에 대한 정치적 변화를 가로막고 있다.

## 이 분야의 유망한 단체는?

머시포애니멀스 Mercy For Animals. 실태 조사를 벌여 잔인한 가축사육 환경을 폭로하고 동물복지 관련 온라인 동영상, 광고 등을 통해 지원 활동 및 교육을 진행한다(기부금 받음).

휴메인리그The Humane League. 온라인 동영상, 광고, 전단 배포, '고기 안 먹는 월요일Meatless Monday' 캠페인 등 교육 및 홍보 활동에 주력한다 (기부금 받음).

미국농장동물보호캠페인 휴메인소사이어티 The Humane Society of the United States Farm Animal Protection. 공장식 축산 농가의 과밀도 감금 사육을 종식시키는 데 목적을 두고 농부들과 협력해 동물 처우 개선을 위해 노력한다. 관련법 개정 및 반反내부고발자법에 반대하는 로비활동도 전개한다(기부금 받음).

머시포애니멀스와 휴메인리그는 독립 평가기관인 동물구호평가회Animal Charity Evaluators, ACE에서 가장 높은 점수를 준 단체다. 미국농장동물보호캠페인 휴메인소사이어티는 우수 단체로 선정됐다.


## 2~4도의 기후변화

### 무엇이 문제인가?

온실가스 배출로 전 세계 평균기온이 2~4도 상승할 것으로 예상된다. 이는 수조 달러의 경제 손실, 수백만 명의 인명 손실, 생물다양성의 현저한 감소를 초래할 것이다.

### 규모 ●●

일반적으로 경제학자들은 기온이 2~4도 상승하면 GDP가 약 2퍼센트 감소한다고 추정한다.[16] 하지만 기후변화로 인한 대부분의 피해는 향후에 발생할 것이며 그때쯤이면 가난한 나라들의 경제 사정은 지금보다 호전될 것이다. 「스턴 리뷰Stern Review」(기후변화를 특히 암울하게 전망하고 있는 2006년도 보고서)의 두 번째로 비관적인 모델에 따르면 기후변화로 인한 경제적 비용이 2100년에는 1인당 400달러에 이를 전망이다.[17] 이 경우 개발도상국의 1인당 GDP 평균은 1만1000달러에서 1만600달러로 낮아진다.

경제학자들은 기후변화의 비용을 주로 인명 피해 차원에서만 추산한다. 하지만 자연환경 보존에 가치를 두면 기후변화로 초래될 결과는 경제학 모델에서 추정하는 것보다 훨씬 더 심각하다. 이를테면 기후변화로 인해 생물 종의 20~30퍼센트가 멸종할지도 모른다.

## 방치 정도 ●

기후변화는 주요 사회 현안으로 인식되고 있다. 미 정부는 기후변화를 막기 위해 연간 약 80억 달러를 지출하고 있으며 여러 단체에서도 수억 달러를 집행하고 있다.

## 해결 용이성 ●●

개인의 온실가스 배출량을 감축하는 데 매우 효과적인 방법들은 있다. 하지만 정치적 발전이 더뎌 기후변화를 막기 위한 정치 변혁의 기회가 얼마나 있을지는 미지수다. 2009년 코펜하겐에서 열린 유엔 기후변화회담에 사상 최다의 국가 수뇌들이 참석했지만 성과는 거의 없었다.

### 이 분야의 유망한 단체는?

쿨어스 Cool Earth. 페루와 콩고민주공화국 열대우림 원주민들이 불법 벌채를 막고 삼림지대를 보호할 수 있도록 지원한다(기부금 받음).

클라이미트워크스 ClimateWorks. 온실가스 배출량 감축을 위한 공공정책 캠페인을 전개한다(기부금 받음).

## 재앙적 기후변화

### 무엇이 문제인가?

현재의 기후 모델로 볼 때 온실가스 배출로 인해 기온이 10도 이상 상승하는 재앙적catastrophic 기후변화가 나타날 가능성도 배제할 수 없다. 실제 발생 확률은 매우 낮지만 발생할 경우 끔찍한 결과가 초래될 수 있기 때문에 이를 막기 위한 활동의 기대가치는 매우 높은 편이다.

### 규모 (가치판단에 따라 최대) ●●●●●

인류 문명의 지속에 얼마나 가치를 두느냐에 따라 전 지구적 재앙에 대한 인식도 달라진다. 문명의 붕괴라는 참담한 결과가 나타날 가능성은 매우 낮지만 그 같은 사태가 발생하는 상황을 매우 심각하게 인식하고 있다면 최악의 시나리오를 예방하는 게 매우 중요할 것이다.

### 방치 정도 ●●

기후변화에 대응하는 대다수 활동은 배출량 감축에 초점을 두고 있다. 기후변화에 대한 전망이 맞든 틀리든 그 자체는 바람직한 현상이다. 반면 재앙적 기후변화 가능성에 관한 연구는 거의 없는 실정이다. 극단적인 지구온난화에 대응하기 위한 완화 및 적응 전략 연구도 부족하기는 마찬가지다. 한편 기후를 인위적으로 조작해 기후변화를 막는 방법인 지오엔지니어링geoengineering(지구공학) 연구에 투입되는 자금은 연간 1100만 달러 정도다.

## 해결 용이성 ● ●

최악의 시나리오가 현실화될 가능성을 파악하는 연구와 그 확률을 줄이기 위한 전략 개발에 투입할 자금을 조성하는 게 급선무다. 이 연구 분야 중 하나가 최후의 수단이라 할 수 있는 지오엔지니어링이다. 지오엔지니어링은 성층권에 황산염을 분사하는 방법 등을 동원해 의도적으로 지구를 냉각시키는 기술이다(황산염 가스는 태양광을 반사해 행성을 냉각시킨다). 지오엔지니어링은 오존층 파괴 등 심각한 위험을 수반하지만 기온이 급상승하면 이 같은 위험 부담을 감수하고라도 지구를 냉각시켜야 하는 상황에 놓일 수도 있다.[18] 게다가 실행 비용이 저렴하기 때문에 향후 개별 국가들이 자국의 이익을 앞세워 위험한 지오엔지니어링 사업을 일방적으로 추진할 가능성도 있다. 따라서 그 영향과 위험을 제대로 파악하는 것이 바람직하다. 한편 이와 관련된 연구가 증가하면 그 밖의 완화 및 적응 전략 연구에 소홀할 가능성도 있다.

### 이 분야의 유망한 단체는?

------------------------------

옥스퍼드대학교 지오엔지니어링프로그램 University of Oxford Geoengineering Programme. 지오엔지니어링의 사회적, 윤리적, 기술적 측면을 다각적으로 고찰하는 투명한 연구 활동을 표방한다.

태양복사관리 거버넌스이니셔티브 Solar Radiation Management Governance Initiative. 지오엔지니어링 규제에 대해 자문하며 지오엔지니어링의 일종인 태양복사 관리 연구가 책임 있게 이루어지는 환경을 조성하기 위해 노력한다.

　기후변화를 전반적으로 완화시키려는 노력도 파멸을 초래하는 위험을 감소시키는 방법이다. 앞서 언급한 쿨어스, 클라이미트워크스는 이 분야에서도 유망한 단체다.


## 그 밖의 세계적 재앙 위험[19]


### 무엇이 문제인가?

------------------------------

핵전쟁, 전 세계적인 유행병, 바이오테러(세균, 바이러스 등 생물학적 작용제를 고의로 살포하거나 보급해 대량 살상을 일으키는 테러─편집자 주) 등은 발생 가능성이 낮긴 하지만 파국을 초래할 수 있는 위험 요인이다.


### 규모 (가치 판단에 따라 최대) ●●●●

------------------------------

재앙적 기후변화와 마찬가지로 인류 문명의 지속에 얼마나 가치를 두느냐에 따라 전 지구적 재난에 대한 인식도 달라진다.

## 방치 정도 ●●●

전 세계적인 재난은 전례가 없고 개연성도 낮기 때문에 마땅한 관심을 받지 못하고 있다. 민간 부문에서 이 문제에 집행하는 비용은 상대적으로 적다. 핵안보에 연간 약 3000만 달러를, 바이오테러에 수백만 달러를 집행하는 게 고작이다. 정부 차원의 지출 및 개입 규모는 꽤 크다. 한편 현재 간과되고 있는 전 지구적 재앙 위험을 파악하는 등 세계적 재앙 위험 연구 전반에 투입되는 자금은 100만~200만 달러로 미미한 수준이다.

## 해결 용이성 ●●

세계적 재앙 위험 전반에 관한 학계 연구 기금을 조성하거나 정책 결정에 영향력을 행사할 수 있는 여지도 얼마간 있다. 하지만 빈곤퇴치 기부에서 나타난 성과처럼 눈에 띄는 영향을 기대하기는 어렵다.

## 이 분야의 유망한 단체는?

핵위협이니셔티브 Nuclear Threat Initiative. 핵무기 및 생화학 무기 확산을 막기 위한 다양한 활동을 전개한다(기부금 받음).

인류미래연구소 Future of Humanity Institute, 현존위험연구센터 Centre for the Study of Existential Risk. 옥스퍼드대학과 케임브리지대학의 학제간 연구소다. 전 지구적 재앙 위험의 규모를 평가하고 위험 완화 전략을 개발한다(모두 기부금 받음).

이상의 주요 명분을 표로 요약하면 다음과 같다.

| | 규모 | 방치 정도 | 해결 용이성 |
|---|---|---|---|
| 절대빈곤 | ●●● | ●● | ●●●● |
| 미국 형사정책 개혁 | ●● | ●● | ●●●● |
| 국제 노동력 이동 | ●●● | ●●● | ● |
| 공장식 축산 | (가치판단에 따라 최대) ●●● | ●●●● | ●● |
| 2~4도 기후변화 | ●● | ● | ●● |
| 재앙적 기후변화 | (가치판단에 따라 최대) ●●●● | ●●● | ●● |
| 기타 세계적 재앙 위험 | (가치판단에 따라 최대) ●●●● | ●●● | ●● |

# 효율적으로 남을 돕고 싶다면
## 지금 당장 해야 할 일은 무엇일까?

지금까지 효율적 이타주의로 세상을 변화시킬 수 있는 방법을 살펴 봤다. 이 책에 소개된 핵심 질문 5가지와 기부할 단체, 직업, 명분을 선택하는 데 뼈대가 될 사고틀을 활용하면 일상생활 전반에 걸쳐 당 신의 영향력을 키울 수 있다. 자선단체의 모금 담당자 앞에서 지갑을 열 때, 자원봉사에 지원할 때, '착한' 제품을 두고 구입을 망설일 때 이를 되새기길 바란다.

효율적 이타주의는 우리 한 사람 한 사람에게 큰 선을 행할 힘이 있다는 것을 일깨워 준다. 3400달러를 기부하면 누군가의 생명을 구 하는 모기장이 제공되고 7000명의 아동에게 구충제가 보급되며 15명 의 한 해 소득을 두 배로 올릴 수 있다. 이처럼 효과를 정량화하긴 어 렵긴 해도 형사정책 개혁, 이민규제 완화, 재앙적 기후변화 방지 등 그 밖의 사업에 기부하면 기대가치가 더 큰 선을 행할 수도 있다.

〈쉰들러 리스트Schindler's List〉는 제2차 세계대전의 영웅으로 추앙받 는 실존 인물 오스카 쉰들러Oskar Schindler를 다룬 영화다. 폴란드 출 신의 쉰들러는 나치에 협력해 군수공장을 운영하던 기업가였다. 전쟁을 틈타 사리사욕을 취한 기회주의자였던 그는 나치의 잔혹한 만행을 목격한 뒤 그저 물러서서 구경만 해선 안 된다는 걸 깨닫는다. 그는 독일군을 매수해 유대인들을 자신의 공장에서 일하게 함으로써 1000명 이상의 목숨을 구한다.

쉰들러 이야기에 감동을 받으면서도 한편으론 이렇게 생각할지도 모르겠다. 전시라는 특수 상황을 감안하면 쉰들러 이야기는 우리 시대와 동떨어진 사례가 아닐까? 지금껏 살펴본 내용으로 미뤄 보면 이는 틀린 말이다. 우리 각자에게는 수십, 수백 명의 생명을 구할 수 있는 힘이, 수천 명의 삶을 크게 개선시킬 힘이 있다. 우리의 선행이 책이나 영화로 만들어지진 않을지라도 우리 모두 쉰들러만큼이나 큰 선을 행할 수 있는 놀라운 잠재력을 지니고 있다.

이 사실을 깨닫고 당신이 지닌 힘을 자각했다면 이제 가장 중요한 일은 그 생각이 이내 수그러들지 않도록 하는 것이다. 여기 그 방법을 제시한다.


## 1 정기적으로 기부하는 습관을 들여라

지금 당장 효율적인 자선단체의 웹사이트에 들어가 정기 기부를 약정한다. 한 달에 10달러라도 좋다. 기부는 즉각적이고 강력한 영향력을 행사할 수 있는 가장 손쉽고도 구체적인 방법이다. 향후 기부가 아닌 다른 방식으로 남을 도울 계획이 있다 하더라도 기부를 시작하자. 자신의 의지를 굳히면서도 진정성을 다지는 방법이기 때문이다.

나는 이 책에서 말라리아퇴치재단, 쿨어스, 디벨롭먼트미디어인터내셔널, 세계기생충구제지원, 기브디렉틀리, 주혈흡충증박멸이니셔티브 등 여러 단체를 추천했다. 어떤 단체든 당신이 가장 훌륭하다고 생각하는 곳을 골라 효율적 기부를 습관화하자. 이들 단체에 소액이나마 매달 기부하면 어마어마한 영향을 미칠 수 있다.

## 2 효율적 이타주의를 일상적으로 실천할 수 있도록 계획을 세워라

더 나은 세상을 만들기 위한 실천 목록을 작성한다. 실천 계획은 명확하고 구체적이어야 한다. 기부를 계획 중이라면 기부 금액과 기부 시점을 적어 둔다. 윤리적 소비를 실천할 생각이라면 어떤 상품을, 언제부터 바꿀지 정한다. 세상에 보탬이 되는 직업을 갖고 싶다면 구체적인 실행 단계에 대한 정보 수집에 할애할 시간과 날짜를 적어 둔다.

## 3 효율적 이타주의 커뮤니티에 참여하라

effectivealtruism.org 등 효율적 이타주의 관련 사이트에 메일 수신 신청을 한다. 효율적 이타주의 및 커뮤니티에 참여하는 방법에 대한 자세한 내용과 효율적 이타주의 실천 사례를 접할 수 있다. 포럼에 참가해 다른 사람들과 이야기를 나누는 것도 방법이다. 당장 기부를 시작할 것인지, 역량을 쌓은 다음 향후에 기부할 것인지와 같은 문제뿐 아니라 기부가 개인의 행복에 어떤 영향을 미치는지 등 이 책에서 미처 다루지 못한 쟁점들이 더 많이 소개돼 있다.

## 4 효율적 이타주의를 주제로 다른 사람들과 이야기를 나눠라

페이스북, 트위터, 인스타그램, 블로그 등에 이 책을 읽고 난 소감을 공유한다. 당신이 내 주장에 설득력이 있다고 생각했다면 친구나 가족, 동료들도 그렇게 생각할지 모를 일이다. 한 사람의 행동을 변화시킬 수 있다면 당신의 영향력은 이미 두 배로 늘어난 셈이다.

효율적 이타주의를 화제로 대화하는 게 썩 내키지 않을 때도 있다. 고상한 체하는 사람처럼 보이기 싫다거나 효율성이 떨어지는 단체의 사업을 비판하는 게 망설여질 수도 있기 때문이다. 자연스럽게 화제로 삼을 수 있는 방법이 있다. 비영리 크라우드펀딩 플랫폼인 코즈복스닷컴Causevox.com에 웹페이지를 만들어 생일선물 대신 효율적인 단체에 기부해 달라고 요청하면 어떨까? 효율적 이타주의의 확산을 위해 만든 모금 웹사이트인 채러티사이언스Charity Science의 '테이크 액션Take Action' 페이지를 이용해도 된다. 크리스마스 등 선물을 주고받는 명절에 선물 대신 정해진 한도 내에서 회사 동료가 일정액을 기부하면 당신이 동일한 금액을 기부하는 매칭 기부를 제안하는 방법도 있다. 직업 선택, 명분 선택, 윤리적 소비 등에 관해 이야기를 나누는 모임을 조직할 수도 있다.

더 적극적인 행동을 취하고 싶다면 기빙왓위캔에 소득의 10퍼센트 기부를 약정하는 것도 방법이다. '8만 시간' 사이트에서 일대일 무료 상담을 받고 세상을 바꾸는 직업을 선택할 수도 있다. 친구들과 함께, 또는 종교단체나 대학 등을 거점으로 주변인들과 효율적 이타주의 모임을 만들어도 좋다. 이상의 활동에 대해 더 자세히 알고 싶다면 effectivealtruism.org에 들어가 확인해 보라.

어떤 방식을 택하든 바로 오늘이 더 나은 세상을 만들기 위한 여정의 첫발을 내딛는 날이라고 생각하자. 우리 한 사람 한 사람은 지대한 영향을 끼칠 수 있는 잠재력을 지니고 있다. 이 책이 당신 안에 잠재돼 있는 영향력을 일깨워 주고, 또 그에 필요한 방편을 제시해 줄 수 있길 바란다.

# 착한 일을 하기 전에 물어야 할 4가지 질문

## 어떻게 하면 최대한의 선을 행할 수 있을까?

**1 얼마나 많은 사람들에게, 얼마나 큰 혜택이 제공되는가?**

르완다 인종학살 당시 응급처치 우선순위를 정하기 위해 중증도에 따라 환자들을 분류할 수밖에 없었던 제임스 오르빈스키처럼, 우리는 누구를 돕고 누구를 돕지 않을지를 두고 어려운 결정을 내려야 한다. 우리가 선택한 행위가 얼마나 큰 혜택을 제공할 수 있는지 따져 봐야 한다는 말이다. 예컨대 QALY(질보정수명)를 기준으로 하면 다양한 보건 사업의 효과를 비교해 볼 수 있다.

**2 이것이 가장 효율적인 방법인가?**

'최고의' 보건 및 교육 프로그램은 '그럭저럭 좋은' 프로그램보다 수백 배 더 큰 효과를 거둔다. 대표적인 사례가 천연두 근절이다. 이 사례는 개발원조 프로그램들이 평균적으로 비용효율성이 높다는 점을 보여 준다.

**3** 방치되고 있는 분야는 없는가?

질병퇴치 사업보다 재해구호에 훨씬 더 많은 기부금이 몰린다. 기부금이 대거 몰린다는 바로 그 이유로 기부금을 효율적으로 쓰지 못하는 재해구호 단체가 많다. 말라리아 등 개발도상국에 만연한 질병은 암에 비해 자금지원 규모가 훨씬 작다. 따라서 암 치료보다 말라리아 치료에 기부하면 더 큰 영향을 미칠 수 있다.

**4** 그렇게 하지 않았다면 어떻게 됐을까?

교도소 체험 프로그램에 참여한 청소년들은 이 프로그램에 참여하지 않은 청소년에 비해 범죄를 더 많이 저질렀다. 전반적으로 볼 때 오히려 득보다 실이 많았던 것이다. 직업 선택도 마찬가지다. 가령 의사가 되면 다른 의사가 대신할 수도 있었을 선행을 베푸는 수준에 그칠 수 있다. 하지만 기부를 위한 돈벌이를 택하면 다른 사람이라면 불가능했을 방식으로 세상을 변화시킬 수 있다.

**5** 성공 가능성은 어느 정도이고, 성공했을 때의 효과는 어느 정도인가?

투표, 정계 진출, 사회 변혁 캠페인, 세계적 재앙 위험 완화 등 성공 가능성은 낮긴 하지만 성공할 경우 그 영향이 워낙 커 효율을 극대화할 수 있는 활동들도 있다.

## 어떤 단체에 기부해야 할까?

**1** 이 단체는 어떤 일을 하는가? 다양한 사업을 진행하고 있는가? 정

확히 어떤 사업들인가? 한 가지 이상의 사업을 진행하고 있다면 그 배경은 무엇인가?

2 사업의 비용효율성이 높은가? 이 단체는 가장 중요한 명분에만 집중하고 있는가? 해당 사업의 비용효율성이 높다는 객관적인 증거가 있는가?

3 사업의 실효성이 객관적으로 검증되었는가? 이 단체가 시행한 사업의 성과를 입증하는 증거가 있는가? 사업의 실효성을 입증한 연구가 있는가? 사업 성과를 엄밀하게 감시하고 평가하는가?

4 사업이 제대로 실행되고 있는가? 타 분야에서 탁월한 역량을 발휘한 인물이 단체를 이끌고 있는가? 이 단체는 투명성이 높은? 이 단체는 지난 과오를 인정하는가? 이 단체 말고 기부할 만한 곳이 있는가? 이 단체가 다른 단체보다 낫다고 생각하는 타당한 이유가 있는가?

5 이 단체는 추가 자금이 필요한가? 그렇다면 추가 기금은 어디에 쓰일 것인가? 추가 모금이 필요 없을 정도로 기부금을 충분히 마련하지 못한 이유는 무엇인가?

## 어떤 진로를 선택해야 할까?

1 이 일이 내 적성에 맞는가? 나는 이 일에 얼마나 만족하는가? 즐겁게 일할 수 있는가? 금세 관두지 않고 오래 일할 수 있는가? 이런 유형의 일을 (다른 사람이나 다른 일과 비교해 볼 때) 얼마나 잘하는가?

2 이 일을 하면서 얼마나 영향을 미칠 수 있는가? 내 노동력, 부하 직원, 예산, 수입, 사회적 지위 등 영향력을 발휘할 수 있는 자원은 충

분한가? 내가 이 자원들을 동원해 힘을 보태려는 명분은 과연 효율적인가?

3 이 일이 내 영향력을 키우는 데 얼마나 보탬이 되는가? 이 일을 하면 역량, 인맥, 자격을 갖추는 데 얼마나 도움이 되는가? 이 일이 다른 기회를 열어 줄 것인가? 이 일을 하면서 이다음에 하고 싶은 일에 대해 배울 수 있는가?

## 어떤 명분에 집중해야 할까?

1 규모. 문제의 규모가 큰가? 단기적으로나 장기적으로 삶에 얼마나 큰 영향을 미치는가?

2 방치 정도. 이 문제를 해결하는 데 얼마나 많은 자원이 투입되었는가? 현재 투입된 자원들은 얼마나 잘 배분되고 있는가? 시장이나 정부가 이 문제를 해결하지 못할 거라고 판단하는 근거는 무엇인가?

3 해결 용이성. 이 문제는 쉽게 개선될 수 있는가? 문제가 개선되는 과정이 눈에 보이는가? 이 문제에 이미 착수한 곳이 있는가? 있다면 해당 단체의 개입을 통한 성과가 분명하게 나타났는가? 이 문제에 지금 개입해도 성과를 낼 수 있는가?

4 적성. 역량, 자원, 지식, 인맥, 열정을 고려할 때 이 분야에서 내가 큰 변화를 불러일으킬 가능성이 있는가?

## 머리말 식수 공급과 해충구제

1 트레버 필드와 진행한 인터뷰(September, 2014).

2 "Development Marketplace," World Bank, http://wbi.worldbank.org/wbi/content/development-market place-1, accessed July 2014.

3 트레버 필드와 진행한 인터뷰(September, 2014).

4 One Difference, http://onedifference.org/.

5 Ralph Borland, "Radical Plumbers and PlayPumps: Objects in Development," (PhD thesis, Trinity College, Dublin), 2011, 37.

6 "Why Pumping Water Is Child's Play," BBC News, April 25, 2005.

7 Kevin Bloom, "Playing for Real," *Mail & Guardian* (South Africa), March 26, 2004.

8 Bill Clinton, Laura Bush, and Jean Case, "How the New Philanthropy Works," *Time*, September 25, 2006.

9 "Jay-Z Helps U.N. Focus on Water Crisis," *USA Today*, August 9, 2006.

10 Amy Costello, "PlayPump Project Receives Major U.S. Funding," *FRONTLINE/World*, September 20, 2006.

11 Mark Melman, "The Making of a 'Philanthropreneur,'" *The Journal of Values Based Leadership*, March 15, 2008, http://www.valuesbasedleadershipjournal.com/issues/vol1issue2/field_melman.php.

12 John Eastman, "Trevor Field of PlayPumps International," *Black and White*, April 14, 2008, http://www.blackandwhiteprogram.com/interview/trevor-field-playpumps-international.

13 UNICEF, *An Evaluation of the PlayPump Water System as an Appropriate Technology for Water, Sanitation and Hygiene Programs*, October 2007, http://www-tc.pbs.org/frontlineworld/stories/southernafrica904/flash/pdf/unicef_pp_report.pdf.
보고서 표지에 유니세프 로고가 있긴 하지만 유니세프의 승인을 받은 보고서는 아니다. '라운드어바웃 워터솔루션'의 이사인 콜린 모리스Colin Morris는 유니세프의 바네사

토빈Vanessa Tobin 과 주고받은 서신을 내게 전달하며 다음과 같은 입장을 분명히 밝혔다. "이 보고서는 2007년 8월 World Vision/UNICEF가 합동 시행한 내부 검토의 일환인 사전 현장 답사를 바탕으로 합니다. 단, 본 보고서는 정식으로 발행된 게 아닙니다. 최종 보고서를 발행하기 전에 모든 관계 당사자들의 의견이 취합된 평가보고서 초안을 공유하는 것이 유니세프의 관례이지만 이 단계가 누락됐기 때문입니다."

14 Ana Lucía Obiols and Karl Erpf, *Mission Report on the Evaluation of the Play-Pumps Installed in Mozambique*, The Swiss Resource Center and Consultancies for Development, April 29, 2008, http://www-tc.pbs.org/frontlineworld/stories/southernafrica904/flash/pdf/mozambique_report.pdf.

15 "아이들이 없으면 어쩔 수 없이 어른들이(특히 여성들이) 펌프를 돌려야 한다. 남아프리카와 모잠비크에서는 '뺑뺑이' 돌리기를 별로 개의치 않는다고 말한 여성들도 일부 있었지만, '뺑뺑이'를 돌리면 급수펌프를 작동시킬 수 있다는 사실을 모르는 사람들의 호기심 어린 눈길을 받으며 (가령 펌프가 도로 가까이 설치된 경우) '뺑뺑이'를 돌리는 건 민망하다고 말한 사람들도 있었다. 한편 잠비아에서는 인터뷰한 여성 전원이 플레이펌프 돌리기가 꺼려진다고 말했다." UNICEF, *An Evaluation*, 10.

16 Amy Costello, *Southern Africa: Troubled Water*, PBS video 23:41, June 29, 2010, http://www.pbs.org/frontlineworld/stories/southernafrica904/video_index.html.

17 Andrew Chambers, "Africa's Not-So-Magic Roundabout," *The Guardian*, November 24, 2009.

18 Borland, *Radical Plumbers*, 49–82.

19 UNICEF, *An Evaluation*, 13.

20 Costello, *Troubled Water*.

21 레이첼 글레너스터와 진행한 인터뷰(May, 2014).

22 Federal Food, Drug, and Cosmetic Act, *Regulatory Information and Legislation*, US Food and Drug Administration, section 505.

23 다음 문헌 참고. Michael Kremer, "Randomized Evaluations of Educational Programs in Developing Countries: Some Lessons," *American Economic Review* 93, no. 2 (May 2003): 102–6.

24 Paul Glewwe, Michael Kremer, and Sylvie Moulin, "Many Children Left Behind? Textbooks and Test Scores in Kenya," *American Economic Journal: Applied Economics*, American Economic Association 1, no. 1 (January 2009).

25 Paul Glewwe, Michael Kremer, Sylvie Moulin, and Eric Zitzewitz, "Retrospective vs. Prospective Analyses of School Inputs: The Case of Flip Charts in Kenya," *Journal of*

*Development Economics* 74, no. 1 (June 2004): 251 – 68.

26 Abhijit Banerjee and Michael Kremer, "Teacher-Student Ratios and School Performance in Udaipur, India: A Prospective Evaluation" (Washington, DC: Brookings Institution, 2002).

27 "세계 인구의 24퍼센트인 15억 명 이상이 흙을 통한 기생충에 감염된 상태."("Soil-transmitted Helminth Infections," World Health Organization, Fact sheet no. 366, http://www.who.int/mediacentre/factsheets/fs366/en/).

28 마이클 크레머와 진행한 인터뷰(November, 2014).

29 Edward Miguel and Michael Kremer, "Worms: Identifying Impacts on Education and Health in the Presence of Treatment Externalities," *Econometrica* 72, no. 1 (January 2004): 159 – 217.

30 Miguel and Kremer, "Worms."

31 건강개선 범위에 관해서는 논쟁의 여지가 있다. 관련 논의는 다음을 참고. "Combination deworming (mass drug administration targeting both schistosomiasis and soil-transmitted helminths)," GiveWell, December 2014, http://www.givewell.org/international/technical/programs/deworming.

32 Sarah Baird, Joan Hamory Hicks, and Edward Miguel, "Worms at Work: Long-run Impacts of Child Health Gains," working paper, 2011.

33 Michael Kremer, "The Origin and Evolution of Randomized Evaluations in Development," J-PAL의 10주년 행사 강연 참고. December 7, 2013, http://youtu.be/YGL6hPgpmDE.

34 "Where we work," Evidence Action, Deworm the World Initiative, http://www.evidenceaction.org/dewormtheworld.

35 '증거기반정책연합Coalition for Evidence –Based Policy'의 데이비드 앤더슨David Anderson은 "1) 사회사업 및 사회서비스의 절대다수가 아직 엄밀히 평가되지 않았고, 2) 전문가 의견 및 그보다 엄밀성이 떨어지는 연구가 뒷받침된 프로그램을 포함해 '나름대로' 엄밀하게 평가했다는 프로그램들도 대부분의 경우(75퍼센트 이상으로 추정) 효과가 미미하거나 전무하다. 어떤 경우엔 부정적인 효과가 나타나기도 한다"고 밝혔다. "Guest Post: Proven Programs Are the Exception, Not the Rule," *GiveWell Blog*, December 18, 2008, http://blog.givewell.org/2008/12/18/guest-post-proven-programs-are-the-exception-not-the-rule/.

36 여전히 운영 중인 '라운드어바웃 워터솔루션'의 협력학교 측에서 제공한 피드백은 매우 긍정적이다. 한 교장은 이런 편지를 보냈다. "이 기회를 빌려 라운드어바웃펌프를 우리

학교에 기부해 주신 데 진심으로 감사드립니다. 덕분에 우리 마을 사람들과 학생들이 식수를 얻을 수 있게 됐습니다. (…) 이렇게 봉사해 주시는 여러분께 신의 축복이 있기를 기원합니다. 물은 생명입니다!" 플레이펌프의 가치가 의심스러운데도 이처럼 열화와 같은 호응을 보이는 이유는 뭘까? 학생들이 보낸 다음 편지에서 그 실마리를 찾을 수 있다. "깨끗한 물을 마실 수 있게 해 주셔서 정말 감사합니다. 전에는 짐승처럼 강물을 마셨습니다. 정부가 학교에 기본 서비스를 제공하지 않아 저희도 힘들게 학교생활을 하고 있습니다. 저희들은 학교 건물 페인트칠 등 다른 활동도 진심으로 환영합니다. 지금은 R학년부터 6학년까지 모두 진흙 건물에서 공부하고 있습니다. 다른 후원도 받을 수 있도록 이런 상황을 널리 알려주세요." 설령 플레이펌프가 아무 도움이 되지 않았다 하더라도 '라운드어바웃 워터솔루션'에 감사를 표하는 것이 학교의 이익에 부합한다는 걸 알 수 있다. 감사 편지를 쓰는 데는 돈이 들지 않는다. 오히려 훗날 더 유익한 보답을 받을지도 모를 일이다.

이 사례만 봐도 이타적 행위의 효과를 확인하기가 무척 어렵다는 사실을 알 수 있다. 캐나다 엔지니어인 오언 스콧Owen Scott의 사례도 이를 증명한다. "플레이펌프 현장에 갈 때마다 항상 같은 장면을 목격한다. 여자들과 아이들이 물을 길으려고 끙끙대며 뺑뺑이를 돌리고 있다. 플레이펌프에서 즐기며 노는 아이는 한 명도 본 적이 없다. 하지만 낯선 사람이(즉 내가) 카메라를 들고 다가가면 아이들은 갑자기 신나게 놀기 시작한다. 그리고 5분 뒤에 플레이펌프가 큰 성공을 거두는 장면이 연출된다."("The Playpump III—'The challenge of good inquiry,' "*Owen in Malawi* (blog), November 3, 2009, http://thoughtsfrommalawi.blogspot.co.uk/2009/11/playpump-iii-challenge-of-taking-photos.html). 이처럼 플레이펌프의 영향 여부와는 거의 무관하게 피드백은 항상 긍정적이다.

37 그레이스 홀리스터와 진행한 인터뷰(June, 2014).

38 토비와 나는 빈곤퇴치의 윤리적 중요성을 역설한 피터 싱어Peter Singer로부터 큰 영향을 받았다. 이에 대해서는 다음 문헌 참고. "Famine, Affluence, and Morality," *Philosophy and Public Affairs* 1, no. 1 (Spring 1972): 229–43 and *The Life You Can Save: Acting Now to End World Poverty* (New York: Random House, 2009). 그의 주장에 감화되어 우리는 연수입에서 2만 파운드를 제외한 나머지 돈을 전액 기부하기로 결정했다. 수입의 절반 정도니 평생 기부하는 돈은 한 사람당 100만 파운드쯤 될 터였다. 우리로서는 무척 큰돈이었기 때문에 기부금의 효과적 운용은 매우 중요한 문제였다. 한편 피터 싱어는 이후 효율적 이타주의의 강력한 주창자가 되었다. 피터 싱어의 다음 문헌 참고. 『효율적 이타주의The Most Good You Can Do: How Effective Altruism Is Changing Ideas About Living Ethically』 (New Haven, CT: Yale University, 2015).

39 일주일에 40시간, 1년에 50주씩 40년간 일하면 정확히 8만 시간이다. 직업별 차이는 있지만 실제 노동시간은 대체로 그 이상일 것이다.


# 1 당신은 상위 1퍼센트다

1 Dawn Turner Trice, "How the 1 Percent Live, and Give," *Chicago Tribune*, December 29, 2011; Social Security Administration, "Measures of Central Tendency for Wage Data," http://www.ssa.gov/oact/cola/central.html. 가능하면 전문용어를 피하기 위해 이 책에서 나는 'typical(일반적)'을 'median(중앙값의)', 'average, mean(평균의)'이라는 의미로 사용한다.

2 Congressional Budget Office, *Trends in the Distribution of Household Income Between 1979 and 2007,* October 2011, http://www.cbo.gov/sites/default/files/10-25-HouseholdIncome_0.pdf.

3 Thomas Piketty, *Capital in the Twenty-First Century* (Cambridge, MA: Harvard University Press, 2014), 265.

4 제시된 세계 소득분포는 몇 가지 자료를 종합한 결과다. 상위 1퍼센트~21퍼센트에 관한 자료는 2008년 실시된 각국의 전국가구조사 마이크로데이터를 기초로 작성했다. 경제학자 브랑코 밀라노비치Branko Milanovic가 친절하게도 데이터를 제공해 주었다. 하위 73퍼센트에 관한 내용은 PovcalNet(http://iresearch.worldbank.org/PovcalNet/index.htm?1)의 2008년 데이터를 기초로 한 것이다. 소득 7만 달러 이상인 최상위 0.1퍼센트에 대한 내용은 밀라노비치의 책에서 인용한 것이다. *The Haves and the Have-Nots: A Brief and Idiosyncratic History of Global Inequality* (New York: Basic Books, 2011). 모든 수치는 물가상승률을 나타내는 지표인 소비자가격지수를 감안해 조정했다. 당신이 얼마나 부자인지 궁금하다면 기빙왓위캔 계산기를 사용해 보라. http://www.givingwhatwecan.org/get-involved/how-rich-am-i.

5 기업 임원 연봉 조사업체 에퀼라Equilar에 따르면 2014년 가장 연봉이 높은 CEO는 141,949,280달러를 받은 미국 세니에르 에너지Cheniere Energy의 샤리프 소키Charif Souki다. 다음 웹사이트 참조. http://www.equilar.com/nytimes/the-new-york-times-200-highest-paid-ceos).

그래프상 소득 0달러에서 10만 달러 간 거리가 2인치라고 가정하면(그다음 그래프의 y 축에 표시돼 있다), 오른쪽 최상단의 높이는 2,839인치(237피트)가 된다. 한 층의 높이가 10피트인 건물로 치면 23층 이상인 셈이다. 이는 소득만 감안했을 경우에 한한 결과다. 이 그래프에 순자산 변화폭까지 포함시키면 더 높아진다. 2014년에 재산이 가장 많이 늘어난 인물은 중국 인터넷 금융정보업체 DZH의 장창홍Zhang Changhong 회장인데, 그의 순자산 증가폭은 9억 8250만 달러다("The World's Billionaires," *Forbes*, http://www.forbes.com/billionaires/list/#tab:overall:"#864 Zhang Changhong," *Forbes*, http://www.forbes.com/profile/zhang-changhong/:true as of December 9, 2014). 이를 그래프에 반영하면 최상단의 높이는 1,638피트가 되어 엠파이어스테이트 빌딩보다 400피트 더 높아진다.

6 Social Security Administration, "Measures of central tendency for wage data."

7 "Poverty Overview," World Bank, http://www.worldbank.org/en/topic/poverty/overview. 2010년을 기준으로 했다. 보통 절대빈곤선은 하루 1.25달러로 설정한다. 단, 1.25달러는 2005년 물가 기준이다. 여기서는 이해를 돕기 위해 물가상승률을 감안해 조정했다. 2005년 1.25달러를 2014년 물가로 환산하면 대략 1.5달러다.

8 Martin Ravallion, Shaohua Chen, and Prem Sangraula, "Dollar a Day Revisited," Policy research working paper 4620 (World Bank, May 2008). 일반적으로 절대빈곤선은 2005년 물가 기준 하루 1.25달러 미만, 1996년 물가 기준 하루 1달러 미만이다.

9 "Millennium Development Goal Indicators," United Nations Statistics Division, Department of Economic and Social Affairs, United Nations, http://mdgs.un.org/unsd/mdg/Metadata.aspx?IndicatorId=0&SeriesId=580.

10 "Life Expectancy at Birth, Total (Years)," World Bank, http://data.worldbank.org/indicator/SP.DYN.LE00.IN/countries/LS-ZF-XN?display=graph&hootPostID=cc8d300b9308f8acab94418eff2132ac.

11 "The Economic Lives of the Poor," *Journal of Economic Perspectives* 21, no. 1 (Winter 2007): 141 – 67.

12 이 방법의 신뢰도에 대해서는 다음 문헌을 참고. Alan B. Krueger and David A. Schkade, "The Reliability of Subjective Wellbeing Measures," *Journal of Public Economics* 92, no. 8 – 9 (August 2008):1, 833 – 45.

13 이들 방법에 대한 자세한 내용은 다음 문헌을 참고. Ben Groom and David Maddison, "Non-identical Quadruplets: Four New Estimates of the Elasticity of Marginal Utility for the UK," London School of Economics and Political Science, Grantham Research Institute on Climate Change for the Environment, working paper no. 121, August 2013.

14 Betsey Stevenson and Justin Wolfers, "Subjective Well-Being and Income: Is There Any Evidence of Satiation?" *American Economic Review* 103, no. 3 (May 2013):

598~604. 이 그래프의 각 선은 소득 변화에 따른 각국 국민들의 주관적 안녕감을 나타낸다. 그래프에서는 동일 소득수준에 놓인 각국 사람들의 주관적 안녕감이 각기 다르게 나타난다. 하지만 모든 나라에서 소득이 상승하면 삶에 대한 만족도가 증가하는 폭은 같다. 이 그래프는 로그값으로 표현되어 있다. 수평축의 각 구분은 소득이 2배로 늘어난다는 것을 나타낸다. 주관적 안녕감이 한 구간 상승하려면 소득이 높을수록 소득 증가폭이 더 커야 한다는 것을 알 수 있다.

주관적 안녕감은 조사 대상자들이 자신들의 삶 전반에 대한 만족도에 직접 점수를 매기는 방식으로 측정한다. 가장 일반적인 방법이긴 하지만 그 밖의 대안도 있다. '경험표본방식experience sampling method'은 조사대상자들이 현재 느끼는 만족감을 묻는다. 이에 대해서는 다음 문헌 참고. Reed Larson and Mihaly Csikszentmihalyi, "The Experience Sampling Method," *New Directions for Methodology of Social and Behavioral Science* 15(March 1983): 41~56. 경험표본방식의 이점은 조사 대상자들에게 과거 경험을 회상하거나 종합하라고 요청하지 않는다는 점이다. 평범한 사람들은 이에 서툴기 때문이다. 이에 대해서는 다음 문헌 참고. Barbara L. Fredrickson and Daniel Kahneman, "Duration Neglect in Retrospective Evaluations of Affective Episodes," *Journal of Personality and Social Psychology* 65, no. 1 (July 1993): 45~55. 이 방법을 사용한 조사에서는 가계소득 7만 5000달러 이상인 경우(개인소득으로 치면 3만 달러 이상) 추가 소득이 생긴다고 더 행복해지는 건 아니라는 결론이 도출되었다. 경험표본방식 역시 추가 소득을 포기하더라도 안녕감에는 거의 변함이 없다는 내 주장을 뒷받침한다.

15 분명히 짚고 넘어가야 할 부분이 있다. '100배 승수'는 1달러가 부유한 나라에 사는 사람에게 제공하는 편익과 매우 가난한 나라에 사는 사람에게 제공하는 편익의 격차를 나타낸다. 그렇다고 일반적인 미국인에게 99달러를 주는 것보다 극빈자에게 1달러를 주는 게 낫다는 말은 아니다. 소득 증가는 광범위한 경제에 영향을 미치기 때문이다. 만약 내가 평범한 미국인 제임스에게 99달러를 주면 제임스뿐 아니라 그에게 99달러치의 상품을 판매한 타인에게도 혜택이 돌아간다(이때 제임스에게 물건을 판 사람은 더 가난한 나라에 사는 사람일 수도 있다). 가난한 나라에 사는 사람에게 1달러를 줄 경우에도 마찬가지다. 여기서 고려해야 할 점은 상기 내용만 봐서는 경제에 광범위하게 미치는 영향 또한 100:1이라고 볼 수 없다는 것이다. 따라서 부유한 나라의 평범한 사람에게 1달러를 주는 것보다 해외 극빈자에게 1달러를 주는 게 100배 더 '선한' 일이라고 단정할 수 없다. 나와 극빈자만을 놓고 볼 때(나머지 세계와 단절돼 있을 경우) 극빈자에게 1달러를 주는 것이 내게 1달러를 주는 것보다 100배 큰 혜택을 주는 것이라고 말할 수 있을 뿐이다.

16 100은 일종의 기준선이다. 나는 우리가 열심히 노력하면 이보다 더 낮은 개인적 비용

으로 더 큰 선을 행할 수 있다고 믿는다. 여기에는 두 가지 이유가 있다. 첫째, 지금 다루는 주제는 세계 빈곤으로 한정돼 있다. 10장에 제시했듯 타인을 돕는 데 더 효율적인 방법도 있다. 이 경우 100배 승수는 과소평가다. 둘째, 자신에게 편익을 제공하는 행위와 남에게 편익을 제공하는 행위를 선택하는 층위에서만 논의를 전개했기 때문에 베푸는 행위를 통해 베푸는 사람에게 주어지는 편익은 간과된다. 내 경우, 소득의 일부를 기부한 뒤부터 삶이 더 행복해졌다. 수혜자가 아니라 기부자 자신을 위해 기부한다는 '따뜻한 만족warm glow' 효과의 긍정적인 측면이다. 이는 내 경우에만 국한되지 않는다. 여러 연구 결과가 이를 증명한다. 일례로 남을 위해 쓸 돈을 받은 피험자들의 만족도가 자신을 위해 쓸 돈을 받은 피험자들보다 높았다는 실험 결과도 이를 뒷받침한다. 이에 대해서는 다음 문헌 참고. Elizabeth Dunn, Lara Aknin, and Michael Norton, "Spending Money on Others Promotes Happiness," *Science* 319, no.5,870 [March 21, 2008]: 1, 687 – 8. 따라서 가장 효율적인 방식에 초점을 맞추면 수혜자에게 제공되는 혜택은 100배 승수보다 더 커지고 우리 자신이 부담하는 비용은 더 줄어들 것이다. 이에 대해서는 다음 문헌 참고. Andreas Mogensen, "Giving without Sacrifice? The Relationship between Income, Happiness, and Giving," unpublished paper, http://www.givingwhatwecan.org/sites/givingwhatwecan.org/files/attachments/giving-without-sacrifice.pdf.

17 Louis Johnston and Samuel H. Williamson, "What Was the U.S. GDP Then?" MeasuringWorth, 2014, http://www.measuringworth.com/usgdp/,accessed July 2014.

18 Angus Maddison, "Statistics on world population, GDP and per capita GDP, 1 – 2008 AD," University of Groningen, http://www.ggdc.net/maddison/content.shtml.

19 다음 문헌 참고. Maddison's *Contours of the World Economy 1–2030 AD* (Oxford, UK: Oxford University, 2007).

20 36쪽에 제시된 전세계 소득분포 그래프를 바탕으로 한다.

21 시대의 변화에 따른 전 세계 불평등 및 경제 발전에 대한 논의는 다음 문헌 참고. Milanović, *The Haves and the Have-Nots,* and Gregory Clark, *A Farewell to Alms: A Brief Economic History of the World* (Princeton, NJ: Princeton University, 2007).


## 2 선택의 득과 실

1 르완다 인종학살에 대해서는 다음 자료 참고. Jonathan Glover, *Humanity: A Moral History of the Twentieth Century* (New Haven, CT: Yale University, 1995), 119 – 22. 종

합적인 논의는 다음 자료 참고. Gérard Prunier, *The Rwanda Crisis: History of a Genocide* (New York: Columbia University, 1995).

2 James Orbinski, *An Imperfect Offering: Humanitarian Action for the Twenty-first Century* (New York: Walker, 2008), 226.

3 이는 단순한 공리주의일까? 아니다. 간단히 말하면 공리주의는 행복의 총량을 최대화하기 위해서라면 수단을 가리지 않고 무엇이든 해야 한다는 입장이다. 효율적 이타주의와 공리주의 모두 삶을 개선시키는 데 초점을 둔다. 하지만 이 유사성은 모든 합리적 윤리관에 공통적이다. 다른 측면에서 보면 효율적 이타주의는 공리주의와 한참 동떨어져 있다. 효율적 이타주의는 가능한 한 최대한의 선을 행해야 한다는 윤리적 의무를 강요하지 않는다. 당신이 가진 돈과 시간 중 적지 않은 몫을 타인을 돕는 데 써야 한다는 제안일 따름이며, 더 큰 선을 위해 다른 사람의 권리를 침해할 수도 있다고 주장하지 않는다. 또 효율적 이타주의는 행복 이외의 자유, 평등 같은 여타 가치들도 인정한다. 전반적으로 효율적 이타주의는 공리주의에 비해 더 폭넓고 세계주의적인 철학이다.

4 단체에서 공개하는 기부금의 용처는 불명확한 경우가 많다. 가장 뚜렷한 성과만 보여주거나 '숨은' 비용이 드러나지 않는 수치를 제시하곤 한다. 여기에 대해서는 7장에서 설명한다. 또한 이 단체가 책 5권을 구입해 제공하는 데 50달러가 든다고 해도 당신이 기부한 50달러가 책 5권을 사는 데 전부 쓰이는 건 아니다. 유나이티드웨이 뉴욕 지부는 2013년 총 5500만 달러를 집행해 매우 다양한 프로그램을 운영했다. 당신이 기부한 50달러는 단체의 총수입에 합산돼 여러 사업에 분배될 것이다. 하지만 논의의 진전을 위해 여기서는 유나이티드웨이에 낸 기부금 50달러가 책 5권의 구매비로 쓰인다고 가정한다.

5 일부 철학자들은 이 경우 동전 던지기, 또는 수가 많은 쪽에 가중치를 둔 제비뽑기로 결정해야 한다고 주장한다. 예를 보려면 다음 자료 참고. John M. Taurek, "Should the Numbers Count?" *Philosophy and Public Affairs* 6, no. 4 (Summer 1977), 293–316, and F. M. Kamm, *Morality, Mortality, Volume I: Death and Whom to Save from It* (Oxford: Oxford University Press, 1993). 나는 생각이 다르다. 전부 똑같이 중요하다면 소수보다 다수를 구하는 게 옳다. 옥스퍼드대학교 철학교수 데릭 파핏Derek Parfit도 "왜 다수를 구해야 하는가? 그건 우리가 한 명 한 명을 구하는 데 같은 비중을 두기 때문이다. 각자는 1의 가치가 있다. 따라서 다수는 소수보다 가치가 더 크다"라고 주장한다. ("Innumerate Ethics," *Philosophy and Public Affairs* 7, no. 4 [Summer 1978], 301.

6 여기서는 경제학자들이 손익을 계산할 때 보편적으로 사용하는 '지불용의willingness to pay'를 생략했다. 이는 재화가 제공하는 편익이 구매자가 지불하려는 금액의 크기에 따라 결정된다는 개념이다. 존스가 사과 하나에 1달러를 낼 용의가 있고 스미스는 10달러를 낼 용의가 있다고 치자. 지불용의를 기준으로 하면 사과를 스미스에게 주는 게 존

스에게 주는 것보다 10배 더 큰 편익을 제공하는 셈이다. 내가 이 개념을 가져오지 않은 이유는 지불용의가 추가 1달러의 가치는 누구에게나 똑같다고 가정하기 때문이다. 이는 명백한 오류다. 스미스가 억만장자고 존스가 가난한 사람이라면 같은 1달러의 가치가 스미스보다 존스에게 훨씬 클 것이다. 이 문제는 부유한 나라에 사는 사람들에게 혜택을 주는 행위와 가난한 나라에 사는 사람들에게 혜택을 주는 행위를 비교할 때 더 부각된다. 가령 미국인들은 사망 위험을 1퍼센트 줄이는 비용을 방글라데시인들보다 15배 더 지불할 용의가 있다. 이에 대해서는 다음 참고. John Broome, *Weighing Lives* [Oxford, UK: Oxford University, 2004], 263. 지불용의 개념을 적용하면 미국인의 생명은 방글라데시인의 생명보다 15배 더 가치 있다는 결론이 나온다. 명확한 오류다. 사망 위험을 낮추는 데 미국인들이 비용을 더 많이 지불할 용의가 있는 이유는 쓸 수 있는 돈이 더 많기 때문이다.

7 "Global Burden of Disease 2004 Update: Disability Weights for Diseases and Conditions," World Health Organization, http://www.who.int/healthinfo/global_burden_disease/GBD2004_DisabilityWeights.pdf.

8 추정치는 다음 문헌에 제시돼 있다. Joshua A. Salomon et al., "Common Values in Assessing Health Outcomes from Dis-ease and Injury: Disability Weights Measurement Study for the Global Burden of Disease Study 2010," *Lancet* 380 (2012) table 2, 2, 135-7; 다음 웹사이트 참고. http://www.jeff tk.com/gbdweights2010.pdf; 2004년도 추정치는(다소 상이한 방법론을 통해 도출) 다음 웹사이트 참고. http://www.who.int/healthinfo/global_burden_disease/GBD2004_DisabilityWeights.pdf. 이 두 자료에서는 장애보정수명disability-adjusted life years, DALY 개념이 등장한다. 1DALY는 대략 -1QALY 다(즉, QALY 증가는 긍정적이고 DALY 증가는 부정적이다). 대개 QALY는 국내 환경에서, DALY는 국제보건 문제를 다룰 때 사용된다. 그런데 이 추정치는 말 그대로 추정치라는 점에 유념해야 한다. 맥락에 따라 지나치게 높아지거나 낮아질 수도 있다는 말이다. QALY당 비용 추정치는 무조건 수용하기보다 주요 도구로 여겨야 한다.

9 이 사례에서는 2004 WHO 세계질병부담연구Global Burden of Disease, GBD의 장애 가중치를 적용했다. 다음 웹사이트 참고. http://www.who.int/healthinfo/global_burden_disease/GBD2004_DisabilityWeights.pdf.

10 QALY에 관한 개요, 용어 정의 및 각각의 질병을 QALY로 계산하는 문제에 관해서는 다음 자료 참고. Milton C. Weinstein, George Torrance, and Alistair McGuire, "QALYs: The Basics," *Value in Health* 12, supplement 1 (2009): S5-S9. 하지만 이런 문제들 때문에 양적인 차원에서 손익을 판단하는 게 불가능하다는 건 아니다. 케임브리지대학의 데이비드 스피겔할터David Spiegelhalter 교수가 이에 대해 명쾌하게 설명

한 바 있다. "물론 QALY 접근이 완벽한 건 아니다. 하지만 다양한 의료적 개입을 일관성 있게 비교하기 위해서는 총체적 편익과 비용에 근거한 틀이 필요하다. 그렇지 않으면 정서적 호소력이 강한 사업으로 자금이 투입될 수도 있다." ("Experts Dismiss Claims NHS Drug Decisions Are 'Flawed,'" National Institute for Health and Care Excellence, January 25, 2013, https://www.nice.org.uk/news/article/experts-dismiss-claims-nhs-drug-decisions-are-flawed.)

11 철학자들과 경제학자들이 제안한 것이다. 다음 문헌 참고. Broome, *Weighing Lives,* 261.

12 다음 웹사이트 참고. "FAQ," Guide Dogs of America, http://www.guidedogsofamerica.org/1/mission/#cost.

13 Ken Berger and Robert M. Penna, "The Elitist Philanthropy of So-Called Effective Altruism," *Stanford Social Innovation Review (blog),* November 25, 2013, available at http://www.ssireview.org/blog/entry/the_elitist_philanthropy_of_so_called_effective_altruism.

14 2013년 11월에 내가 따로 확인했을 때도 저자들은 이러한 자신들의 입장을 분명히 했다. November 2013.

15 누공재단과 산과누공에 대해서는 다음 웹사이트 참고. www.fistulafoundation.org.


# 3 당신은 수백 명의 목숨을 구할 수 있다

1 Dambisa Moyo, *Dead Aid: Why Aid Is Not Working and How There Is a Better Way for Africa* (New York: Farrar, Straus and Giroux,2009), 47.

2 같은 책.

3 William Easterly, *The White Man's Burden: Why the West's Efforts to Aid the Rest Have Done So Much Ill and So Little Good* (New York: Penguin, 2006).

4 Easterly, *The White Man's Burden,* 4.

5 2013년 세계 GDP는 구매력 평가purchasing power parity 기준으로 87조 2500억 달러, 명목 GDP는 74조 3100억 달러다. Central Intelligence Agency, *The World Factbook, 2014,* https://www.cia.gov/library/publications/the-world-factbook/geos/xx.html.

6 Congressional Budget Office, "Monthly Budget Review—Summary for Fiscal Year 2013," November 7, 2013, https://www.cbo.gov/sites/default/files/44716-%20MBR_FY2013_0.pdf.

7 Perry Romanowsky, "A Cosmetic Industry Overview for Cosmetic Chemists,"

*Cosmetics Corner*, April 14, 2014, http://chemistscorner.com/a-cosmetic-market-overview-for-cosmetic-chemists/.

8 Aleen Sirgany, "The War On Waste," *CBS Evening News*, January 29, 2002.

9 사하라 이남 아프리카의 총 인구는 1950년 1억 7700만 명, 2010년 8억 1500만 명이다. 다음 자료 참고. Dominique Tabutin and Bruno Schoumaker, "The Demography of Sub-Saharan Africa from the 1950s to the 2000s: A Survey of Changes and a Statistical Assessment," *Population* 59, no. 3 – 4 [2004], 525. 인구성장률이 줄곧 2.58퍼센트를 유지했다고 가정하고 이 기간의 연도별 추정 인구를 합산해 평균치를 산출했다.

10 Tabutin and Schoumaker, "Sub-Saharan Africa," 538; " Sub-Saharan Africa," World Bank, http://data.worldbank.org/region/sub-saharan-africa.

11 자세한 내용은 다음 문헌 참고. David Koplow, *Smallpox: The Fight to Eradicate a Global Scourge* (Berkeley: University of California, 2003), and D. A. Henderson, *Smallpox: The Death of a Disease — The Inside Story of Eradicating a Worldwide Killer* (New York: Prometheus, 2009).

12 Koplow, *Smallpox*, 1; Henderson, *Smallpox*, 13.

13 원조의 평균 비용-효율성은 토비 오드의 논의를 빌린 것이다. 자금이 수혜국으로 전달되는 흐름을 고려하면 천연두 근절 캠페인을 국제개발원조overseas development aid, ODA에 포함시키는 게 옳은지 의문을 제기할 수도 있다. 하지만 일반적으로 천연두 캠페인은 원조 효율성 연구 분야에서 성공 사례로 인정되고 있다. 원조 회의론자들도 이에 동의한다. 다음 자료를 참고. Roger C. Riddell, *Does Foreign Aid Really Work?* (Oxford: Oxford University, 2007, 184. 실제로 WHO 천연두근절 사업에는 공적원조자금이 투입됐다. 공여국들은 천연두 근절사업에 필요한 자금의 약 3분의 1을 지원했다. 국제 자금지원이 없었다면 천연두가 근절되지 못했을 것이므로 원조가 결정적인 역할을 한 것으로 보인다. 이에 대해서는 다음 문헌 참고. Ruth Levine, *Case Studies in Global Health: Millions Saved* [Sudbury, MA: Jones and Bartlett, 2007], 1 – 8. 천연두 근절 프로그램에서 국제원조가 차지하는 몫이 3분의 1밖에 안된다고 해도 원조자금 22만 5000달러당 1명의 생명을 구한 셈이다.

14 Easterly, *The White Man's Burden*, 4.

15 Binyamin Appelbaum, "As U.S. Agencies Put More Value on a Life, Businesses Fret," *The New York Times*, February 17, 2011.

16 강경한 원조 비판론자들 중에는 비보건 부문 원조가 '비효율적인' 차원을 넘어 전적으로 '유해하다'고 보는 입장도 있다. 이 경우 얼마나 해를 끼친다는 걸까. 천연두 근절 사례의 경우 해외원조가 해롭다는 결론을 내리려면 원조 비용이 1억 2200만 명 이

상의 인명 손실에 상응해야 한다. 앞서 말했듯 이는 모든 전쟁 사망자를 합친 것보다 많은 수다. 상식적인 경제학자라면 해외원조가 그만큼 해롭다고 말하지는 않을 것이다. 옥스퍼드대학교 국제개발학과 에이드리언 우드Adrian Wood 교수는 "원조가 성장을 저해하지 않는다는 건 거의 확실하다는 분명한 증거가 있다"라고 밝힌 바 있다. 이에 대해서는 다음 자료 참고. Select Committee of Economic Affairs, *The Economic Impact and Effectiveness of Development Aid*, 23, n. 42.; Select Committee of Economic Affairs, House of Lords, *The Economic Impact and Effectiveness of Development Aid: 6th report of session 2010–12* (London: Stationery Office, 2012), 23, n. 게다가 모요와 이스털리의 저작 이후에 나온 연구 결과들은 원조와 경제 성장 간의 긍정적 상관성을 시사한다. 다음 문헌을 참고. Arndt Channing, Sam Jones, and Finn Tarp, "Aid, Growth, and Development: Have We Come Full Circle?" *Journal of Globalization and Development* 1, no. 2 [2010], and Camelia Minoiu and Sanjay G. Reddy, "Development Aid and Economic Growth: A Positive Long-Run Relation," *Quarterly Review of Economics and Finance* 50, no. 2 [2010].) 하지만 원조 규모가 작아서 체감 가능한 경제 성장 효과를 기대하기는 어렵다. 국제개발센터Center for Global Development의 오언 바더Owen Barder가 말했듯 "원조 규모가 크지 않다는 점을 고려할 때 통계를 뒤집을 정도의 경제 성장 효과는 기대할 수 없다."(Select Committee of Economic Aff airs, Th e Economic Impact and Eff ectiveness of Development Aid, 23, n. 42.)

17 William Easterly, "Can the West Save Africa?" *Journal of Economic Literature* 47, no. 2 (June 2009): 406 – 7.

18 William Easterly, "Some Cite Good News on Aid," *Aid Watch*, February 18, 2009, http://aidwatchers.com/2009/02/some-cite-good-news-on-aid/.

19 이 그래프는 1장에 제시된 자료를 토대로 한 것이다.

20 이 사례 및 그 밖의 예는 다음을 참고. Mark E. J. Newman, "Power Laws, Pareto Distributions and Zipf's Law," *Contemporary Physics* 46, no. 5 (2005), 323 – 51.

21 Ramanan Laxminarayan, Jeffrey Chow, and Sonbol A. Shahid-Salles, "Intervention Cost-Effectiveness: Overview of Main Messages," in Dean Jamison et al. (eds.), *Disease Control Priorities in Developing Countries*, 2nd edition (Oxford: Oxford University, 2006), 41 – 42.

22 Laxminarayan, Chow, and Shahid-Salles, "Intervention Cost-Effectiveness," 62 (카포시 육종 치료); Omar Galárraga et al., "HIV Prevention Cost-Effectiveness: A Systematic Review" (콘돔 배포 및 항레트로바이러스 치료); "Against Malaria Foundation (AMF)," GiveWell, November 2014, http://www.givewell.org/files/

DWDA% 202009/Interventions/Nets/GiveWell%20cost-effectiveness%20analysis%
20of%20LLIN%20distribution%202014.xls (모기장 배포). 보수적으로 접근하기 위해
말라리아퇴치재단의 모기장 배포 사업의 성과에 대해서는 기브웰에서 추정한 1000달
러당 QALY값을 내림했다(기브웰은 QALY당 비용에 관해 6개의 추정치를 제시했는데,
이 값들의 조화평균은 68.9달러다). 또 기브웰의 추정치는 5살 미만 어린이의 사망 방
지 효과만 계산한 값이다. 5살 이상 어린이의 사망 방지, 사망이 아닌 질병 예방은 반영
하지 않았다. 기브웰 측에서도 이들 수치가 추정치라는 점을 강조한다. 실제로는 기브
웰 모델이 제시한 수치보다 높거나 낮을 수 있다.

23 Laxminarayan, Chow, and Shahid-Salles, "Intervention Cost-Effectiveness," 62.

24 "Against Malaria Foundation," GiveWell.


# 4 재해구호에 기부하면 안 되는 이유

1 그레그 루이스와 진행한 인터뷰(April, 2014).

2 Oliver Robinson, "Planning for a Fairer Future," *The Guardian,* July 14, 2006.

3 "5 More Do-Good Jobs You've Never Considered," *Oprah,* April 19, 2012, http://
www.oprah.com/money/Jobs-That-Make-a-Difference-in-the-World.

4 이 질문에 답하기 어려운 이유는 '가치의 역설paradox of value' 때문이다. 가치의 역설 개
념은 니콜라우스 코페르니쿠스Nicolaus Copernicus, 존 로크John Locke 등 여러 사상가들
에 의해 논의된 바 있지만 그중에서도 애덤 스미스Adam Smith 의 『국부론The Wealth of
Nations』이 가장 유명하다. "사용가치는 매우 높은 반면 교환가치는 거의 없거나 아예
없는 것이 많다. 반대로 교환가치는 매우 높지만 사용가치는 거의 없거나 아예 없는 것
도 있다. 세상에서 물만큼 유용한 것은 없다. 하지만 물은 교환가치가 거의 없어 물로
살 수 있는 건 없다시피 하다. 반면 다이아몬드는 사용가치가 거의 없지만 대다수의 다
른 재화와 교환이 가능하다."(국부론 1권, 4장)

5 "Residential Water Use," New York City Department of Environmental Protection,
http://www.nyc.gov/html/dep/html/residents/wateruse.shtml.

6 다이아몬드는 생각보다 희귀하지 않다. 다이아몬드가 비싼 이유는 20세기 내내 드비어
사De Beers가 공급권을 독점해 인위적으로 가격을 높였기 때문이다. 자세한 내용은 다
음 자료 참고. Eric Goldschein, "The Incredible Story of How De Beers Created and
Lost the Most Powerful Monopoly Ever," *Business Insider,* December 19, 2011, http://
www.businessinsider.com/history-of-de-beers-2011-12?op=1&IR=T.

7 Richard Hindmarsh, ed., *Nuclear Disaster at Fukushima Daiichi: Social, Political and Environmental Issues* (New York: Routledge, 2013); Kevin Voigt, "Quake Moved Japan Coast 8 Feet, Shifted Earth's Axis," CNN, April 20, 2011.

8 Clarens Renois, "Haitians Angry Over Slow Aid," *The Age* (Australia), February 5, 2010; "Haiti Quake Death Toll Rises to 230,000," BBC News, February 11, 2010.

9 2011년도 유엔보고서 7장 참고. www.onu-haiti.org/Report2011/Chapter7.html: "Disaster donations top Y520 billion," *Japan Times,* March 8, 2012, p. 1. 아이티에는 여전히 원조가 제공되고 있으며 약속받은 원조 금액은 현재 총 133억 달러다(Office of the Special Envoy to Haiti, "International assistance to Haiti key facts as of December 2012").

10 "Japan and Pacific: Earthquake and Tsunami," International Federation of Red Cross and Red Crescent Societies, information bulletin no. 2, March 12, 2011, p. 1.

11 다음 자료에 국제원조 활동이 일목요연하게 정리돼 있다. "Reactions to the 2008 Sichuan earthquake," *Wikipedia,* https://en.wikipedia.org/wiki/Reactions_to_ the_2008_Sichuan_earthquake.

12 글에서 언급했듯 50억은 일본 지진구호 모금액이며 이 지진으로 1만 5000명이 사망했으므로 50억 달러÷15,000명 = 33억 달러다.

13 경제협력개발기구Organisation for Economic Co-operation and Development에 따르면 2013년도에 전 세계적으로 1천 350억 달러가 국제원조에 지출됐다(Claire Provost, "Foreign Aid Reaches Record High," *The Guardian,* April 8, 2014). 미국의 민간기부금은 370억 달러다(Carol Adelman, Jeremiah Norris, and Kacie Marano, *The Index of Global Philanthropy and Remittances: 2010* [Washington, DC: Hudson Institute, 2010], 12). 그 밖의 기부금 규모는 153억 달러다(같은 책, 41). 따라서 총 해외원조금/민간기부금은 연간 약 1천 880억 달러. 빈곤 관련 총 사망자 수를 보수적으로 추정하려면 가장 주요한 빈곤 관련 사망 원인(으로 인한 사망자 수)부터 합산하면 되는데, 그 경우 약 1270만 명이 빈곤 관련 원인으로 사망한다는 결과가 나온다(빈곤 관련 사망자당 해외원조금 및 민간기부금은 1만 5000달러). 이 계산에서 사용한 사망 원인은(괄호 안에 사망자 수 제시) 영양실조(310만명), 하부호흡기 질환(310만명), 폐결핵(150만명), HIV/AIDS(150만명), 설사병(150만명), 조기분만 합병증(110만명), 말라리아(60만명), 모성 병태(28만명)다. 다음 문헌 참고. World Health Organization, fact sheets nos. 94, 104, 310, 330, 348 360 (2014), and "Hunger Statistics," World Food Programme, 2014, http://www.wfp.org/hunger/stats.

14 Claude de Ville de Goyet, Ricardo Zapata Marti, and Claudio Osorio, "Natural

Disaster Mitigation and Relief," in Jamison, *Disease Control Priorities,* 1,153.

15 다음 웹사이트 참고. http://www.guidedogsofamerica.org/1/mission/#cost.

16 Matthew J. Burton and David C. W. Mabey, "The Global Burden of Trachoma: A Review," *PLoS Neglected Tropical Diseases* 3, no.10 (October 27, 2009), e460. 저자들은 건당 수술 비용을 6.13~41달러로 추정했다. 나는 더 보수적으로 접근하기 위해 이 비용을 100달러로 올리긴 했지만 안내견 비용과 트라코마 수술 비용 둘 다 추정치에 불과하다. 출판물이나 단체 웹사이트에 나온 특정 사업의 비용효율성 추정치는 실제로 집행됐을 때와 비교하면 낙관적일 가능성이 높다. 하지만 이 점을 감안해도 본질은 변하지 않는다.

17 "Breakaway: The Global Burden of Cancer—Challenges and Opportunities," *The Economist,* 2009, 25, http://graphics.eiu.com/upload/eb/EIU_LIVESTRONG_Global_Cancer_Burden.pdf. 한 해 690억 달러에 달하는 생산성 손실로 인한 비용은 포함시키지 않은 수치다.

18 세계질병부담연구Global Burden of Disease 웹사이트에서 가져온 수치다. http://vizhub.healthdata.org/gbd-compare/. WHO의 세계질병부담연구에서는 질병의 비용을 DALY으로 계산한다. DALY는 QALY와 대응관계에 있다고 봐도 무방하다. 1 QALY = -1 DALY, 즉 QALY의 증가는 긍정적이고 DALY의 증가는 부정적이다.

19 Margaret Humphreys, *Malaria: Poverty, Race, and Public Health in the United States* (Baltimore: Johns Hopkins University, 2001), 140–54.

20 Milton C. Weinstein, "How Much Are Americans Willing to Pay for a Quality-Adjusted Life Year?" *Medical Care* 46, no. 4 (April 2008), 343–5; Scott D. Grosse, "Assessing Cost-Effectiveness in Healthcare: History of the $50,000 per QALY Threshold," *Expert Review of Pharmacoeconomics & Outcomes Research* 8, no. 2 (April 2008), 165–78; Chris P. Lee, Glenn M. Chertow, and Stefanos A. Zenios, "An Empiric Estimate of the Value of Life: Updating the Renal Dialysis Cost Effectiveness Standard," *Value in Health* 12, no. 1 (January/February 2009), 80–87.

21 "Combination Deworming (Mass Drug Administration Targeting Both Schistosomiasis and Soil-transmitted Helminths)," GiveWell, December 2014.

22 Gregory Lewis, "How Much Good Does a Doctor Do?" 미출간 원고.

23 Aaron Young, Humayun J. Chaudhry, Jon V. Thomas, and Michael Dugan, "A Census of Actively Licensed Physicians in the United States, 2012," *Journal of Medical Regulation* 99, no. 2 (2013), 11–24.

24 "The Role of Medical Care in Contributing to Health Improvements within

Societies," *International Journal of Epidemiology* 30, no. 6 (December 2001), 1, 260 - 3.

# 5 1억2000만 명을 구한 사람

1 "The 75 Best People in the World," *Esquire,* January 2012, http://www.esquire.com/features/best-people-1009#slide-1.

2 이에 대한 배경은 다음 문헌 참고. D. A. Henderson and Petra Klepac, "Lessons from the Eradication of Smallpox: An Interview with D. A. Henderson," *Philosophical Transactions of the Royal Society B* 368, no. 1,623 (August 5, 2013), 1 - 7.

3 즈다노프의 약력은 다음 자료 참고. Alice Bukrinskaya, "In Memory of Victor Zhdanov," *Archives of Virology* 121, no. 1 - 4 (1991), 237 - 40.

4 다음 문헌에서 인용. Frank Fenner, "Development of the Global Smallpox Eradication Program," in *Smallpox and Its Eradication* (Geneva: World Health Organization, 1988), 366 - 418.

5 TV 드라마에서 보는 것과 달리 실제로 구조대원이 제세동기로 응급환자의 심장을 소생시키는 경우는 거의 없다. 하지만 사고실험을 위해 제세동기가 효과가 있다고 가정하자.

6 "Oakland County, Michigan," *Beyond Scared Straight,* Season 2, Episode 2, A& E, 2011.

7 Anthony Petrosino, Carolyn Turpin-Petrosino, Meghan E. Hollis-Peel, and Julia G. Lavenberg, "Scared Straight and Other Juvenile Awareness Programs for Preventing Juvenile Delinquency: A Systematic Review," *Campbell Systematic Reviews* 9, no. 5 (2013).

8 같은 책, 7.

9 Steve Aos, Roxanne Lieb, Jim Mayfield, Marna Miller, and Annie Pennucci, "Benefits and Costs of Prevention and Early Intervention Programs for Youth," Washington State Institute for Public Policy, September 17, 2004, http://www.wsipp.wa.gov/ReportFile/881/Wsipp_Benefits-and-Costs-of-Prevention-and-Early-Intervention-Programs-for-Youth_Summary-Report.pdf.

10 Petrosino, Turpin-Petrosino et al., "Scared Straight," 31.

11 청소년들이 나이가 들면서 범죄를 덜 저지른다는 점도 부분적인 이유로 볼 수 있다. 이에 대해서는 다음 자료 참고. Thomas P. Locke, Glenn M. Johnson, Kathryn Kirigin-

Ramp, Jay D. Atwater, and Meg Gerrard, "An Evaluation of a Juvenile Education Program in a State Penitentiary," *Evaluation Review* 10, no. 3 (June 1986), 282.

12 Thomas Dishion, Joan McCord, François Poulin, "When Interventions Harm. Peer Groups and Problem Behavior," *American Psychologist* 54, no. 9 (September 1999), 755-64.

13 "Annual Survey of Hours and Earnings, 2013 Provisional Results," Office of National Statistics, http://www.ons.gov.uk/ons/publications/re-reference-tables.html?edition=tcm%3A77328216. 미 의사의 평균 연봉은 약 25만 달러로 훨씬 높은 편이다. 다음 자료 참고. "Occupational Outlook Handbook: Physiciansand Surgeons," Bureau of Labor Statistics, http://www.bls.gov/ooh/healthcare/physicians-and-surgeons.htm#tab-5.

14 관련 논의는 다음 참조. Ryan Carey, "Increasing Your Earnings as a Doctor," *80,000 Hours*, July 17, 2014, https://80000hours.org/2014/06/increasing-your-earnings-as-a-doctor/#fn:3.

15 "Charitable Giving in America: Some Facts and Figures," National Center for Charitable Statistics, http://nccs.urban.org/nccs/statistics/Charitable-Giving-in-America-Some-Facts-and-Figures.cfm.

# 6 투표는 수십만 원 기부나 다름없다

1 Phred Dvorak and Peter Landers, "Japanese Plant Had Barebones Risk Plan," *Wall Street Journal*, March 31, 2011.

2 Mari Yamaguchi, "Gov't Panel: Nuke Plant Operator Still Stumbling," Associated Press, July 23, 2012.

3 Advisory Council on the Misuse of Drugs, *MDMA ("Ecstasy"): A Review of Its Harms and Classification Under the Misuse of Drugs Act 1971* (London: Home Office, 2009).

4 Richard D. Vann and Michael A. Lang(eds.), *Recreational Diving Fatalities Workshops Proceedings, April 8-10, 2010* (Durham: Divers Alert Network, 2011), http://www.diversalertnetwork.org/files/Fatalities_Proceedings.pdf.

5 "Skydiving safety," United States Parachute Association, http://www.uspa.org/AboutSkydiving/SkydivingSafety/tabid/526/Default.aspx.

6 우주왕복선 탑승 승무원 833명 가운데(일부 승무원은 수차례 비행) 14명이 사망했다.

(Tariq Malik, "NASA's Space Shuttle by the Numbers: 30 Years of a Spaceflight Icon," Space.com, July 21, 2011, http://www.space.com/12376-nasa-space-shuttle-program-facts-statistics.html).

7 Firth, PG, et al., "Mortality on Mount Everest, 1921-2006: descriptive study," BMJ, 337 (2008), 1,430.

8 Richard Wilson, "Analyzing the Daily Risks of Life," *Technology Review* 81, no. 4(February 1979), 45.

9 여기에 나온 여러 수치들은 다음 책에도 실려 있다. *The Norm Chronicles: Stories and Numbers About Danger and Death* by Michael Blastland and David Spiegelhalter (New York: Basic Books, 2014).

10 다음 자료 참고. George F. Loewenstein, Eike U. Weber, Christopher K. Hsee, and Ned Welch, "Risk as Feelings," *Psychological Bulletin* 127, no. 2 (March 2001), 267-86.

11 "Your FREAK-quently asked questions, answered," *Freakonomics* (blog), January 20, 2011, http://freakonomics.com/2011/01/20/freakonomics-radio-your-freak-quently-asked-questions-answered/.

12 Andrew Gelman, Nate Silver, and Aaron Edlin, "What Is the Probability Your Vote Will Make a Difference?" *Economic Inquiry* 50, no. 2 (April 2012), 321-6. 저자들은 (1) 특정 주에서 선거인단 1명을 더 확보해야 승리하는 상황이 될 확률과 (2) 그 주에서 확보한 선거인단 수가 정확히 동일할 확률을 계산해 선거 예상치를 내놓았다. 이 두 가지 요인이 1표가 미 대통령 선거 결과에 끼칠 영향을 좌우한다.

13 다음 자료에서도 동일한 가정을 사용했다. Aaron S. Edlin, Andrew Gelman, and Noah Kaplan, "Vote for Charity's Sake," *Economists' Voice* 5, no. 6 (October 2008).

14 F. Bailey Norwood and Jayson L. Lusk, *Compassion, by the Pound: The Economics of Farm Animal Welfare* (New York: Oxford University, 2011), 223.

15 Andreas Madestam, Daniel Shoag, Stan Veuger, and David Yanagizawa-Drott, "Do Political Protests Matter? Evidence from the Tea Party Movement," *Quarterly Journal of Economics* 128, no. 4 (2013), 1, 633-85.

16 로라 브라운과 진행한 인터뷰(July 2014).

17 Carl Shulman, "How Hard Is It to Become Prime Minister of the United Kingdom?" *80,000 Hours,* February 2012, https://80000hours.org/2012/02/how-hard-is-it-to-become-prime-minister-of-the-united-kingdom/.

18 Paul Christiano, "An Estimate of the Expected Influence of Becoming a Politician,"

*80,000 Hours,* February 12, 2014, https://80000hours.org/2014/02/an-estimate-of-the-expected-influence-of-becoming-a-politician/.

19 "Total Managed Expenditure is expected to be around L732 billion in 2014–15," Budget 2014, 5 https://www.gov.uk/government/uploads/system/uploads/attachment_data/file/293759/37630_Budget_2014_Web_Accessible.pdf.

20 이 가정이 보수적이라는 근거는 영국 정치학 문헌과 의회 및 정부 관계자들과의 토론 내용에 나와 있다. 정책 결정에서 정치 체계의 각 구성 요소(의회, 공무원, 국제기구 등)가 하는 역할에 대한 토론 내용은 다음 자료 참고. Dennis Kavanagh, et al., *British Politics: Continuities and Change,* 5th edition, (Oxford: Oxford University, 2006); Martin Smith, *The Core Executive in Britain* (London: Palgrave MacMillan, 1999); Gillian Peele, *Governing the UK: British Politics in the 21st century,* 4th edition (Cambridge, MA: Wiley-Blackwell, 2004).

21 9장에서 살펴본 대로 직업을 선택할 때는 '적성' 등의 요소도 매우 중요하다.

22 IPCC, "Summary for policymakers," in *Climate Change 2014: Impacts, Adaptation, and Vulnerability* (Cambridge, UK: Cambridge University, 2014), 3.

23 John Cook et al., "Quantifying the Consensus on Anthropogenic Global Warming in the Scientific Literature," *Environmental Research Letters* 8, no. 2 (April–June 2013). 언론에서 '기후회의론자'라고 지칭하는 사람들도 여기에는 동의한다. 그중에서도 잘 알려진 회의론자인 비욘 롬보그Bjørn Lomborg는 논란을 불러일으킨 바 있는 『회의적 환경주의자The Skeptical Environmentalist』에서 "지구 온난화에 대한 인간의 영향을 두고 논쟁이 벌어진다니 참으로 이상한 일이다. (…) 기후변화를 상쇄시키는 효과들(음성 피드백, 기후변화를 억제하여 항상성을 유지하려는 하는 성향—편집자 주)도 상당하긴 하지만 이산화탄소 증가로 인한 온난화가 아예 없는 건 아닌 듯하다"라고 썼다." *The Skeptical Environmentalist: Measuring the Real State of the World* [Cambridge, UK: Cambridge University, 2001], 265–6. 이후에 그는 기후변화가 "오늘날 세계가 직면한 가장 심각한 문제 중 하나라는 데는 의심의 여지가 없다"고 말하며 자신의 입장을 분명히 했다. 다음에서 인용. Matthew Moore, "Climate 'Skeptic' Bjorn Lomborg Now Believes Global Warming Is One of World's Greatest Threats," *Telegraph,* August 31, 2010. 여기서 강조하는 점은 기후변화에 대한 결론이 아직 합의되지 않았다는 게 아니라 설령 그렇다 하더라도 조치를 취해야 한다는 것이다.

24 WHO는 탄소배출 감축을 위한 본격적인 조치를 취하지 않으면 2030년~2050년 사이에 기후변화로 인한 사망자가 연간 25만 명에 달할 것으로 추정한다. 노년층의 열사병, 설사병, 말라리아, 아동 영양결핍이 기후변화로 인한 주 사망 요인이다. 다음 문헌

참고. Simon Hales, Sari Kovats, Simon Lloyd, and Diarmid Campbell-Lendrum, eds., *Quantitative Risk Assessment of the Effects of Climate Change on Selected Causes of Death, 2030s and 2050s,* World Health Organization, 2014, http://apps.who.int/iris/bitstream/10665/134014/1/9789241507691_eng.pdf?ua=1.

25 기후변화의 경제적 비용에 대해서는 세계 GDP가 다소 증가한다는 시각부터 20퍼센트 감소한다고 보는 관점까지 그 추정치가 다양하다. 대다수는 기후변화로 세계 GDP가 몇 퍼센트 감소될 것으로 보고 있다. (Richard S. J. Tol and Gary W. Yohe, "A Review of the Stern Review," *World Economics* 7, no. 4 [December 2006].) 현재 세계 GDP는 약 80조 달러이므로(CIA World Factbook, 2014, https://www.cia.gov/library/publications/the-world-factbook/geos/xx.html) 기후변화로 인한 경제 손실은 수조 달러 수준이 될 전망이다.

26 Nicolas Stern et al., *The Economics of Climate Change: The Stern Review* (Cambridge, UK: Cambridge University, 2007).

27 태양광 발전이 외딴 지역의 전기 공급이나 향후 저렴한 전기 생산에 유익하게 쓰일 수 있는 것처럼 저탄소기술에 투자하는 지원금 중 일부는 유용하게 쓰일 것이다. 한편 이산화탄소 배출물을 지하에 매장하는 탄소 포집 및 저장 기술은 기후변화가 일어나지 않는다면 그다지 유익하지 않을 것이다(이 분야에 대한 투자가 석유회수증진법(enhanced oil recovery, 지하에 잔존하는 석유 자원의 회수율을 증진시키기 위한 기술—편집자 주) 등에서는 어느 정도 긍정적인 영향을 나타내고 있긴 하다).

28 기후변화에 관한 스턴 보고서는 기후변화 완화 비용으로 매년 GDP의 1퍼센트(현재 1조 달러)가 투입될 것으로 추정한다. 이는 다른 곳에 쓰일 수도 있는 돈이다. 다음 문헌 참고. Stern et al., *Economics of Climate Change.*

29 탄소 1조 톤 배출은 기온을 0.8~2.5도 상승시키는 것으로 추정된다. 다음 문헌 참고. IPCC, *Climate Change 2013: The Physical Science Basis,* [Cambridge: Cambridge University Press, 2013], 1,033). 미국인의 1인당 탄소 배출량 추정치는 5톤이다. 다음 웹사이트 참고. Carbon Dioxide Information and Analysis Center, http://cdiac.ornl.gov/trends/emis/top2009.cap. 현재 미국인의 기대수명은 약 80세다. 다음 문헌 참고. World Health Organization, *World Health Statistics 2013* [Geneva: World Health Organization, 2013]. 따라서 평균 미국인은 평생 동안 지구 온도를 약 20억분의 1도 상승시키는 셈이다.

30 과학자들은 심각한 재난을 초래하는 특정 유형의 자연재해가 기후변화에서 비롯된 것인지 확답을 내놓지 못하고 있다. 하지만 기후변화가 그 같은 자연재해의 발생 확률을 높였는지에 대해서는 판단이 가능하다. 탄소 배출량이 소량 증가하면 특정 유형

의 심각한 자연재해 발생 확률이 다소 높아질 것으로 예상 가능하다. 다음 문헌 참고. IPCC, *Climate Change 2013*, 867‑952.

31 1명의 탄소 배출량으로 심각한 사태가 초래될 확률은 매우 낮다. 하지만 기후변화가 심화되면서 재난이 발생할 가능성이 높아진 만큼 특정 지점에 이르러 개별 배출이 극단적 사태를 초래할 확률도 무시할 수 없다.

32 세계 GDP가 다소 증가한다는 의견부터 20퍼센트 감소한다는 관점까지 기후변화의 경제적 비용에 관한 추정치는 제각기 다르다. 하지만 기후변화가 세계 GDP를 몇 퍼센트 감소시킬 것이라는 게 대다수의 시각이다(Tol and Yohe, "A Review of the Stern Review").

33 지난 9년간 세계 경제는 연간 3.5퍼센트씩 성장했다. ("World Economic Outlook Databases," International Monetary Fund, 2014, http://www.imf.org/external/ns/cs.aspx?id=28), 같은 기간 세계 인구 증가율은 1.2퍼센트다. (United Nations Department of Economic and Social Affairs Population Division, "World Population Prospects: The 2012 Revision," 2012, http://esa.un.org/unpd/wpp/Excel-Data/EXCEL_FILES/1_Population/WPP2012_POP_F01_1_TOTAL_POPULATION_BOTH_SEXES.XLS). 세계 GDP를 세계 인구로 나눈 1인당 GDP 증가율은 2.2퍼센트다.

34 "Overview of Greenhouse Gases," United States Environmental Protection Agency, http://epa.gov/climatechange/ghgemissions/gases/ch4.html.

35 탄소의 사회적 비용에 관한 자료 311건을 종합해 추정한 중앙값은 탄소 1톤당 116달러다. 다음 자료 참고. Richard Tol, "An Updated Analysis of Carbon Dioxide Emission Abatement as a Response to Climate Change," 2012, http://www.copenhagenconsensus.com/sites/default/files/climateemissionsabatement.pdf. 이를 이산화탄소로 바꾸기 위해 두 물질의 상대적 분자량인 12/44를 곱하면 이산화탄소 1톤당 사회적 비용은 32달러가 된다. 중앙값이 아니라 평균값으로 계산하면 이산화탄소 1톤당 42달러다.

36 토지용도 변경이나 임업으로 인한 배출은 포함되지 않은 수치다. 다음 자료 참고. World Resources Institute, 2014, http://cait2.wri.org/wri/Country%20GHG%20Emissions?indicator[]=Total%20GHG%20Emissions%20Excluding%20Land-Use%20Change%20and%20Forestry%20Per%20Capita&year[]=2011&sortDir=desc&chartType=geo)

37 Department of Energy and Climate Change, "2013 UK greenhouse gas emissions, final figures."

38 여기서 '재앙적 기후변화'라는 용어는 통상적인 2~4도 기온 상승을 훨씬 웃도는 온난

화를 뜻한다. 이런 상황을 상정하는 대다수의 시나리오는 지구 온난화를 심화시키는 한 가지 이상의 티핑포인트(tipping point, 큰 변화를 초래하는 전환점 또는 계기—편집자 주)를 동반한다. 이는 '인간의 통제를 벗어난 기후변화runaway climate change'와는 다르다. 천문학자들은 지구와 같은 행성의 온도가 크게 상승해 물이 증발하는 상태를 두고 '인간의 통제를 벗어난 기후변화'라고 칭하는데, 이는 내가 재앙적 기후변화라고 표현한 상황보다 훨씬 더 극단적인 (또한 훨씬 더 일어날 법하지 않은) 형태다.

39 기후변화로 인류가 멸종할 가능성은 매우 낮다. 하지만 그로 인해 초래될 멸종이라는 사태는 매우 극단적이므로 이를 상정할 경우 논의가 전개될 수 없다. 기후체계 내의 대다수 피드백이 우리의 예상보다 기온을 훨씬 큰 폭으로 상승시켜야 인간의 통제를 벗어난 기후변화가 발생한다. 북극 해빙으로 인한 메탄 방출, 우림 지대의 거대 산불, 심해저의 냉동 메탄 방출, 빙하가 녹으면서 땅이 드러나 태양열 흡수가 많아지는 등의 사태가 이 같은 유형의 피드백에 포함된다. 이러한 극단적 기후변화로 물이나 식량 부족 사태가 발생해 사회가 붕괴되는 지경까지 치달아야 인류 멸종을 초래하게 된다. 사회 붕괴 상태에서 지구를 냉각시키는 지오엔지니어링이 중단되면 온난화가 가속화되어 상황이 더욱 악화될 것이다. 하지만 이런 사태가 벌어진다 하더라도 인류 멸종으로 귀결되지는 않을 것으로 보인다.

40 종합적인 논의에 대해서는 다음 문헌 참고. Anders Sandberg, "Power Laws in Global Catastrophic and Existential Risks," 미출간 원고, 2014.

41 Nassim Nicholas Taleb, *The Black Swan: The Impact of the Highly Improbable* (New York: Random House, 2007).

42 Steven Pinker, *The Better Angels of Our Nature: Why Violence Has Declined* (New York: Viking, 2011).

43 "About Us/Mission & Strategy," Skoll Global Threats Fund, http://www.skollglobalthreats.org/about-us/mission-and-approach/.

44 Alexander Berger, "Potential Global Catastrophic Risk Focus Areas," *GiveWell Blog*, June 26, 2014, http://blog.givewell.org/2014/06/26/potential-global-catastrophic-risk-focus-areas/.


# 7 CEO 연봉과 기부금

1 "Why books?," Books For Africa, https://www.booksforafrica.org/why-books.html.

2 "Home," Books For Africa, http://www.booksforafrica.org/.

3 "Priority Issues," Development Media International, http://www.developmentmedia. net/priority-issues, and "Demand creation," http://www.developmentmedia.net/ demand-creation.

4 "Operating Model," GiveDirectly, https://www.givedirectly.org/howitworks.php.

5 "Top 10 Best Practices of Savvy Donors," CharityNavigator, http://www.charitynavi gator.org/index.cfm? bay=content.view&cpid=419&print=1.

6 DMI 윌 스넬과 진행한 인터뷰(July, 2014). 간접비 산정에 대해 스넬은 이렇게 말했다. "간접비 산정은 전적으로 비용을 어디까지 한정하느냐에 달린 문제다. 최소한(런던 사무실의 임대료 및 관련 경비, 비사업부 직원 인건비, 사업과 직접적인 관련이 없는 출장비, IT/통신비 포함)으로 낮춰 잡으면 간접비는 총지출의 16퍼센트 안팎이다. 중간 정도(연구 관리원 등 런던에서 시행하는 사업에 투입되는 직원 인건비를 비롯한 본부 비용 전체 포함)로 잡으면 간접비는 총지출의 44퍼센트 안팎이다. 최대한(무작위 대조시험 경비 포함)으로 높여 잡으면 간접비는 총지출의 100프로가 된다. 현장에서 진행되는 사업이 현재는 없기 때문이다."

7 "Where We Are Headed(2013 and Beyond)," Charity Navigator, http://www. charitynavi gator.org/index.cfm?bay=content.view&cpid=1193#.VJddHsAA.

8 간접비에 초점을 맞추면 다른 문제들도 다수 발생한다. 다음 자료를 참고. Holden Karnofsky, "The Worst Way to Pick a Charity," *GiveWell Blog*, December 1, 2009, http://blog.givewell.org/2009/12/01/the-worst-way-to-pick-a-charity/; Dean Karlan, "Why Ranking Charities by Administrative Expenses Is a Bad Idea," *Freakonomics* (blog), June 9, 2011, http://freakonomics.com/2011/06/09/why-ranking-charities-by-administrative-expenses-is-a-bad-idea/; and Dan Pallotta, *Uncharitable: How Restraints on Nonprofits Undermine Their Potential* (Medford, MA: Tufts University, 2008), 128-176. 가장 큰 문제는 간접비에 포함시키거나 포함시키지 말아야 할 항목을 정하기가 애매할 때가 있다는 점이다. 그래도 간접비를 따져 볼 필요는 있다. 낮은 모금 비용을 유지하는 것이 잠재적으로는 중요하기 때문이다. '그렇게 하지 않았다면 어떻게 됐을까?'를 고려하면 전반적으로 모금비용을 낮추는 것이 바람직하다. 한 단체가 받은 기부금의 일부는 원래 다른 단체로 기부될 돈이었을지도 모른다. 이는 여타 마케팅 분야에서도 마찬가지다. 코카콜라가 마케팅 캠페인을 하면 콜라를 마시지 않았을 사람들이 마케팅 때문에 마시게 될 수도 있지만 펩시콜라 대신 코카콜라를 마시는 것일 수도 있다. 플리머스대학교의 모금 전공 에이드리언 사전트Adrian Sargeant 교수는 "자선단체의 경우 지출이 파이pie를 키운다고 보지 않는다. 실상은 그렇지 않다"고 내게 말했다(에이드리언 사전트와 2014년 8월에 진행한 인터뷰). 모금 비용을 늘리는 데는 위험이 따

른다. 자선단체가 모금에 점점 더 많은 비용을 들이면서 과당경쟁으로 치달으면 이타적 파이의 전체 크기가 줄어들 것이다. 네거티브섬(negative sum, 참가자들 손익의 합이 0 보다 작은 경우―편집자 주)으로 귀결되는 모금 경쟁에 큰돈이 허비되기 때문이다. 자선단체들이 모금에 돈을 과하게 투입하지 못하도록 사회적 합의가 이루어져야 그 같은 부정적 결과를 어느 정도 피할 수 있다.

9 Glewwe, Kremer, and Moulin, "Many Children Left Behind?"; Maria Kuecken and Anne-Marie Valfort, "When Do Textbooks Matter for Achievement?" *Economic Letters,* 2013; Glewwe and Kremer, "Schools, Teachers, and Education Outcomes in Developing Countries," in Eric A. Hanushek and F. Welch (eds.), *Handbook of the Economics of Education,* vol. 2, (New York: Elsevier, 2006), 945–1017; Patrick McEwan, "Improving Learning in Primary Schools of Developing Countries: A Meta-Analysis of Randomised Experiments," 미출간 원고.

10 "Stewardship Report," 2013, 44, http://www.cancer.org/acs/groups/content/@corporatecommunications/documents/document/acspc-041227.pdf.

11 ALS Association, "Annual Report," 2014, 3, http://www.alsa.org/assets/pdfs/annual_report_fy2014.pdf. 이 수치는 운영비와 모금 비용을 제외하고 산출한 값이다.

12 윌 스넬과 진행한 인터뷰(December, 2014). 가령 DMI는 콩고민주공화국에서 시행 중인 사업에 연 100만 달러를 들여 250만 명의 청취자를 위한 보건교육을 실시한다.

13 폴 니하우스와 진행한 인터뷰(August 2014); Johannes Haushofer and Jeremy Shapiro, "Policy Brief: Impacts of Unconditional Cash Transfers," 미출간 원고, October 24, 2013, 16–17, http://www.princeton.edu/~joha/publications/Haushofer_Shapiro_Policy_Brief_2013.pdf.

14 "Diarrhoea Disease," WHO Fact Sheets, http://www.who.int/mediacentre/factsheets/fs330/en/. 설사병은 영양실조가 가장 큰 원인이기도 하다.

15 "손을 씻지 않은 경우와 관련된 설사병의 상대적 총 위험은 1.88이었다. (손을 씻지 않는 것이 설사병 위험을 88% 높임) (…) 손을 씻으면 설사병 위험을 47퍼센트 낮출 수 있다는 뜻이다." Val Curtis and Sandy Cairncross, "Effect of Washing Hands with Soap on Diarrhoea Risk in the Community: A Systematic Review," *Lancet Infectious Diseases* 3, no. 5 (May 2003), 275–81.

16 "Audio: Burkina Faso breastfeeding spot A," Development Media International, 2013, http://www.developmentmedia.net/audio-burkina-faso-breastfeeding-spot-2013.

17 "Saving Lives," Nothing But Nets, http://www.nothingbutnets.net/new/saving-lives/.

18 다음 사례 참고. David Roodman, *Due Diligence: An Impertinent Inquiry into*

*Microfinance* (Washington, DC: Center for Global Development, 2012). 루드먼은 "현재 드러난 증거로 볼 때 마이크로크레디트가 빈곤층에 미치는 평균적인 영향은 최대한 긍정적으로 추정할 경우 영(0)이다. (…) 대출은 도움이 될 수도, 해악을 끼칠 수도 있는 도구라는 통념이 진실에 근접한 것처럼 보인다"라고 밝혔다. (http://www.cgdev.org/doc/full_text/DueDiligence/Roodman_Due_Diligence.html). 초반에는 마이크로파이낸스에 대한 학계의 연구가 뚜렷하게 긍정적 영향을 보여 주는 듯했다. Nathanael Goldberg, *Measuring the Impact of Microfi nance: Taking Stock of What We Know*, Grameen Foundation, December 2005, http://files.givewell. org/files/Cause1-2/Independent%20research%20on%20microfinance/GFUSA-MicrofinanceImpactWhitepaper-1.pdf. 하지만 그 연구들은 무작위로 진행되지 않았다. 무작위 대조시험을 진행하자 상황이 완전히 바뀌었다. 이 사례는 양질의 증거가 얼마나 중요한지 단적으로 보여 준다. '증거의 위계hierarchy of evidence'에 관해서는 다음 자료를 참고. For an overview of the "hierarchy of evidence," see TrishaGreenhalgh, "How to Read a Paper: Getting Your Bearings (Deciding What the Paper Is About)," *BMJ* 315, no. 7,102 (July 26, 1997), 243-6. 마이크로크레디트는 마이크로파이낸스의 한 가지 형태에 불과하다는 점에 주의하라. 마이크로저축(microsaving, 저축을 하면 일정 비율로 매칭 저축을 해 주는 것) 등 여타 마이크로파이낸스는 긍정적 가능성을 시사했다.

19 세계개발센터Center for Global Development의 데이비드 루드먼은 『타임』과의 인터뷰에서 "대출을 상환할 능력이 없는 여성들이 공동체 대출자 명단에 속한 사례가 매우 많다. 결국엔 사람들이 그런 집으로 몰려가 지붕을 벗기고 전등을 떼내는 등 전부 쓸어간다"라고 말했다. 이 사례 및 다른 문제들에 관해서는 다음 자료 참고. "Why We Don't Recommend Microfinance," *Giving What We Can* (blog), November 29, 2012, https://www.givingwhatwecan.org/blog/2012-11-29/why-we-don%E2%80%99t-recommend-microfinance; Sam Donald, "Why We (Still) Don't Recommend Microfinance," *Giving What We Can* (blog), March 12, 2014, http://www.givewell. org/international/economic-empowerment/microfinance; Holden Karnofsky, "6 Myths About Microfinance Charity That Donors Can Do Without," *GiveWell Blog*, October 23, 2009, http://blog.givewell.org/2009/10/23/6-myths-about-microfinance-charity-that-donors-can-do-without/.

20 Abhijit Banerjee, Dean Karlan, and Jonathan Zinman, "Six Randomized Evaluations of Microcredit: Introduction and Further Steps," September 11, 2014, http://karlan. yale.edu/p/AEJ% 20Intro.pdf.

21 이에 대한 연구 목록은 다음을 참고. "Cash Transfers in the Developing World:

Program Track Record," GiveWell, November 2014, http://www.givewell.org/international/technical/programs/cash-transfers#ProgramTrackRecord.

22 Johannes Haushofer and Jeremy Shapiro, "Household Response to Income Changes: Evidence from an Unconditional Cash Transfer Program in Kenya," November 15, 2013, http://www.princeton.edu/~joha/publications/Haushofer_Shapiro_UCT_2013.pdf.

23 이를 감안해 추정치를 조정하는 건 쉽지 않다. 기브웰은 이 사업이 부르키나파소 외의 지역에서 효과가 없을 가능성과 자체 보고가 과장됐을 가능성을 고려해 추정치를 조정하려 했다. 조정된 추정치에 따르면 어린이 1명을 살리는 비용은(구명을 제외한 여타 의료 혜택을 미포함) 5200달러다. 하지만 DMI는 이 같은 조정이 부적절하다고 판단해 1명의 생명을 구하는 비용이 약 1100달러라는 기존 추정치를('QALY당 10달러'에는 구명 이외의 혜택도 포함되었으나 이 추정치에서는 제외) 고수하고 있다. 이에 대해서는 다음 참고. "Development Media International (DMI): What Do You Get for Your Dollar?" GiveWell, December 2014, http://www.givewell.org/international/top-charities/DMI#cea.

24 Noboru Minakawa, Gabriel O Dida, Gorge O Sonye, Kyoko Futami, and Satoshi Kaneko, "Unforeseen Misuses of Bed Nets in Fishing Villages Along Lake Victoria," *Malaria Journal* 7, no. 165 (2008).

25 "Quality of Service," GiveWell, https://www.givedirectly.org/quality-of-service.html, accessed January 2015.

26 "Gavi Pledging Conference June 2011," Gavi: The Vaccine Alliance, http://www.gavi.org/funding/resource-mobilization/process/gavi-pledging-conference-june-2011/.

27 "GiveDirectly," GiveWell, December 2014, http://www.givewell.org/international/top-charities/give-directly.

28 "Development Media International," GiveWell, December 2014, http://www.givewell.org/international/top-charities/DMI.

29 다음 문헌 참고. Levine, *Case Studies,* 33–40, 57–64, 81–88, 127–34.

30 비기술적 연구 문헌은 다음 참고. David Roodman, "Macro Aid Effectiveness Research: A Guide for the Perplexed," Center for Global Development, working paper 135, December 2007, http://www.cgdev.org/publication/macro-aid-effectiveness-research-guide-perplexed-working-paper-135.

31 https://www.givedirectly.org/; "GiveDirectly," GiveWell, December 2014, http://www.givewell.org/international/top-charities/give-directly.

32 http://developmentmedia.net/; "Development Media International," GiveWell, December 2014, http://www.givewell.org/international/top-charities/DMI.

33 http://www.evidenceaction.org/; "Deworm the World Initiative (DtWI), Led by Evidence Action," GiveWell, December 2014, http://www.givewell.org/international/top-charities/deworm-world-initiative.

34 http://www3.imperial.ac.uk/schisto; "Schistosomiasis Control Initiative (SCI)," GiveWell, November 2014, http://www.givewell.org/international/top-charities/schistosomiasis-control-initiative.

35 https://www.againstmalaria.com/Default.aspx; "Against Malaria Foundation (AMF)," GiveWell, November 2014, http://www.givewell.org/international/top-charities/AMF.

36 http://livinggoods.org/; "Living Goods," GiveWell, November 2014, http://www.givewell.org/international/top-charities/living-goods.

37 http://www.ign.org; 2014년 12월 기브웰이 그 밖에 주목할 만한 단체로 선정한 곳은 세계영양개선연합Global Alliance for Improved Nutrition이다. 다음 웹사이트 참고. Universal Salt Iodization (GAIN-USI) program (http://www.givewell.org/international/top-charities/GAIN). 이 단체도 IGN처럼 소금에 요오드를 첨가하는 사업을 전개한다. IGN과 전개하는 사업이 비슷한 데다 이 글을 쓰는 시점에 요오드 첨가 사업에 새로 모금된 지원금의 집행 내역을 입수할 수 없어 본문에서는 언급하지 않았다. 눈여겨봐야 할 또 다른 단체로는 프로젝트헬시칠드런Project Healthy Children, PHC이 있다. 다음 웹사이트 참고. http://projecthealthychildren.org. PHC는 선진국 정부와 협력해 1인당 5~10센트의 비용을 들여 밀가루, 설탕, 쌀, 오일 등의 식품에 엽산, 요오드, 철, 비타민 A, 아연을 첨가해 영양가를 높이는 사업을 전개한다. 기빙왓위캔이 최고의 단체로 추천한 바 있다. 하지만 PHC측에서 기브웰의 평가에 참여하길 거부했으므로 이 장에서는 일관성을 위해 기브웰이 추천한 단체만 제시했다.

38 관련 추정치는 다음 자료 참고. "Micronutrients," Giving What We Can, 2013, https://www.givingwhatwecan.org/research/charities-area/micronutrients.

# 8 차라리 노동착취 공장 제품을 사라

1 "About Us," American Apparel, http://www.americanapparel.net/aboutus/. 아메리칸 어패럴을 이른바 '윤리적' 기업의 사례로 든 이유는 이 회사가 '노동착취 없는 작업장'을 표방하기 때문이다. 이와는 별개로 몇 가지 문제가 제기된 바 있다. 창업자이자 전 CEO

인 도브 차니Dov Charney는 숱한 성추문과 공금횡령 등으로 2014년 초 해임되었으며
(다음 웹사이트 참고. http://www.buzzfeed.com/sapna/exclusive-read-ousted-american-
apparel-ceo-dov-charneys-term#.lgZarE7Wz) 미성년자가 등장한 선정적인 광고로 비
판을 받았다(다음 웹사이트 참고. http://www.independent.co.uk/life-style/fashion/
features/american-apparels-most-controversial-moments-following-ban-on-back-to-school-
ad-9712735.html).

2 Lucy Ash, "Inside China's Sweatshops," BBC News, July 20, 2002.

3 Nicholas D. Kristof, "Where Sweatshops Are a Dream," *The New York Times,* January 14, 2009.

4 Marc Margolis, "Roads to Nowhere: More and More Migrants from Poor Countries Are Heading to Other Former Backwaters for Work," *Newsweek,* September 11, 2006.

5 Jack Chang, "Bolivians Fail to Find Better Life in Brazil," *Miami Herald,* December 28, 2007. Cited in Benjamin Powell, *Out of Poverty: Sweatshops in the Global Economy*(New York: Cambridge University, 2014).

6 Powell, *Out of Poverty,* 60–61.

7 같은 책.

8 다음에서 인용. Allen R. Myerson, "In Principle, a Case for More 'Sweatshops,'" *The New York Times,* June 22, 1997.

9 같은 글.

10 Powell, *Out of Poverty,* 120–121.

11 Bureau of International Labor Affairs, *By the Sweat & Toil of Children: The Use of Child Labor in American Imports*(Washington, DC: US Department of Labor, 1994), 30.

12 다음 문헌 참고. UNICEF, *The State of the World's Children* (Oxford, UK: Oxford University, 1997), 60.

13 내 주장은 강제노동에는 적용되지 않는다. 나는 비자발적 노동이 노동자들에게 유리하다는 말은 전혀 하지 않았다(사람을 상품처럼 사고파는 노예제도는 거의 사라졌다. 하지만 채무 때문에 노예노동을 하거나 채무가 대물림되는 경우는 여전히 존재한다). 노동을 강제하는 기업이 있다면 당연히 강력하게 비난하고 시정해야 한다.

14 중고 의류를 사는 것도 해결책은 아니다. 인성교육연구소Institute for Humane Education (http://humaneeducation.org/blog/2013/04/03/5-tips-keeping-sweatshop-free-closet/), 라벨뒤의노동Labor Behind the Label (http://www.labourbehindthelabel.org/jobs/item/980) 등에서 조언했듯 헌 옷을 사는 것도 가난한 나라에 사는 극빈층의 고용 기회를 줄이는 결과를 낳는다.

15 Rebecca Smithers, "Global Fairtrade Sales Reach L4.4bn Following 15% Growth During 2013," *The Guardian,* September 3, 2014.

16 Paul Griffiths, "Ethical Objections to Fairtrade," *Journal of Business Ethics* 105, no. 3(February 2012): 364.

17 Griffiths, "Ethical Objections," 359–60.

18 Joni Valkila, Pertti Haaparanta, and Niina Niemi, "Empowering Coffee Traders? The Coffee Value Chain from Nicaraguan Fair Trade Farmers to Finnish Consumers," *Journal of Business Ethics* 97, no. 2 (December 2010): 257–70.

19 Bernard Kilian, Connie Jones, Lawrence Pratt, and Andrés Villalobos, "Is Sustainable Agriculture a Viable Strategy to Improve Farm Income in Central America? A Case Study on Coffee," *Journal of Business Research* 59, no. 3 (March 2006): 322–30. 이 추정치에 대한 자세한 내용은 다음 자료 참고. Griffiths, "Ethical Objections," 359–60.

20 Fairtrade, Employment and Poverty Reduction Project, *Fair Trade, Employment and Poverty Reduction in Ethiopia and Uganda,* April 2014, http://ftepr.org/wp-content/uploads/FTEPR-Final-Report-19-May-2014-FINAL.pdf.

21 Carl Mortished, "Fairtrade Coffee Fails to Help the Poor, British Report Finds," *Globe and Mail* (Toronto), May 26, 2014.

22 Fairtrade, Employment and Poverty Reduction Project, "Response to Fairtrade Statement on FTEPR Final Report 31st May 2014," http://ftepr.org/wp-content/uploads/Response-to-Fairtrade-Statement-on-FTEPR-Final-Report-Posted.pdf.

23 Valerie Nelson and Barry Pound, *The Last Ten Years: A Comprehensive Review of the Literature on the Impact of Fairtrade,* September 2009, 35, http://www.fairtrade.net/fileadmin/user_upload/content/2009/about_us/2010_03_NRI_Full_Literature_Review.pdf.

24 이는 다음 문헌에서 가져온 것이다. David JC MacKay, *Sustainable Energy — without the Hot Air* (Cambridge, UK: UIT, 2009), 68–72.

25 미국의 가정용 에너지 사용량은 가구당 연간 13톤$CO_2$eq로 추정된다. 이에 대해서는 다음 참고. Christopher M. Jones and Daniel M. Kammen, "Quantifying Carbon Footprint Reduction Opportunities for U.S. Households and Communities," *Environmental Science & Technology* 45, no. 9 [2011], 4, 088–95. 영국은 약 5톤 $CO_2$eq이다. 다음 자료 참고. Department for Energy and Climate Change, Great Britain's Housing Energy Fact File, 2011, https://www.gov.uk/government/uploads/system/uploads/attachment_data/file/48195/3224-great-britains-housing-energy-fact-

file-2011.pdf.

26 "Plastic Bags and Plastic Bottles — $CO_2$ Emissions During Their Lifetime," Time for Change, April 2009, http://timeforchange.org/plastic-bags-and-plastic-bottles-CO2-emissions; "Facts About the Plastic Bag Pandemic," Reuseit, http://www.reuseit.com/facts-and-myths/facts-about-the-plastic-bag-pandemic.htm. 매립 쓰레기 감축 등을 위해 비닐봉지를 줄여야 한다는 주장은 어떨까? 마찬가지로 효과가 미미하다. 비닐봉지는 우리가 배출하는 쓰레기 중 극히 일부를 차지할 뿐이다. 다음 자료 참고. Joseph Stromberg, "Why Our Environmental Obsession with Plastic Bags Makes No Sense," *Vox,* October 4, 2014, http://www.vox.com/2014/10/4/6901299/plastic-bags-environment.

27 Sarah DeWeerdt, "Is Local Food Better?" *World Watch* 22, no. 3 (May/ June 2009), 6–10; "The Tricky Truth About Food Miles," Shrink that Footprint, http://shrinkthatfootprint.com/food-miles.

28 Christopher Weber, and Scott Matthews, " Food-Miles and the Relative Climate Impacts of Food Choices in the United States," *Environmental Science & Technology* 42, no. 10 (2008), 3, 508–13.

29 Annika Carlsson-Kanyama, "Food Consumption Patterns and Their Influence on Climate Change," *Ambio* 27, no. 7 (November 1998), 528.

30 Gidon Eshel and Pamela A. Martin, "Diet, Energy, and Global Warming," *Earth Interactions* 10, no. 9 (April 2006).

31 "Greenhouse Gas Emissions from a Typical Passenger Vehicle," United States Environmental Protection Agency, May 2014, http://www.epa.gov/otaq/climate/documents/420f14040.pdf.

32 Christian N. Jardine, "Calculating the Carbon Dioxide Emissions of Flights," Environmental Change Institute, University of Oxford, February 2009, http://www.eci.ox.ac.uk/research/energy/downloads/jardine09-carboninflights.pdf.

33 "Our Calculations," Energy Saving Trust, 2014, http://www.energysavingtrust.org.uk/content/our-calculations.

34 George Monbiot, "Selling Indulgences," *The Guardian,* October 18, 2006.

35 "The Team," CoolEarth, http://www.coolearth.org/the-team/.

36 2000년대 후반에 쿨어스 활동은 '신식민주의,' 우림 지역에 대한 '토지 수탈'이라는 비난을 받기도 했다. 예를 보려면 다음 참고. Juliette Jowit, "Amazon Tribe Hits Back at Green 'Colonialism,'" *The Guardian,* October 14, 2007; Conor Foley, "Not Cool,"

Comment Is Free, *The Guardian*, June 12, 2008, http://www.theguardian.com/com
mentisfree/2008/jun/12/brazil.climatechange). 이 같은 비판은 쿨어스의 사업을 오해
한 데서 비롯된 것으로 보인다. 쿨어스는 아마존 우림을 소유하지 않는다. 현지 주민
들에게 더 나은 경제적 기회를 제공해 그들이 어쩔 수 없이 땅을 매매하는 일이 없도록
막는 데 주력한다.

37 Katja Grace, "Less Burn for Your Buck (Part II)," *Giving What We Can* (blog),
November 14, 2013, https://www.givingwhatwecan.org/blog/2013-11-14/less-burn-
for-your-buck-part-ii.

38 "Save an Acre," CoolEarth, http://www.coolearth.org/save-an-acre.

39 "Rainforest Facts," Cool Earth, July 12, 2013, http://www.coolearth.org/rainforest-
facts/rainforest-fact-22-260-tonnes-of-co2.

40 30퍼센트의 벌목에서 5에이커의 토지를 보호하는 데 드는 비용은 154달러다. 따라서
154달러÷(5×0.3)=103달러다.

41 Monbiot, "Selling Indulgences."

42 CheatNeutral, http://www.cheatneutral.com/.

43 이 주제에 관심이 있다면 다음 책을 권한다. Peter Singer and Jim Mason, *The Way We
Eat: Why Our Food Choices Matter* (New York: Holtzbrinck Publishers, 2006).

44 두 가지 이유로 물고기는 언급하지 않았다. 첫째, 식용 물고기의 수 및 물고기의 삶의
질에 관한 자료는 식용 육상동물에 비해 훨씬 제한적이다. 둘째, 식용 육상동물과 비
교한 물고기의 쾌고감수능력(sentience, 고통과 쾌락을 느낄 수 있는 능력)에 대해서는
아직 명확히 밝혀지지 않은 부분이 많다. 그렇지만 현재까지의 연구 결과로 볼 때 물고
기 섭취를 줄이는 게 닭고기 섭취를 줄이는 것과 중요도는 엇비슷하다는 생각이다. 양
식장에서는 다른 물고기를 먹이로 주는 경우가 많아 인간의 물고기 섭취로 인해 간접
적으로 죽는 총 물고기 수가 매우 많기도 하고 양식장 물고기의 삶의 질도 매우 저하
되는 것으로 보이기 때문이다.

45 Norwood and Lusk, *Compassion*, 227 - 9. 두 사람의 공저지만 이 부분은 노우드 단독
추정이다.

46 동물구호평가회의 '전단 효과 계산기Leafleting Impact Calculator'를 이용해 계산한 추
정치 중 효과를 가장 낮게 잡은 '하한값'이다. 다음 웹사이트 참고. http://www.
animalcharitye valuators.org/research/interventions/leafleting/leafleting-calculator/. 보수
적 추정치이긴 하지만 전단의 효과에 대한 증거는 이 책에서 논의한 다른 사업들에 비
해 수준이 현저히 떨어진다. 전단지 배포로 사람들의 식습관을 바꾸는 데 드는 실제 비
용은 이 추정치와 전혀 다를 수 있다. 이 주제에 관한 다른 연구들이 현재 진행 중이다.

47 이에 대해서는 다음 문헌 참고. Anna C. Merritt, Daniel A. Effron, and Benoît Monin, "Moral Self-licensing: When Being Good Frees Us to Be Bad," *Social and Personality Psychology Compass* 4, no. 5 (May 2010), 344–57.

48 Nina Mazar and Chen-Bo Zhong, "Do Green Products Make Us Better People?" *Psychological Science* 21, no. 4 (April 2010), 494–8.

49 도덕적 허가 효과가 나타나는 경우에 대한 논의는 다음을 참고. Merritt, Effon, and Monin, "Moral Selflicensing."

# 9 열정을 따르지 마라

1 "My Careers Plan," *Everyday Utilitarian* (blog), June 19, 2013, http://everydayutilitarian.com/essays/my-careers-plan/; 2014년 6월 피터 허포드와 진행한 인터뷰(June, 2014) 참고.

2 행복과 생산성의 상관관계에 대해서는 다음 자료 참고. Ivan Robertson and Cary L. Cooper, eds., *Well-being: Productivity and Happiness at Work* (New York: Palgrave Macmillan, 2011) and Andrew J. Oswald, Eugenio Proto, and Daniel Sgroi, "Happiness and Productivity," IZA discussion papers, no. 4,645 (2009), http://www.econstor.eu/handle/10419/35451.

3 "'You've got to find what you love,' Jobs says," *Stanford Report,* June 14, 2005. 이에 대한 비판은 다음 문헌 참고. Cal Newport, *So Good They Can't Ignore You: Why Skills Trump Passion in the Quest for Work You Love* (New York: Business Plus, 2012), 3–11.

4 Jenny Ungless and Rowan Davies, *Career Ahead: The Complete Career Handbook* (London: Raleo, 2008).

5 "What If Money Was No Object?": https://vimeo.com/63961985. 배경음악과 함께 앨런 왓츠의 강연 일부를 발췌해 구성한 이 영상은 저작권 침해로 삭제되기 전까지 조회 수가 200만 건에 달했다. 이후 〈Do You Do It or Does It Do You?: How to Let the Universe Meditate You〉(Sounds True, 2005)라는 제목의 CD로 발매되었다.

6 Robert J. Vallerand et al., "*Les passions de l'âme*: On obsessive and harmonious passion," *Journal of Personality and Social Psychology* 85, no. 4 (October 2003), 759, table 1.

7 "Probability of Competing Beyond High School," NCAA, September 24, 2013, http://www.ncaa.org/about/resources/research/probability-competing-beyond-high-school.

8 Jordi Quoidbach, Daniel T. Gilbert, and Timothy D. Wilson, "The End of History Illusion," *Science* 339, no. 6, 115 (January 4, 2013), 96-98.

9 현 심리학계에서 가장 신뢰하고 널리 인정하는 직무만족도 지표다. 관련 논의는 다음 문헌 참고. Thomas A. Judge and Ryan Klinger, "Promote Job Satisfaction through Mental Challenge," in Edwin Locke, ed., *Handbook of Principles of Organizational Behavior: Indispensable Knowledge for Evidence-Based Management,* 2nd edition, (Chichester, UK: John Wiley, 2009), 107-21, and Stephen E. Humphrey, Jennifer D. Nahrgang, and Frederick P. Morgeson, "Integrating Motivational, Social, and Contextual Work Design Features: A Meta-analytic Summary and Theoretical Extension of the Work Design Literature," *Journal of Applied Psychology* 92, no. 5 (September 2007), 1, 332-56.

10 Benjamin Todd, "How to Find a Job You'll Love," *80,000 Hours* (blog), August 16, 2012, https://80000hours.org/2012/08/how-to-find-a-job-you-ll-love/.

11 Mihaly Csikszentmihalyi, *Flow: The Psychology of Optimal Experience* (New York: Harper & Row, 1990).

12 인용된 참고 문헌 및 자세한 내용은 다음 웹사이트 참고. 80,000 Hours, August 28, 2014, https://80000hours.org/career-guide/framework/job-satisfaction/job-satisfaction-research/#predictors-of-job-satisfaction.

13 다음 문헌 참고. Walter Isaacson, *Steve Jobs* (New York: Simon &Schuster, 2011), 39-50.

14 Jeffrey S. Young and William L. Simon, *iCon Steve Jobs: The Greatest Second Act in the History of Business* (Hoboken, New Jersey: John Wiley & Sons, 2005), 35-36.

15 Daniel T. Gilbert et al., "Immune Neglect: A Source of Durability Bias in Affective Forecasting," *Journal of Personality and Social Psychology* 75, no. 3 (September 1998), 617-38.

16 "Don't Go with Your Gut Instinct," 80,000 Hours, March 8, 2013, https://80000hours.org/career-guide/big-picture/dont-go-with-your-gut-instinct/.

17 자세한 내용은 다음 문헌 참고. Frank L. Schmidt and John E. Hunter, "The Validity and Utility of Selection Methods in Personnel Psychology: Practical and Theoretical Implications of 85 Years of Research Dindings," *Psychological Bulletin* 124, no. 2 (September 1998), 262-74.

18 Benjamin Todd, "Should You Do a Degree?" *80,000 Hours* (blog), February 18, 2014, https://80000hours.org/2014/02/should-you-do-a-degree/.

19 Jess Whittlestone, "Your Career Is Like a Startup," *80,000 Hours* (blog), https://80000hours.org/2013/07/your-career-is-like-a-startup/. 링크드인 공동 창업자 라이드 호프먼Reid Hoffman, 기업가 벤 카스노차Ben Casnocha도 동일한 아이디어를 제 안했다. *The Start-up of You: Adapt to the Future, Invest in Yourself, and Transform Your Career* (New York: Crown Business, 2012).

20 Eric Ries, *The Lean Startup: How Today's Entrepreneurs Use Continuous Innovation to Create Radically Successful Businesses* (New York: Crown Business, 2011).

21 Ryan Carey, "The Payoff and Probability of Obtaining Venture Capital," *80,000 Hours* (blog), June 25, 2014, https://80000hours.org/2014/06/the-payoff-and-probability-of-obtaining-venture-capital/.

22 크리스 홀쿼스트와 진행한 인터뷰(July, 2014).

23 Marcus Wohlsen, "Tuition at Learn-to-Code Boot Camp is Free — Until You Get a Job," *Wired,* March 15, 2013.

24 이에 대한 심층분석은 다음 문헌 참고. Carl B. Frey and Michael A. Osborne, "The Future of Employment: How Susceptible Are Jobs to Computerisation?" Oxford Martin School, University of Oxford, September 17, 2013, http://www.oxfordmartin.ox.ac.uk/downloads/academic/The_Future_of_Employment.pdf.

25 Brooks, David, "The Way to Produce a Person," *The New York Times,* June 3, 2013.

26 "Financials," GiveWell, https://www.givedirectly.org/financials.html.

27 William D. Nordhaus, "Schumpeterian Profits in the American Economy: Theory and Measurement," NBER working paper no. 10,433 (April 2004), 22.

28 "Migration and Development Brief 23," World Bank, October 2014, http://siteresources.worldbank.org/INTPROSPECTS/Resources/334934-1288990760745/MigrationandDevelopmentBrief23.pdf. 2013년도 공적개발원조금은 1천 350억 달러 다. 이에 대해서는 다음 참고. "Net Official Development Assistance from DAC and Other Donors in 2013: Preliminary Data for 2013," OECD, http://www.oecd.org/dac/stats/documentupload/ODA%202013%20Tables%20and%20Charts%20En.pdf.

29 웨이브가 이체하는 금액은 이중 일부에 불과하지만 결과적으로는 경쟁업체 가격을 떨 어트리는 영향을 끼칠 수 있다는 점에 주목하라.

30 Alfred J. Lotka, "The frequency distribution of scientific productivity," *Journal of the Washington Academy of Sciences* 16, no. 12 (June 19, 1926), 317–24.

31 Jordan Weissmann, "How Many Ph.D.'s Actually Get to Become College Professors?" TheAtlantic.com, February 23, 2013, http://www.theatlantic.com/business/

archive/2013/02/how-many-phds-actually-get-to-become-college-professors/273434/.

32 Carolyn Dicey Jennings, quoted in "To Get a Job in Philosophy," *Philosophy Smoker* (blog), April 18, 2012, http://philosophysmoker.blogspot.com.ar/2012/04/to-get-job-in-philosophy.html.

33 Richard B. Freeman, "It's Better Being an Economist (But Don't Tell Anyone)," *Journal of Economic Perspectives* 13, no. 3 (Summer 1999), 139 – 45.

34 이에 대한 선구적인 연구로는 다음 문헌 참고. Daniel Kahneman, *Thinking, Fast and Slow* (New York: Farrar, Straus and Giroux, 2011).

35 이에 대한 예는 다음 문헌 참고. "Poor Behaviour: Behavioural Economics Meets Development Policy," *The Economist,* December 6, 2014, and Dean Karlan and Jacob Appel, *More Than Good Intentions: How a New Economics Is Helping to Solve Global Poverty* (New York: Dutton, 2011).

36 Newman, "Power Laws," 5.

37 *State of the Social Media Marketing Industry,* HubSpot, January 2010, http://www.hubspot.com/Portals/53/docs/01.10.sot.report.pdf.

38 다음 문헌 참고. Holden Karnofsky, "Is Volunteering Just a Show?" *GiveWell Blog,* November 12, 2008, http://blog.givewell.org/2008/11/12/is-volunteering-just-a-show/.

39 프레더릭 물더와 진행한 인터뷰(December, 2014).

40 https://www.againstmalaria.com/


# 10 빈곤 대 기후변화

1 Barack Obama, Pariser Platz, Brandenburg Gate, Berlin, Germany, June 19, 2013, http://www.whitehouse.gov/the-press-office/2013/06/19/remarks-president-obama-brandenburg-gate-berlin-germany; John Kerry, "Remarks on Climate Change," Jakarta, Indonesia, February 16, 2014, http://www.state.gov/secretary/remarks/2014/02/221704.htm; Kate Sheppard, "Harry Reid: 'Climate change is the worst problem facing the world today,'" *The Huffington Post,* June 3, 2014, http://www.huffingtonpost.com/2014/03/06/harry-reid-climate-change_ n_4914683.html; Gillis, Justin, "U.N. climate panel endorses ceiling on global emissions," *The New York Times,* September 27, 2013, http://www.nytimes.com/2013/09/28/science/global-climate-change-report.html.

2 이 '3요소 모델'은 기브웰이 개방자선 프로젝트Open Philanthropy Project의 일환으로 개발한 사고틀이다. 이후 '8만 시간'에서 이를 직업 선택을 위한 사고틀로 확대하고 오언 코튼배럿Owen Cotton–Barratt이 수학적 엄밀성을 더했다. 이 틀에서는 '규모'를 '중요성importance'과, '해결 용이성'을 '복잡성crowdedness'과 혼용하기도 한다. 다음 문헌 참고. Holden Karnofsky, "Narrowing Down U.S. Policy Areas," *GiveWell Blog*, May 22, 2014, http://blog.givewell.org/2014/05/22/narrowing-down-u-s-policy-areas/; Benjamin Todd, "A Framework for Strategically Selecting a Cause," *80,000 Hours* (blog), December 19, 2013, https://80000hours.org/2013/12/a-framework-for-strategically-selecting-a-cause/; Owen Cotton-Barratt, "Estimating Cost-Effectiveness for Problems of Unknown Difficulty," Future of Humanity Institute, December 4, 2014, http://www.fhi.ox.ac.uk/estimating-cost-effectiveness/.

3 소수의 전문가들은 이에 동의하지 않는다. 가령 영국 연구자 오브리 드 그레이Aubrey de Gray는 인체 신진대사의 복잡성에 대한 이해와는 무관한 접근법으로 노화 문제를 해결해야 한다고 제안했다. 그는 이 접근법으로 노화를 비교적 쉽게 해결할 수 있지만 인간의 무지 탓이 아닌 공공자금 투입 부족으로 해결이 미뤄지고 있다고 주장한다. 다음 문헌 참고. Aubrey de Gray and Michael Rae, *Ending Aging: The Rejuvenation Breakthroughs That Could Reverse Human Aging in our Lifetime* (New York: St. Martin's Press, 2007).

4 빈곤선은 물가상승률을 고려해 2014년 미화 기준 하루 1.5달러로 설정했다.

5 자세한 내용은 다음을 참고. "Criminal Justice Reform,"GiveWell, May 2014, http://www.givewell.org/labs/causes/criminal-justice-reform.

6 John Schmitt, Kris Warner, and Sarika Gupta, "The high budgetary cost of incarceration," Center for Economic and Policy Research, June 2010, http://www.cepr.net/documents/publications/incarceration-2010-06.pdf.

7 "Criminal Justice Reform," GiveWell.

8 "Pew Public Safety Performance Project," GiveWell, July 2014,http://www.givewell.org/labs/causes/criminal-justice-reform/Pew-Public-Safety-Performance-Project.

9 자세한 내용은 다음 문헌 참고. Bryan Caplan and Vipul Naik, "A Radical Case for Open Borders," http://www.depts.ttu.edu/freemarketinstitute/docs/ARadicalCaseforOpenBorders.pdf.

10 "The Place Premium: Wage Differences for Identical Workers Across the U.S. Border," Center for Global Development, working paper 148, July 2008, http://www.cgdev.org/sites/default/files/16352_file_CMP_place_premium_148.pdf.

11 자세한 내용은 다음을 참고. "Double World GDP," Open Borders : The Case, http://openborders.info/double-world-gdp/. 국경 개방에 관심이 있는 독자라면 참고할 만한 훌륭한 자료다.

국제 노동력 이동을 우려하는 사람들도 있다. 대규모 이주가 정치적 혼란을 유발하지 않을까? 가난한 나라의 재능 있는 사람들이 모두 이탈하는 '두뇌 유출'로 남은 이들의 삶이 더 악화되지 않을까? 이주자들 탓에 임금이 떨어지고 실업률이 증가해 부유한 나라의 노동자들이 피해를 입지 않을까?

이런 우려에 대해서는 답이 준비되어 있다. 하나씩 차례로 살펴보자. 첫째, 빈국의 정치 상황은 오히려 개선될 것이다. 가난한 나라의 국민이 쉽게 자국을 떠날 수 있으면 독재자 및 부패 정부의 권력이 약화된다. 부유한 나라에 대한 증거는 불명확하다. 가령 이주자들은 복지국가를 선호하지만 이주가 정부 규모에 미치는 영향은 거의 드러나지 않는다. 이주자들은 일정 시간이 지나야 투표권을 가지며 투표권이 있어도 투표율은 매우 낮다.

둘째, 빈국에서 부국으로의 이주는 빈국에 잔류한 사람들에게 큰 혜택을 제공한다. 이주자들은 많은 금액을 고향으로 송금한다. 전 세계 송금 규모는 총 해외원조 지출액보다 몇 배나 크다. 빈국의 GDP 중에서 비중이 세 번째로 높다. 이주 규모가 커지면 모국과 이주한 나라 간 교역이 증가한다. 또 이주자들은 귀향할 경우 귀한 기술을 익혀 간다. 푸에르토리코가 그 예다. 푸에르토리코인의 절반 이상이 해외에 거주한다. 미국으로의 이주가 가능해지면서 푸에르토리코 거주자들의 생활수준이 1980년 이후 6배나 높아졌다. 현재는 영국 및 이탈리아와 견줄 정도다.

원주민 노동자의 임금 및 고용과 관련해서는 이주의 득과 실이 불명확하다. 기브웰의 의뢰로 최근 이 문제를 조사한 데이비드 루드먼David Roodman은 이주가 이롭거나 다소 해롭거나 둘 중 하나라고 밝힌 바 있다("The Domestic Economic Impacts of Immigration," *David Roodman* (blog), September 3, 2014, http://davidroodman.com/blog/2014/09/03/the-domestic-economic-impacts-of-immigration/). 이주자들이 일자리를 '가져가긴' 하지만 대개는 원주민들이 하고 싶어 하지 않는 일이며(과일 따기 등) 이들 덕에 서비스 수요가 창출돼 일자리가 증가되는 면도 있다. 이에 따라 이주노동자들을 관리·감독하는 일자리도 창출되는데, 이는 대체로 교육 수준이 높고 영어 구사력이 좋은 원주민들의 몫이다. 미국의 경우 이주민이 많은 지역에서는 보육 비용이 낮아져 원주민 여성들의 취업이 늘어난다. 이주민이 원주민의 소득에 부정적인 영향을 끼친다고 추정하는 자료에서도 그 영향은 미미한 것으로 나타났다. 레이철 프리드버그Rachel Friedberg와 제니퍼 헌트Jennifer Hunt 교수의 보고서에 따르면 이민자가 10퍼센트 증가했을 때 원주민의 임금은 약 1퍼센트 감소한다. 이주자 증가가 원주민의 고용을 줄인다는 증거는 발견되지 않았다("The Impact of Immigrants on Host Country Wages, Employment and Growth," *The Journal of Economic Perspectives* 9, no. 2 [Spring 1995]: 23–44).

12 Lant Pritchett, *Let Their People Come: Breaking the Gridlock on International Labor Mobility* (Washington, DC: Center for Global Development, 2006), 74.

13 "Principles," ImmigrationWorks USA, http://www.immigrationworksusa.org/index.php?p=50.

14 "Key Facts and Findings," Food and Agriculture Organization of the United Nations, http://www.fao.org/news/story/en/item/197623/icode/.

15 "Treatment of Animals in Industrial Agriculture," GiveWell, September 2013, http://www.givewell.org/labs/causes/treatment-animals-industrial-agriculture.

16 Tol and Yohe, "Review of the Stern Review."

17 Nebojš a Nakić enović and Rob Swart, eds., *Special Report on Emissions Scenarios: A Special Report of Working Group III of the Intergovernmental Panel on Climate Change* (Cambridge, UK: Cambridge University, 2000), sect. 4.4.4, table 4–6.

18 극단적 기후변화로 예상되는 문제 중 하나는 기후변화로 인해 유독 심각한 피해를 입을 것으로 예상되는 국가가 일방적으로 지오엔지니어링을 시도할 수 있다는 점이다(지오엔지니어링 전략은 수억 달러면 개발 가능하며 이는 작은 나라도 충분히 감당할 수 있는 비용이다). 충분한 준비와 위험평가 없이 지오엔지니어링을 시도했다가 자칫 차질이 빚어지면 엄청난 재난이 초래될 것이다.

19 자세한 내용은 다음 문헌 참고. "Global Catastrophic Risks," GiveWell, February 2014, http://www.givewell.org/labs/causes/global-catastrophic-risks.